DER KINDERLEICHTE EINSTIEG IN DIE COMPUTERWELT

Mit diesem Buch wirst du zum Programmierer und lernst, wie du deinen Calliope mini steuerst. Schreibe eigenen Code, erfahre alles über Variablen, Schleifen und Befehle. Und mach bei den tollen Bastelprojekten mit: Kompass, Ventilator, elektrische Zielscheibe und mehr.

351 Seiten, broschiert, 19,90 Euro, ISBN 978-3-8421-0493-8
www.rheinwerk-verlag.de/4695

DURCHSTARTEN MIT DEM RASPBERRY PI

Bücher zum Raspberry Pi gibt es viele, aber keines ist wie dieses! Hier findest du das komplette Wissen, um mit dem Mini-PC richtig durchzustarten. Die RasPi-Chefdompteure Michael Kofler, Charly Kühnast und Christoph Scherbeck lassen kein Thema aus und bieten dir ein solides Wissensfundament, damit du schon bald eigene Projekte mit Erfolg angehst.

1.062 Seiten, gebunden, 44,90 Euro, ISBN 978-3-8362-6933-9
www.rheinwerk-verlag.de/4870

SCHRITT FÜR SCHRITT ZUM ROBOTER-AUTO

Bahn frei für den Raspberry Pi! Dieses Buch zeigt dir ganz ausführlich, wie du ein Roboter-Auto entwirfst, baust und programmierst. Dabei lernst du alle wichtigen Grundlagen der Elektronik quasi im Vorbeifahren. Natürlich komplett in Farbe und inklusive vollständiger Teileliste zum Nachbauen.

366 Seiten, broschiert, 29,90 Euro, ISBN 978-3-8362-6755-7
www.rheinwerk-verlag.de/4812

DER TIEFE EINSTIEG IN DIE PYTHON-WELT

Dieses Buch zeigt Dir, wie du Schritt für Schritt ein eigenes Spiel mit Python programmierst. Dabei lernst du alles, was du wissen musst: von den Grundlagen der Programmierung bis zur Oberflächen-, Datenbank- und Internetentwicklung. Gut verständliche Erklärungen und viele Übungsaufgaben sorgen dafür, dass dir der Einstieg sicher gelingt!

520 Seiten, broschiert, 24,90 Euro, ISBN 978-3-8362-7379-4
www.rheinwerk-verlag.de/5023

Eingebaute Funktionen nutzen 175
    Weitere Ideen 176

13 Funktionen selber schreiben 177

Was sind Funktionen noch mal genau? 177
Eigene Funktionen schreiben 178
Eigene Funktion »zahlwort« 182
Ein eigenes Modul erstellen 186
Zeichnen mit Funktionen 188
Rekursive Funktionen 190

14 Sound programmieren 195

Sound in Python abspielen 195
Was sind denn eigentlich Klangdateien? 195
WAV-Dateien abspielen 196
mp3-Dateien abspielen 197
    Weitere Befehle für den Sound-Player 198
Eigene Musik machen 198
Sprachsynthese: Lass den Computer sprechen! 200

15 Objekte programmieren 203

Was sind Objekte? 204
Objekte in Python 204
Klassen und Instanzen 207
Objekte für alles 212

16 Eigene Objekte definieren — 215

Die Funktion »__init__« 216
Eigene Methoden definieren 218
Die Funktion »__str__« 220
Ableitung und Vererbung – ein Supertoaster 223

17 gamegrid – Spiele bauen mit Objekten — 227

Ein Spielfeld erzeugen 228
Actor – jetzt kommen die Figuren ins Spiel 232
Der Fisch soll leben 234
Spielfiguren mit Eigenleben 236
Das Spielfeld kontrolliert den Takt 239
Die Steuerungsleiste in gamegrid 244

18 Steuerung und Ereignisse in gamegrid — 247

Erweiterung der Spielidee 252
Kollision: Interaktion zwischen Spielfiguren 253
Klang hinzufügen 258
Ein Spiel braucht Gegner 259

19 Neues Spiel: Breakball — 267

Das Spielprinzip 267
Elemente des Programms 267
Erste Schritte: Spielfeld und Ball 268

Nächstes Element: Das Brett	273
Dritter Schritt: Die Blöcke	277
Die Spielsteuerung	282
Sound	286
Feeling	286
Variationen	286
Regeln	287

20 Space Attack – ein Klassiker 289

Das Spielprinzip	289
Technik: Was brauchen wir?	289
Das Spielfeld	290
Das Raumschiff	290
Jetzt wird geschossen	292
Die Aliens	296
Erweiterungen	306
Explosionen	306
Sound	307
Spielende	308
Weiterer Ausbau: deine Aufgabe	309

21 Flappy Ball – geschicktes Hüpfen 311

Die Spielidee	311
Benötigte Elemente	311
Das Spielfeld	312
Der Ball	312
Die Ballsteuerung mit der Maus	314
Die Balken – als Spielgegner	317

Das Spiel erweitern und verbessern 324
    Spielstart 324
    Spielende 325
    Sound hinzufügen 326
Weitere Ideen 326

22 TicTacToe – Brettspiele mit gamegrid 329

Das Spielprinzip 329
Welche Elemente werden benötigt? 329
Das Spielfeld 330
Auf die Maus reagieren 332
Die Spielverwaltung 334
Ein Objekt für die Spieldaten 335
Erweiterungen von TicTacToe 343
    Sound 344
    Richtiges Spielende 344
Der Computer als Gegner 344
Am einfachsten: Die Zufallsmethode 345
    Die Methode »zufallsZug()« 345
Cleverer: Die doppelte Prüfmethode 349
Echte KI: Die Minimax-Methode 353

23 Wie geht es weiter? 355

Mit TigerJython weitermachen 356
Andere Python-Systeme 357
Andere Programmiersprachen? 358

Index 361

Materialien zum Buch

Auf der DVD zu diesem Buch stehen folgende Materialien bereit:

- **Die Entwicklungsumgebung TigerJython**
- **Alle Codebeispiele aus dem Buch**

Die gleichen Materialen kannst du auch von der Seite zum Buch im Web herunterladen. Gehe dazu auf *www.rheinwerk-verlag.de/4716*.

Klicke auf den Reiter MATERIALIEN ZUM BUCH. Du siehst die Dateien zum Herunterladen mit einer kurzen Beschreibung. Klicke auf den Button HERUNTERLADEN, um den Download zu starten. Es kann einige Zeit dauern, bis der Download abgeschlossen ist.

Geleitwort

Während das Programmieren in der Schule bis vor wenigen Jahren noch als eine Tätigkeit für wenige Nerds angesehen wurde und beinah etwas Anrüchiges hatte, weiß man heute:

Ein Problem durch ein selbst geschriebenes Computerprogramm zu lösen, ist eine sehr kreative Tätigkeit und fördert Kompetenzen, die in vielen Bereichen des Alltags und im beruflichen Umfeld eine wichtige Rolle spielen. Statt von *Programmieren* spricht man heute daher lieber von *Codieren* und dem *Computational Thinking*.

Dabei geht es nicht darum, eine bestimmte Programmiersprache zu beherrschen, sondern um die Vermittlung allgemein gültiger Konzepte, die in den meisten Programmiersprachen Gültigkeit haben. Was die Wahl der Sprache angeht, zeigt sich zwar in letzter Zeit immer mehr, dass man mit irgendeiner allgemeinen höheren Programmiersprache einsteigen könnte. Python hat sich aber wegen der einfachen Syntax – trotz großer Universalität – hervorragend für Einsteigende bewährt, und der Schwierigkeitsgrad der Programme lässt sich leicht an die fortschreitenden Kenntnisse des Lernenden anpassen. Mit anderen Worten:

Python ist *skalierbar*, und mit TigerJython wird in diesem Buch eine Entwicklungsumgebung verwendet, die »all inclusive« ist, d. h. auch ohne System- und Installationskenntnisse kann man auf allen drei gängigen Computerplattformen sofort mit Programmieren loslegen.

Dem Autor von »Let's Code Python« ist es gelungen, die Lernkurve dem Anfänger angepasst ansteigen zu lassen. Aber auch Leserinnen und Leser mit Vorkenntnissen in Python oder einer anderen Programmiersprache werden den Text mit Freude und Spaß durcharbeiten, da Präsentation und stoffliche Auswahl hervorragend gelungen sind.

Ich bin überzeugt, dass das Buch dazu beitragen wird, das Programmieren im privaten, schulischen und beruflichen Umfeld zu bereichern und ich kann es daher bestens empfehlen. Viel Spaß beim Codieren mit Python!

Im Oktober 2018

Dr. Aegidius Plüss (*www.aplu.ch*)
Mitentwickler von TigerJython (*www.tigerjython.ch*)

Kapitel 1
Programme schreiben – wie geht das?

Wer selbst Computerprogramme schreiben kann, ist ein Programmierer. Und programmieren lernen kann jeder – dafür braucht man kein Informatikstudium. Wer einmal verstanden hat, was Programmieren eigentlich ist, und es Schritt für Schritt ausprobiert, der kann bald programmieren wie ein Profi, versprochen!

Du möchtest Programmierer werden? Herzlichen Glückwunsch – das ist eine gute Entscheidung. Programmieren kann ungeheuren Spaß machen. Es ist eine Tätigkeit, die dein Gehirn auf allen Ebenen fordert. Programmieren fördert gleichzeitig logisches und kreatives Denken. Du brauchst beides, um gute Programme zu schreiben – aber keine Angst. Es ist nicht erforderlich, dass du ein Mathegenie bist oder ein genialer Erfinder. Wer Spaß am Programmieren hat, findet seinen eigenen Bereich, in dem er alle seine Fähigkeiten nutzen kann.

Was bedeutet denn Programmieren eigentlich? Ist es so ähnlich wie das Schreiben von Texten in Word oder das Erstellen einer PowerPoint-Präsentation?

Ja und nein. Software zu schreiben, ist etwas anderes, als Software zu verwenden. Es ist wie mit Autos – viele können sie fahren, wenige können sie reparieren, und noch weniger Menschen können eigene Autos entwerfen und bauen. So ist es mit vielen Programmen auch. Viele können zum Beispiel gut mit Office-Programmen umgehen oder auch Bilder mit Grafikeditoren bearbeiten. Und insbesondere Spiele beherrschen viele am Computer in großer Meisterschaft.

Eigene Programme zu entwickeln, ist aber noch einmal etwas ganz anderes. Hier bist du von der Idee bis zur perfekten fertigen App ganz allein der Regisseur. Du denkst dir aus, was dein Programm können soll – und dann setzt du es Schritt für Schritt um – ganz nach deinen Ideen und deinem Können. Mit jedem Programm, das du schreibst, erweiterst du deine Fähigkeiten und kannst dich danach an ein noch größeres oder spannenderes Projekt wagen. Immerhin kostet Programmieren nur Zeit – kein Geld, solange dir ein Computer zur Verfügung steht. Du brauchst keine Autowerkstatt oder Produktionsanlage – sondern nur deine Fantasie und das Wissen, wie man herangeht.

Sollte man dafür nicht besser Informatik studieren?

Nein, das brauchst du nicht, um Programmieren zu lernen. Wenn du irgendwann im IT-Bereich einer Firma einen guten Job haben willst, ist es sicher von Vorteil, ein Informatikstudium vorzeigen zu können. Aber das Programmieren kannst du vollkommen selber lernen. Mit den vielen, vielen Anleitungen und Tutorial-Videos im Internet ist es heutzutage besonders einfach geworden, sich jedes Spezialgebiet des Programmierens anzueignen. Je mehr Erfahrung du hast, desto schneller lernst du neue Techniken, denn alles baut aufeinander auf. Ich selbst habe übrigens nie Informatik studiert und lebe trotzdem seit 25 Jahren davon, Software für alle Bereiche zu programmieren und zu verkaufen.

Was muss ich denn können, um Programmieren zu lernen?

Die besten und wichtigsten Voraussetzungen sind Neugier, Spaß und Lust. Wenn du gerne am Computer arbeitest, dir auch mal ab und zu etwas Eigenes ausdenkst, wenn du neugierig bist, wie man ein Problem löst oder wie Dinge am Computer hinter den Kulissen gemacht werden, wenn du Spaß an einfachen oder auch kniffligen Aufgaben hast oder auch nur Freude am Gestalten, Steuern und Basteln – dann bist du genau auf dem richtigen Kurs, selbst Programmierer zu werden.

Du brauchst kein Mathegenie zu sein – um Mathe geht es nur am Rand –, da reicht die Fähigkeit, dir Zahlen und Größen ein wenig vorstellen zu können. Du brauchst auch kein großartiger Gestalter sein – wenn doch, dann kannst du das in deine Programme mit einbringen, wenn nein, dann findest du einen anderen Bereich der Programmierung, der dir naheliegt.

Das Programmieren ist sehr vielseitig – und jeder Bereich, der dich fasziniert, ist erlernbar. Man kann mit Programmen Alltagsaufgaben lösen, knifflige Probleme in den Griff bekommen, kreative Spiele bauen, Roboter steuern, Lernmedien erstellen, Daten verwalten, alles, was ein Computer kann, kannst du prinzipiell auch selber programmieren.

Wie und womit fange ich am besten das Programmieren an – und wie weit kann ich kommen?

Nun – die erste Frage ist einfach zu beantworten: Du fängst am besten mit diesem Buch an. Python zu lernen, ist ein hervorragender Einstieg in das Programmieren. Python ist einfacher zu lernen als viele andere Sprachen – und trotzdem ist das, was du mit Python als Profi machen kannst, am Ende unbegrenzt. Mithilfe von Modulen aus allen nur erdenklichen Bereichen steht dir die ganze Welt des Programmierens offen. Sei es die Programmierung von Datenbanken, Webservern, von Spielen, praktischen Tools oder Steuerungen – alles ist vollständig in Python möglich.

Python enthält alle Befehle und Strukturen, die andere professionelle Sprachen auch haben, bis hin zu den komplexesten Methoden. Wenn du in Python verstanden hast, wie Programmiersprachen funktionieren, kannst du später bei Bedarf auch leicht umsteigen auf andere Programmiersprachen wie Java, C++, JavaScript, PHP – oder was immer du beruflich oder privat nutzen willst. Mit Python kannst du alle wichtigen Grundlagen und Verfahren erlernen, die alle Programmierer in jedem System immer wieder anwenden.

Wie schnell lerne ich das Programmieren?

Das hängt natürlich ganz von dir selbst ab: Wie viel Zeit und Energie du in das Lernen hineinsteckst, wie viel Spaß es dir macht, dich immer wieder neu herauszufordern. Du musst am Anfang erst einmal wie ein Programmierer denken lernen. Das braucht ein bisschen Zeit – aber es geht dann nach und nach immer schneller und immer leichter. Am Anfang sind es ganz kleine Programme, die du schreiben wirst, aber mit jedem Programm, das du selbst schreibst oder anpasst, lernst du etwas dazu. Dieses Buch will dir dazu alle wichtigen Grundlagen vermitteln – das Wissen, wie man als Programmierer an Aufgaben herangeht, wie man ein Programm plant und aufbaut, welche Strukturen man wofür verwendet, welche Grundbefehle und erweiterten Module es gibt, wie man typische Vorgänge in ein Programm umsetzt. Vom einfachsten »Hallo« auf dem Bildschirm bis hin zur objektorientierten Spieleprogrammierung deckt dieses Buch sehr viel ab – natürlich immer mit einfachen und direkt umsetzbaren Beispielen. Wenn du das Buch durchgearbeitet und alle Beispiele wirklich selbst ausprobiert und verstanden hast, dann darfst du dich Programmierer nennen – und du kannst dich dann selbst an größere eigene Projekte machen. Von da an steht dir die Welt offen. Wohin deine Reise als Programmierer weitergeht, bestimmst du ganz allein – das Wissen und die Fähigkeit zu programmieren hast du dann bereits!

Kapitel 2
Wie funktionieren Computer überhaupt?

Die meisten Menschen wissen heutzutage mehr oder weniger gut, wie man einen Computer bedient, zumindest die gängigen Programme wie Office, E-Mail-Clients oder Browser. Aber was der Computer in seinem Innern eigentlich macht, ist vielen unbekannt. Wer programmieren möchte, sollte sich davon zumindest einmal ein Bild machen.

Innenleben eines PCs

Hast du mal einen Computer von innen gesehen? Er ist eigentlich recht übersichtlich aufgebaut. Meistens besteht er aus einer Hauptplatine (dem Mainboard), auf dem sich der Prozessor-Chip, der RAM-Speicher sowie diverse Ein- und Ausgänge befinden. Oft ist noch ein zusätzlicher Prozessor für die Grafikberechnung (Grafikkarte) draufgesteckt. An das Mainboard angeschlossen sind ein Stromanschluss mit Netzteil, eine oder mehrere Festplatten, vielleicht auch noch ein weiteres Laufwerk für CDs oder DVDs – und von außen verbunden sind zusätzlich ein Bildschirm, eine Tastatur und eine Maus. Das sind schon die Grundbestandteile, mit denen man alles machen kann, was ein Computer eben so macht.

Tablets und Smartphones sind natürlich ebenfalls vollständige Computer. Bei ihnen ist alles kleiner und kompakt ins Gehäuse gepresst, aber auch sie haben einen Prozessor, RAM-Speicher, Grafikchips, einen Akku als Stromversorgung und so etwas wie eine Festplatte. Weil sie einen Touch-Bildschirm haben, benötigen sie keine Maus und Tastatur.

Was machen diese einzelnen Teile denn eigentlich?

Nun, der eigentliche »Computer« ist der Prozessor, auch CPU genannt (*Central Processing Unit*). Computer heißt »Rechner« – und das »Rechnen« ist die Hauptaufgabe des Prozessors: Er berechnet und verarbeitet die Daten, die er bekommt. Er kann in ungeheurer Geschwindigkeit Werte addieren, subtrahieren, multiplizieren, dividieren, austauschen und abändern – und außerdem kann er die Zahlen und Zeichen, mit denen er umgeht, jederzeit sehr schnell in Zwischenspeicher schieben oder von dort wieder hervorholen. Sehr schnell heißt: Millionen bis Milliarden Mal in jeder Sekunde!

Der RAM-Speicher ist hierbei der schnelle Zwischenspeicher des Computers. In ihm ist Platz für Millionen von Werten, die extrem schnell darin gespeichert und wieder geladen werden können – aber meist nur, solange der Computer an ist. Beim Ausschalten ist ein gewöhnlicher RAM-Speicher wieder leer.

Stell dir den Prozessor also vereinfacht vor wie einen unvorstellbar schnellen Büroarbeiter, der an seinem Schreibtisch sitzt und eine gigantische Menge Schubladen um sich herum stehen hat, aus denen er jederzeit gezielt Zettel mit Texten und Zahlen hervorholt, diese am Schreibtisch nach einer genauen Vorschrift bearbeitet, berechnet, verändert und dann anschließend wieder in dieselben oder andere Schubladen packt. (Manches, was sicher für später aufbewahrt werden soll, kommt auch in den Panzerschrank in der Ecke). Am Schluss hat er aus all den einzelnen Vorgängen das Endergebnis berechnet und wirft es in den Ausgabeschlitz, sodass alle es sehen können.

Der Büroarbeiter ist dabei der Prozessor, die vielen Schubladen sind der RAM-Speicher (oder auch die Festplatte, das wäre der Panzerschrank in der Ecke), der Ausgabeschlitz ist der Grafikchip mit angeschlossenem Bildschirm, auf dem das Ergebnis erscheint. So kannst du dir das Innenleben des Computers auf einfache Weise vorstellen.

Eingabe, Verarbeitung, Ausgabe

Eigentlich kann der Computer nicht besonders viel – seine inneren eigenen Fähigkeiten sind eingeschränkt und umfassen nur das exakte Berechnen und Abändern von einzelnen kleinen Datenmengen. Weil er aber so unglaublich schnell ist und insofern Millionen dieser Vorgänge in Sekundenbruchteilen erledigt, kann er insgesamt doch sehr beeindruckende Leistungen vollbringen. Vorausgesetzt, er erhält ganz genaue Vorschriften, was er denn machen soll und in welcher Reihenfolge. Diese Vorschriften nennt man Programme – ganz präzise Arbeitsanweisungen für den Computer, Schritt für Schritt. Ohne Programme wäre er praktisch tot und würde ganz einfach gar nichts machen.

Dabei besteht jedes sinnvolle Computerprogramm immer aus denselben drei grundlegenden Vorgängen: Daten holen (Eingabe), Daten verarbeiten, Daten ausgeben. Der Computer bekommt Daten von seinem Benutzer bzw. von der Festplatte oder einem Eingabegerät. Diese Daten verarbeitet der Computer mithilfe seiner Vorschriften (Programm), und wenn er damit fertig ist, gibt er sie wieder raus, sodass der Benutzer das Ergebnis zurückbekommt.

Auch eine alte Kaffeemühle arbeitet so, nur simpler: Die Eingabe sind die Kaffeebohnen, die man in ihren Schacht wirft, das Verarbeiten ist das Mahlen der Bohnen mit verschiedenen groben oder feinen Mahlwerken, die Ausgabe ist das in die untere Schublade rieselnde feine Kaffeepulver, das der Benutzer am Schluss entnehmen kann, um seinen Kaffee zu kochen.

Statt der Kaffeebohnen kommen Daten in den Computer – im Grunde sind das eigentlich immer Zahlen, oder noch genauer Bits und Bytes – dazu gleich noch etwas mehr. Die Daten können von der Festplatte kommen, wo sie als »Dateien« in einem ganzen Bündel zusammengefasst abgerufen und in den Zwischenspeicher geschoben werden, oder sie werden vom Benutzer mit Maus und Tastatur eingegeben, oder sie kommen von einem Mikrofon, einer Kamera oder einem Sensor, der mit dem Gerät verbunden ist. Eingaben können auch von einem anderen Speichermedium erfolgen, wie einem CD-ROM-Laufwerk oder einem USB-Stick. Ebenso können sie über ein Netzwerk von einem anderen Computer kommen bzw. aus dem Internet.

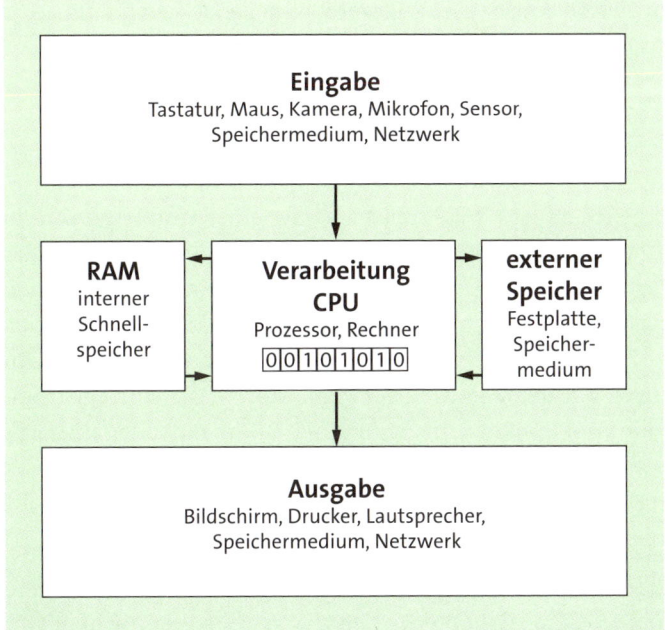

Abbildung 2.1 So funktioniert ein Computer: Eingabe, Verarbeitung, Ausgabe.

Statt eines Mahlwerks hat der Computer ein »Rechenwerk«, das die eingegebenen Daten Stück für Stück verarbeitet, verändert, umrechnet, aneinanderhängt oder trennt – und sie anschließend in seine Zwischenspeicher packt, um mit dem nächsten Datenstück weiterzumachen. Das ist die »Verarbeitung«, die im Prozessor stattfindet – und weil der Prozessor immer nur eine Zahl oder ein Stück Text gleichzeitig verarbeiten kann, braucht er eben zusätzlich einen großen Speicher, um alles, was er verarbeitet hat oder noch weiter verarbeiten muss, irgendwo sicher zwischenzulagern und dann später wieder abrufen zu können. Das ist der interne Speicher oder der RAM-Speicher.

Wenn das Programm seine Verarbeitungen abgeschlossen hat, muss das Ergebnis dem Benutzer zur Verfügung gestellt werden – das ist die Ausgabe. Die ermittelten Zahlen oder der erstellte Text oder die Grafikdaten oder sonstige Daten werden an das passende Gerät gesendet – an den Bildschirm oder Drucker, an den Klangprozessor, oder sie werden als Datei auf die Festplatte geschrieben.

Das ist also der ganze Job eines Computers – und den erledigt er je nach Aufgabe mal in einfacher, mal in vielfach kompliziert verschachtelter Weise –, aber immer geht es um *Dateneingabe, Datenverarbeitung, Datenausgabe.*

Wer Programme für Computer schreibt, muss ihm genau dafür Vorschriften geben: Welche Daten kommen auf welche Weise rein? Wie werden sie genau verarbeitet? Und wie werden sie am Ende ausgegeben?

Bits und Bytes

Die Größe eines Computerspeichers (des RAM-Speichers oder einer Festplatte) wird in Bits oder Bytes angegeben, heutzutage eher in Gigabytes oder sogar Terabytes. Was hat es genau damit auf sich? Dazu muss man wissen, wie ein Computer eine Zahl oder einen Buchstaben überhaupt speichert. Schließlich schreibt er keine kleinen Zettel, auf denen die Werte draufstehen. Der Prozessor und der Speicher eines Computers bestehen im Wesentlichen aus Millionen bzw. Milliarden winziger Transistoren. Das sind elektronische Bauteile, die wie Schalter funktionieren, die man durch Strom ein- oder ausschalten kann und die ihren Zustand behalten, solange der Computer Strom bekommt. Jeder dieser Schalter wird als ein Bit bezeichnet. Mit einem Bit kann man die Zahl 1 oder die Zahl 0 speichern – 1 heißt: Der Schalter ist angeschaltet. 0 heißt: Er ist ausgeschaltet.

Wie speichert man nun größere Zahlen als 1 oder 0? Ganz einfach: Indem man mehrere Bits zu einer Zahl zusammenfasst. Eine Gruppe von 8 Bits wird als *Byte* bezeichnet. Mit einem Byte kann man bereits alle ganzen Zahlen von 0 bis 255 speichern. Das ist nämlich die Anzahl der möglichen Kombinationen von Einsen und Nullen in 8 Bits.

			1 Byte = 8 Bits				
128	64	32	16	8	4	2	1
0	0	1	0	1	0	1	0

Abbildung 2.2 Ein Byte besteht aus 8 Bits – hier die Zahl 42 als Byte dargestellt.

Ein Zahlensystem, das nur aus Einsen und Nullen besteht, nennt man auch *Dualsystem* oder *Binärsystem*. Damit arbeitet jeder Computer intern, und in diesem System kann man alle Zahlen der Welt speichern, nur dass man mehr Stellen braucht als in unserem sonst üblichen Dezimalsystem, das wir gewohnt sind.

So speichert der Computer Zahlen mit 8 An-Aus-Schaltern

```
00000000 = 0
00000001 = 1
00000010 = 2
00000011 = 3
00000100 = 4
00000101 = 5
11111111 = 255
```

Man könnte mit 8 Bits bei Bedarf auch die Zahlen von –127 bis +127 darstellen, indem man das erste Bit als Vorzeichen deutet (0 = plus, 1 = minus) und die restlichen Bits als Zahlenwert versteht.

Und da 256 verschiedene Zahlen mehr sind als es Buchstaben in unserem Alphabet gibt, kann man jedes Byte nicht nur als eine Zahl, sondern auch als einen Buchstaben bzw. ein Schriftzeichen verstehen. Dazu wurde früher der ASCII-Code erfunden: 65 steht darin zum Beispiel für A, 66 für B, 67 für C usw. So kann ein Byte im Computer für eine von 256 Zahlen oder auch für eines von 256 Zeichen stehen.

Weil aber viele Berechnungen höhere Zahlenräume benötigen, werden heutzutage mehr als 8 Bits zu einem Wert zusammengefasst. Zunächst 16 Bit (genannt ein Word oder Doppelbyte – damit gehen schon 65.536 verschiedene Ganzzahlen), dann 32 Bit und dann auch noch 64 Bit. Mit 64 Stellen lassen sich die meisten Werte, die heutzutage in Berechnungen gebraucht werden, problemlos darstellen. Dementsprechend hat sich auch der Aufbau der Prozessoren (= Rechenmodule) im Computer geändert. Während die frühen Computer 8-Bit-Prozessoren hatten, also 8 Bit gleichzeitig verarbeiten konnten, erschienen später die 16-Bit-Computer, dann kamen 32 Bit – heutzutage haben die aktuellen Computer eine 64-Bit-Architektur. Das heißt, dass in der Regel 64 Bits zu einem Wert zusammengefasst werden und gleichzeitig vom Prozessor in einem Befehl verarbeitet werden können.

Kilo, Mega, Giga, Tera: Speicherkapazitäten wachsen mit ihren Aufgaben

Ein Byte sind also 8 Bit, also 8 Transistorschalter auf einem Chip. Bei den ersten Computern in den frühen 1980er-Jahren wurde die Gesamtkapazität des Computerspeichers in Kilobyte angegeben – Kilo steht für tausend, aber wegen des Binärsystems waren damit exakt 1.024 Byte gemeint. Ein Homecomputer hatte damals 4, 8, 16, 32 oder 64, später 128 Kilobyte. Das galt in den 1980er-Jahren als »ausreichend für alle Aufgaben«. Dann kamen die ersten Festplatten auf den Markt. Sie konnten von Anfang an mehrere tausend Kilobyte speichern. Da sie somit mehrere Millionen Byte speicherten, drückte man ihre Größe in Megabyte aus. 1 Megabyte sind also etwa 1 Million Bytes. Festplatten hatten früher 5, 10, 20 und dann immer mehr Megabytes Kapazität. Als dann einige Jahre danach die 1.000-Megabyte-Grenze überschritten wurde, begann man, die Größe in Gigabyte auszudrücken. 1 Gigabyte sind also etwa 1.000 Megabyte. Auch der elektronische Speicher der meisten Computer heute bewegt sich im Gigabyte-Bereich. Und bei Festplatten geht es heute zumeist um Terabytes. 1 Terabyte = 1.000 Gigabyte = 1 Million Megabyte = 1 Milliarde Kilobytes = 1 Billion Bytes = 8 Billionen Bits.

Prozessortakt – wie schnell läuft mein PC?

Der Prozessortakt bezeichnet die Geschwindigkeit, mit der die Recheneinheit des Computers Daten verarbeiten kann. Mit jedem Takt kann der Computer genau einen Befehl verarbeiten – zum Beispiel einen Wert verändern, einen Wert berechnen, einen Wert speichern oder einen Wert aus dem Speicher holen. Die Anzahl der Takte pro Sekunde wird in Hertz (Hz) angegeben. Ein Prozessor mit 100 Hz könnte also 100 Rechenoperationen in einer Sekunde durchführen. Das klingt schnell, wäre aber extrem langsam, wenn man heutige Computer betrachtet. Die arbeiten nämlich mit einem Takt von mehreren *Gigahertz* – das sind Milliarden Hertz.

Ein moderner Computer kann also mehrere Milliarden Vorgänge in einer Sekunde ausführen. Das ist geradezu unvorstellbar schnell – allerdings haben heutige Computer auch viel zu tun, wenn sie zig Mal pro Sekunde hochauflösende Grafiken auf Bildschirmen Punkt für Punkt berechnen und anzeigen und komplizierteste 3-D-Berechnungen in Echtzeit machen müssen. Da sind meist schon mehrere Millionen Befehle notwendig, um nur ein einziges Bild zu berechnen und auf dem Bildschirm anzuzeigen. Aber auch diesen Anforderungen ist ein moderner Prozessor gewachsen.

Kapitel 3
Python – die Programmiersprache

Bei Python denkt man erst einmal an eine gefährliche Würgeschlange. Damit hat Python nichts zu tun, auch wenn der Name so klingt. Python ist eine von vielen Sprachen, mit denen man heutzutage Computer programmieren kann. Warum gerade Python einen perfekten Einstieg in die Welt des Programmierens bietet, erfährst du in diesem Kapitel.

Maschinensprache – die Muttersprache des Prozessors

Computer machen also nichts anderes, als vorgegebene Befehle auszuführen. Eine Liste von zahlreichen Befehlen, die nacheinander ausgeführt werden, nennt man »Programm«. Die einzelnen Befehle im Prozessor sind dabei sehr simpel: Zum Beispiel: »Hole ein Byte aus Speicherzelle 34567 in den Prozessor.« Oder: »Verdopple den Wert des Bytes, das gerade im Prozessorspeicher steckt.« Oder: »Sende ein Byte an die Datenleitung zur Grafikeinheit.« Diese Befehle selbst werden dem Prozessor wiederum nicht in Worten gegeben, sondern auch als Zahlencodes, die in Bits und Bytes stecken. Der Prozessor weiß, welche Bit-Kombination für welchen Befehl steht und führt ihn dann aus. Diese interne »Muttersprache« des Prozessors nennt man *Maschinensprache*. Computerprozessoren verstehen bis heute grundsätzlich nichts anderes als Maschinensprache.

Trotzdem würde heutzutage so gut wie niemand mehr in Maschinensprache programmieren, außer vielleicht in ganz seltenen besonderen Fällen, wo simple schnelle Geräte gesteuert werden müssen oder Betriebssysteme erweitert werden. Wenn man als normaler Anwender in Maschinensprache programmieren wollte, müsste man selbst für ein Programm, das nur das Wort »Hallo« auf den Bildschirm schreibt, mehrere hundert kryptische Zahlenbefehle aneinanderreihen.

Aus diesem Grund wurden für Entwickler schon früh die sogenannten »höheren Programmiersprachen« entwickelt. Diese Sprachen sind viel einfacher zu verwenden als die Maschinensprache. Sie enthalten Befehle, mit denen wir direkt ausdrücken können, was der Computer machen soll (zum Beispiel »Hallo« auf den Bildschirm schreiben, das ist dann nur noch eine einzige Zeile) – und ein internes Programm übersetzt diesen Befehl dann hinter den Kulissen in hundert oder mehr Zeilen Maschinensprache, damit der Computer ihn so ausführen kann, wie der Programmierer es wünscht. Beim Programmieren in einer höheren Programmiersprache sind also immer zwei Ebenen beteiligt: der höhere Befehl, den wir dem Computer geben, auf der einen Ebene – und der Übersetzer, der diesen Befehl für den Computer in Maschinensprache übersetzt, sodass dieser ihn ausführen kann.

Interpreter und Compiler

Es gibt zwei Sorten von höheren Programmiersprachen, nämlich *Interpretersprachen* und *Compilersprachen*.

Compiler (= »Zusammenfasser«) übersetzen ein gesamtes fertiges Programm immer zuerst komplett in Maschinensprache (das nennt man kompilieren), und danach führt der Computer das ganze Programm aus.

Berühmte Compilersprachen sind C und C++. Sie haben den Vorteil, dass man mit ihnen sehr schnell ablaufende und leistungsfähige Programme schreiben kann – aber sie haben den Nachteil, dass das Programmieren anspruchsvoller ist und oft auch langwieriger, denn der Programmierer muss sich hier schon im Voraus viele Gedanken über genaue Datenformate und die interne Verarbeitung und Datenverwaltung des Computers machen, damit am Ende ein komplett funktionierendes Maschinenprogramm daraus entsteht. Bei jeder Programmänderung muss erst wieder das ganze Programm übersetzt werden, was ein schnelles Testen mühsam macht, und bei Fehlern im Programm kann der gesamte Computer leicht »abstürzen«.

Compilersprachen sind sehr wichtig für die professionelle Programmierung von zeitkritischen Programmen, Spielen, Steuerungen, Betriebssystemen. Ein großer Teil der professionellen Software wird heutzutage in C++ geschrieben.

Aber auch *Interpretersprachen* sind enorm leistungsfähig und werden ebenfalls auf vielen professionellen Gebieten eingesetzt. Bei Interpretersprachen muss ein Programm vor der Ausführung nicht übersetzt werden, sondern es läuft im Hintergrund immer gleichzeitig ein Verwaltungs- und Übersetzungsprogramm mit (der *Interpreter* = »Übersetzer« oder die *Programm-Engine*), das jeden einzelnen Befehl, wenn er dran ist, übersetzt, ausführt und dann zum nächsten weitergeht. Diese Programm-Engine kümmert sich im Hintergrund automatisch um eine sinnvolle Verwaltung der Speicherbelegung oder darum, Fehler zu erkennen, abzufangen und zu verhindern. Das erleichtert dem Programmierer die Arbeit, und er kann sich auf das Wesentliche konzentrieren sowie Programme sehr einfach und schnell testen. Gleichzeitig laufen diese Programme natürlich etwas langsamer ab, weil ja immer eine Programm-Engine im Hintergrund mitläuft, überprüft und übersetzt – aber bei den heutigen Geschwindigkeiten der Computer fällt das auf den meisten Gebieten kaum noch ins Gewicht.

Interpretersprachen sind also leichter zu erlernen und einfacher anzuwenden. Sie eignen sich deshalb perfekt, um die Grundlagen des Programmierens zu erlernen. Typische Interpretersprachen sind BASIC (das war früher sehr beliebt), PHP, JavaScript – oder eben auch *Python*.

> **Zwischen Interpreter- und Compilersprachen**
> Daneben gibt es übrigens noch Sprachen, die ein »Mittelding« sind – wo ein Compiler vorübersetzt, aber gleichzeitig eine Programm-Engine im Hintergrund mitläuft – damit wird ein Kompromiss aus leichterer Anwendung und schneller Ausführung erreicht. Zu diesen Sprachen gehören zum Beispiel Java und C#. Trotz ihrer Vereinfachungen sind auch sie doch eher für fortgeschrittene Programmierer geeignet – zum Lernen des Programmierens an sich eignen sich die reinen Interpretersprachen auf jeden Fall besser.

Python – einfach und universell

Du hast dich entschieden, das Programmieren mit Python zu lernen. Das ist eine sehr gute Wahl. Wer programmieren lernen will – professionell oder nur zum Spaß – hat mit Python in jedem Fall genau den richtigen Einstieg.

- **Python ist universell** – das heißt, man kann mit Python, wenn man die Sprache und ihre Anwendung beherrscht, auf allen möglichen Gebieten programmieren, seien es Lernprogramme, Grafikprogramme, Online-Software, Spiele oder Robotersteuerungen. Während man mit anderen Interpretersprachen wie z. B. JavaScript nur Webbrowser-Anwendungen programmieren kann oder mit einer Sprache wie PHP nur Webserverprogramme erstellt, ist Python auf fast jedem Gebiet einsetzbar.

- **Python ist einfach und klar** – Hat man einmal die wenigen grundlegenden Befehle und Strukturen von Python verstanden, dann kann man sie immer wieder in unterschiedlichsten Zusammenhängen anwenden. Die Programme in Python sind übersichtlich und leicht zu lesen und zu verstehen, weil sie mit Einrückungen arbeiten statt mit unübersichtlichen Klammern. Und gleichzeitig kennt und verwendet Python alle komplexen Prinzipien, die auch in anderen professionellen Programmiersprachen vorkommen – aber mit Python sind sie anfangs besonders leicht zu begreifen. Wer Python erst einmal richtig verstanden hat, kann später auch leicht auf eine andere Sprache umsteigen – wenn er das möchte.

▶ **Python ist modern** – die Sprache ist jünger als manche althergebrachte Sprache. Sie wurde 1994 von dem niederländischen Informatiker Guido van Rossum veröffentlicht, der ganz bewusst eine neue, klare und leicht verständliche Programmier-Lehrsprache entwickelt hatte. Python sollte so eindeutig und übersichtlich wie möglich sein, mit so wenigen Befehlen wie möglich auskommen und so einfach wie möglich anwendbar sein. Mit Python soll man programmieren lernen können, ohne allzu viel technischen Ballast mit sich herumzuschleppen.

> **Die Komiker**
>
> Der Name »Python« geht übrigens nicht, wie viele denken, auf die gleichnamige Schlange zurück, sondern er entstand, weil der Entwickler ein großer Fan der britischen Komikertruppe »Monty Python« war. Wer will, kann das ja mal googeln. Monty Python war in den 1970er-Jahren legendär und produzierte vor allem sehr originelle und witzig-absurde Sketche für die Fernsehshow »Monty Python's Flying Circus«. Auch Kultfilme wie »Das Leben des Brian« und »Der Sinn des Lebens« stammen von Monty Python – man sollte dafür am besten gut Englisch können, denn in der deutschen Übersetzung kommt nicht alles gleich gut rüber.

Python gibt es heute in zwei hauptsächlich verwendeten Versionen: Python 2 (aktuell 2.7) und Python 3 (aktuell 3.7). Beide Versionen werden heutzutage praktisch gleich oft verwendet. Auch wenn in Python 3 manches intern optimiert wurde und ein paar Befehle etwas anders funktionieren, ist das Grundprinzip beider Versionen dasselbe, und die meisten Programme funktionieren (teils mit kleinen Änderungen) völlig identisch. Daher wird Python 2.7 auch noch sehr häufig in zahlreichen Anwendungen verwendet. Zum Lernen eignet sich Python 2.7 ebenso gut wie Python 3.6.

Jython – was ist das?

Die Python-Engine, die wir in diesem Kurs beim Lernen von Python verwenden werden, heißt *Jython*. Was hat es damit auf sich?

Jython ist ein Kunstwort aus »Java« und »Python«. Das bedeutet konkret, dass die Programm-Engine (also das Übersetzungs- und Verwaltungsprogramm im Hintergrund) in Java geschrieben wurde, dass die verwendete Sprache allerdings gleichzeitig reines Python ist. Das hat mehrere Vorteile: Weil Java auf fast allen Computern läuft, egal ob Mac, Windows-PC oder Linux, kann die Jython-Engine ohne Probleme überall verwendet werden. Die Python-Programme, die wir schreiben werden, können dabei auch spezielle Bibliotheken und Funktionen aus dem Java-Bereich nutzen, was, wie wir noch sehen werden, sehr praktisch ist. Java-Kenntnisse brauchst du ansonsten dafür keine, denn Java läuft nur im Hintergrund ab, um die Python-Befehle auszuführen.

Die verwendete Sprache in Jython ist nichts anderes als echtes Python (Version 2.7), und das werden wir lernen. Jython hilft uns dabei, dass das von Anfang an ohne Komplikationen funktioniert, egal auf welcher Plattform.

TigerJython – deine Lernumgebung

TigerJython, mit dem du arbeiten und lernen wirst, ist ein Komplettpaket, das sowohl die Jython-Engine dabeihat als auch alle von uns benötigten Bibliotheken mitbringt (was Bibliotheken sind, wirst du noch ausführlich erfahren) und sogar Grafiken und Klänge zur Verwendung in deinen eigenen Programmen bereitstellt. Es ist also ein »All-Inclusive-Paket«, wie ein Spielzeug, in das die Batterien bereits eingelegt wurden.

TigerJython wurde von Jarka Arnold, Tobias Kohn und Aegidius Plüss in der Schweiz entwickelt – speziell für Einsteiger, zum Lernen von Python.

Während man andere Entwicklungssysteme oft stundenlang (oder auch tagelang) installieren muss, bis mal alles richtig funktioniert, ist *TigerJython* in wenigen Minuten einsatzbereit, und du kannst sofort loslegen.

Und das wirst du im folgenden Kapitel auch tun! *TigerJython* läuft auf praktisch jedem herkömmlichen Computer, egal ob Desktop oder Laptop, egal ob Windows-PC, Mac oder Linux-Computer. Sogar auf dem Mini-Computer Raspberry Pi lässt sich *TigerJython* installieren.

> **TigerJython auf dem Tablet?**
>
> Die in diesem Buch verwendete Vollversion von *TigerJython* läuft nicht auf mobilen Geräten mit iOS oder Android. Das ist auch sinnvoll, denn gerade zum Erlernen des Programmierens ist es sehr empfohlen, einen »richtigen Computer« mit richtiger Tastatur zu verwenden, denn Programmierer müssen bei ihrer Arbeit eine Menge schreiben und eintippen.
>
> Wenn du aber TigerJython trotzdem auch einmal auf deinem Mobilgerät wie zum Beispiel einem Tablet ausprobieren möchtest, gibt es ein neues Projekt, das heißt »WebTigerJython« und befindet sich noch in Entwicklung. Damit läuft eine etwas eingeschränkte Fassung von *TigerJython* in jedem Webbrowser – ohne Installation. Die Beispiele aus diesem Buch bis Kapitel 11 funktionieren bereits einwandfrei auf diesem System.
>
> Mehr aktuelle Info zu WebTigerJython und die passenden Links findest du auf meiner Webseite zu diesem Buch: *www.letscode-python.de*

Kapitel 4

TigerJython installieren – einfacher geht's nicht

Manche Programmiersysteme sind so kompliziert, dass man mitunter Tage damit verbringen kann, sie auf seinem Computer zu installieren, einzurichten und fehlerfrei zum Laufen zu bringen. Jeder Programmierer kann ein Lied davon singen. Mit TigerJython gibt es dieses Problem nicht. Die Installation und Inbetriebnahme dauert nur wenige Minuten – und dann ist alles da, was du brauchst – und noch viel mehr.

Und los geht's. Du kannst den *TigerJython*-Installer von der DVD zum Buch verwenden, oder du kannst dir die neueste Version von *TigerJython* auch einfach kostenlos und schnell aus dem Web laden, falls du kein DVD-Laufwerk am Computer hast oder die DVD gerade nicht zur Hand ist.

Gehe dazu auf die Webseite *www.tjgroup.ch/download*.

Du findest dort den Download von *TigerJython* für jedes Betriebssystem in der aktuellsten Version.

Die Installation geht so oder so in wenigen Minuten vonstatten. Alles, was du brauchst, ist ein Computer oder Laptop mit Windows oder macOS. Auch unter Linux kannst du *TigerJython* problemlos installieren. Springe jetzt einfach zu dem Abschnitt, der die Installation unter deinem System beschreibt.

Installation unter Windows

TigerJython gibt es für Windows 32 Bit oder 64 Bit. Die meisten modernen Windows-Computer haben heutzutage ein 64-Bit-Windows. Solltest du nicht wissen, ob dein Windows 32 Bit oder 64 Bit ist, dann versuche einfach, die 64-Bit-Version zu installieren. Wenn es nicht klappt und es eine Fehlermeldung gibt, dann installiere stattdessen die 32-Bit-Version.

Die Installation selbst ist sehr einfach. Doppelklicke einfach auf die Datei *TigerJython.msi* (für 64 Bit) oder die Datei *TigerJython32.msi* (für 32 Bit) – die du entweder auf der DVD findest oder vorher heruntergeladen hast – und folge den Anweisungen.

Zuerst musst du bestätigen, dass du die Datei ausführen möchtest, dann wirst du auf Englisch begrüßt und klickst auf NEXT.

Abbildung 4.1 So sieht der Installer für die Win-64-Version aus.

Danach kannst du einen Ordner wählen, in dem du *TigerJython* installieren möchtest – wenn du da unsicher bist, lasse einfach alles so, wie es voreingestellt wurde, und klicke auf NEXT.

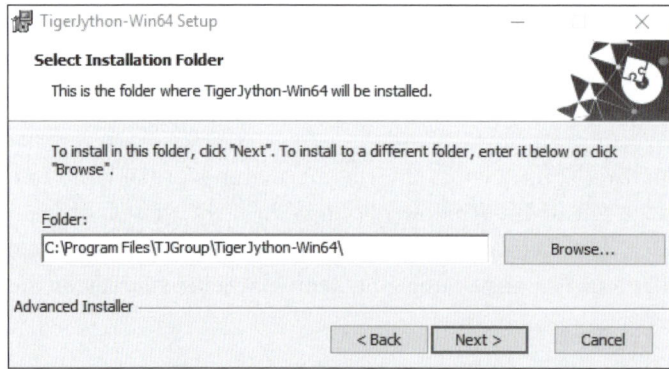

Abbildung 4.2 Hier wird der Pfad gewählt – den kannst du ruhig lassen, wie er ist.

Danach klickst du einfach nur auf INSTALL – und damit wird *TigerJython* auf deinem PC installiert.

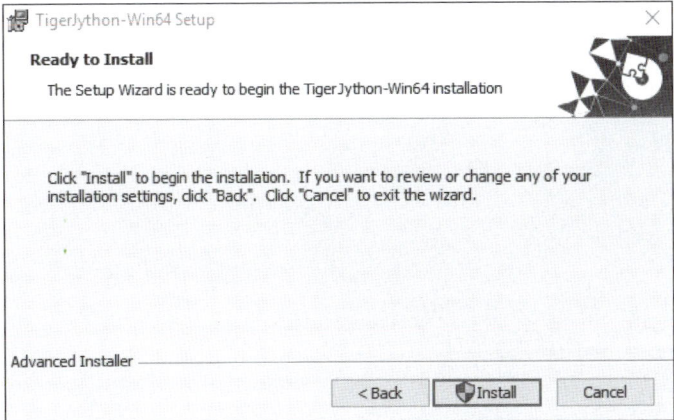

Abbildung 4.3 Nur noch auf »Install« klicken, und die Installation beginnt.

Das war's. Am Ende klickst du auf FINISH, und *TigerJython* ist auf deinem Gerät vorhanden. Auf dem Desktop findest du ein *TigerJython*-Symbol, mit dem du *TigerJython* ab jetzt jederzeit starten kannst. *TigerJython* läuft nach dem ersten Start automatisch auf Deutsch.

Abbildung 4.4 Das »TigerJython«-Icon auf dem Desktop

Jetzt kannst du im nächsten Kapitel weiterlesen!

Installation auf dem Mac

Auch auf dem Mac ist die Installation von *TigerJython* nicht schwierig.

Auf der DVD findest du die Datei *TigerJython.dmg* – das ist eine Image-Datei, in der *TigerJython* enthalten ist. (Du kannst diese Datei auch aus dem Netz laden, wenn du die DVD nicht zur Hand hast oder dein Mac kein DVD-Laufwerk hat, Link siehe weiter oben bei der Windows-Installation.)

Doppelklicke auf diese Datei, und der Inhalt des Images wird angezeigt.

Abbildung 4.5 So wird der Inhalt des TigerJython-Images angezeigt, wenn du auf die dmg-Datei doppelklickst.

In der Mitte findest du einen blauen Ordner mit dem Namen *TigerJython*. Um ihn zu entpacken, greifst du ihn mit der Maus und ziehst ihn entweder auf den Desktop oder in einen Ordner im Finder (zum Beispiel unter *Anwendungen*).

Nachdem er kopiert wurde, kannst du ihn öffnen und findest diese Inhalte:

Abbildung 4.6 Der Ordner TigerJython

Wenn du ein aktuelles Mac-System hast (macOS Sierra oder neuer) dann musst du *Tiger-Jython* erst mit dem Programm *unlock* einmalig freischalten.

Klicke dazu mit der rechten Maustaste (oder `ctrl`-Taste + Mausklick) auf das Symbol UNLOCK und wähle ÖFFNEN. Im anschließenden Fenster wählst du erneut ÖFFNEN. Dann wird *TigerJython* freigeschaltet.

Um *TigerJython* erstmalig zu starten, klickst du danach mit der rechten Maustaste auf das TIGERJYTHON-Symbol und wählst ÖFFNEN – im anschließenden Fenster noch einmal ÖFFNEN – und schon startet das Programm. Von da an kannst du *TigerJython* jederzeit durch einfachen Doppelklick auf das Symbol starten.

Damit es in Zukunft noch einfacher wird, kannst du das TIGERJYTHON-Symbol jetzt auch in das Dock ziehen ... Fortan kannst du *TigerJython* starten, indem du einfach nur ganz normal mit der linken Maustaste auf das Symbol im Dock klickst.

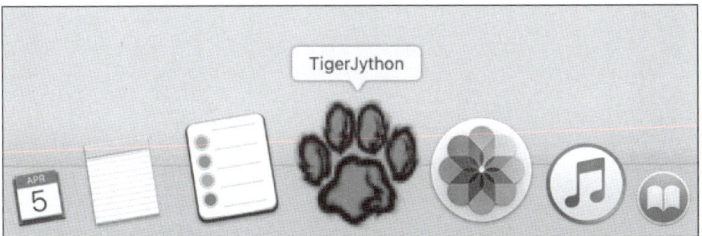

Abbildung 4.7 TigerJython im Dock – so ist es am einfachsten.

Wenn du fertig bist mit der Installation, lies im nächsten Kapitel weiter!

TigerJython unter Linux installieren

Auch wer einen PC mit Linux-Betriebssystem hat (z. B. Ubuntu, Mint, SuSE, Debian usw.) kann *TigerJython* ganz einfach installieren und verwenden. Du solltest allerdings wissen, ob du ein 64-Bit-Linux oder ein 32-Bit-Linux auf deinem Computer hast. Für beide gibt es unterschiedliche Installationsdateien.

Zum Installieren brauchst du die Datei *TigerJython.tar.gz*, die du auf der DVD im Ordner *Linux32* oder *Linux64* findest. Wenn du die DVD nicht zur Hand hast oder dein Computer kein DVD-Laufwerk besitzt, kannst du die Datei auch ganz einfach aus dem Netz laden (den Link findest du bei der Windows-Installationsanleitung).

Doppelklicke auf die Datei, um sie zu entpacken, und kopiere den Ordner *TigerJython* entweder auf den Schreibtisch oder in ein Verzeichnis deiner Wahl. Der entpackte Ordner enthält dann die Inhalte aus Abbildung 4.8.

Nun kannst du *TigerJython* jederzeit einfach durch einen Doppelklick auf die Datei *tigerjython* starten. Du kannst dir dafür auch eine Verknüpfung anlegen, dann ist es zukünftig ganz einfach.

4 TigerJython installieren – einfacher geht's nicht

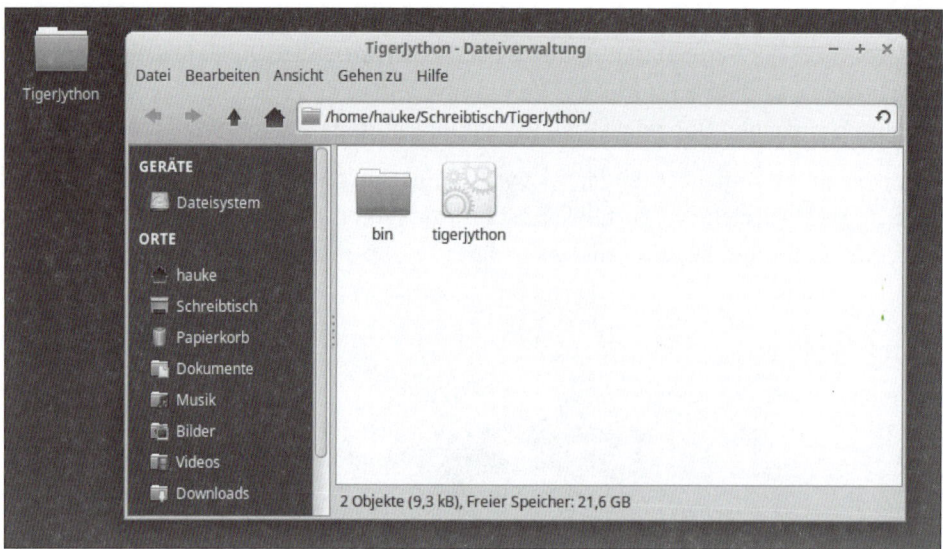

Abbildung 4.8 Der entpackte Ordner TigerJython unter Linux

Kapitel 5
Die ersten Schritte – Python im Dialog

Hurra, Python ist da – und jetzt lernen wir, mit dem System zu sprechen. Auf der Konsole kannst du der Python-Engine einfach mal ein paar Kommandos schicken, und du wirst sehen, dass Python alles genau so ausführt, wie du es befiehlst!

TigerJython ist fortan also unser »Programmiersystem« oder auch unsere »Lernumgebung« oder unsere »Programm-Engine« – wie auch immer wir es nennen wollen, unser Python-System ist *TigerJython*.

So sieht das System nach dem Start aus:

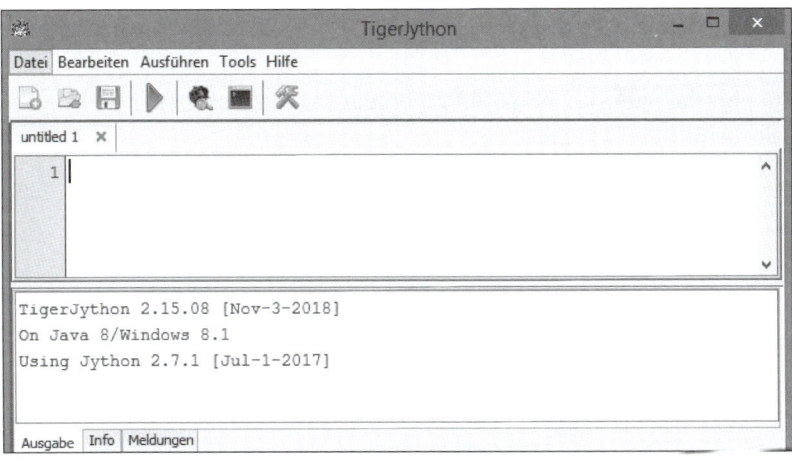

Abbildung 5.1 Das Hauptfenster von TigerJython

Die große weiße Fläche ist der Platz, in den du bald deine Programme schreiben wirst. Das kleinere Fenster darunter ist die Ausgabefläche für das Python-System. Hier schreibt das Programm seine Ausgaben oder Mitteilungen und Fehlermeldungen hinein.

In der oberen Leiste gibt es ein paar Symbole zum Neuanlegen eines Programms, zum Speichern oder Öffnen vorhandener Programme, zum Analysieren oder für die Einstellungen. Du wirst die meisten dieser Funktionen schon bald verwenden.

Alles auf Deutsch?

TigerJython sollte normalerweise automatisch auf Deutsch angezeigt werden. Du siehst es an den Beschriftungen des Menüs: Datei, Bearbeiten, Ausführen usw. Sollte dies nicht auf Deutsch erscheinen, kannst du die Sprache auch manuell ändern. Klicke dazu auf das Symbol mit Hammer und Schraubenschlüssel (Einstellungen) und wähle in der ersten Dropdown-Liste unter Sprache bzw. Language die Sprache Deutsch aus. OK zum Bestätigen, und dann ist alles auf Deutsch.

Direkte Befehle – die Konsole

Python und du, ihr solltet euch jetzt am besten ein wenig kennenlernen. Python ist deine persönliche Servicekraft und führt alles aus, was du ihm befiehlst – jedenfalls solange Python versteht, was du sagen willst. Wir wollen daher jetzt mal beginnen, einzelne Befehle an Python zu senden, damit Python sie für uns ausführt.

Um einzelne Befehle zum Testen an Python zu senden, verwendet man die Konsole. Du rufst die Konsole auf, indem du auf das Symbol mit dem schwarzen Bildschirm klickst (■).

Darauf erscheint ein Dialogfenster, dem du Python einzelne Befehle geben kannst, die es sofort für dich ausführt.

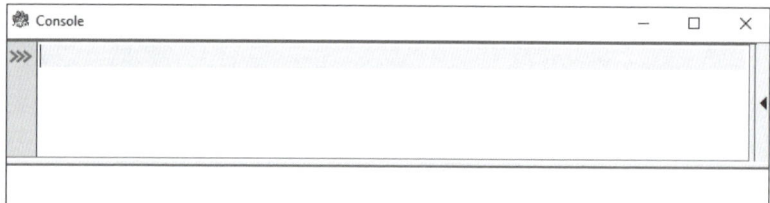

Abbildung 5.2 Die Python-Konsole. Hier gibst du einzelne Befehle ein.

Das Fenster besteht aus zwei Teilen – im oberen Teil bei den drei roten Pfeilen gibst du deine Kommandos ein, im unteren Teil antwortet Python, wenn es etwas ausgibt oder eine Mitteilung für dich hat.

Ausgabe mit Zahlen

Und los geht's! Der erste Befehl, den du lernst, lautet:

```
print
```

»print« heißt wörtlich übersetzt »drucken« – aber in Python hat er die Bedeutung »ausgeben«, normalerweise einfach nur auf dem Bildschirm.

Hinter dem Wörtchen `print` sollte sinnvollerweise noch angegeben werden, *was* Python ausgeben soll. Zum Beispiel eine Zahl.

Gib also einfach mal ein:

```
print        42
```

Befehl »ausgeben«   Wert

Danach drückst du die ⏎-Taste (Enter-Taste) – und schon wird der Befehl ausgeführt.

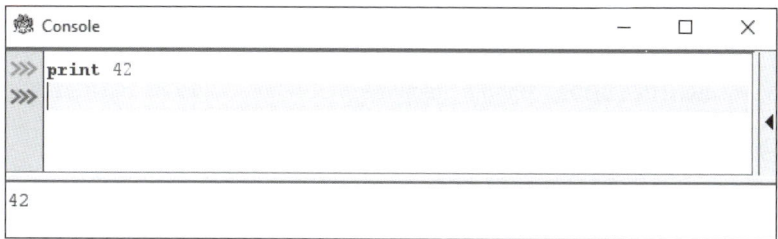

Abbildung 5.3 Der erste Befehl und unten die Reaktion von Python

Im Ausgabefenster unten erscheint die Zahl 42. Das ist ganz richtig so, denn damit hat Python genau gemacht, was du ihm gesagt hast. `print 42` bedeutet: »Gib (die Zahl) 42 aus.« Also gibt Python in seinem Ausgabefenster die Zahl 42 aus.

Super – es funktioniert. Aber jetzt wollen wir natürlich mehr.

Du kannst auch mehrere Werte nacheinander in einer Zeile mit einem `print`-Befehl ausgeben. Dazu trennst du sie mit einem Komma:

```
print 25,37,12
```

ergibt

```
25 37 12
```

Wie wir ja wissen, ist ein Computer in erster Linie immer ein »Rechner«. Also lassen wir Python jetzt rechnen.

Gib ihm mal folgenden Befehl:

```
print    8 + 5
```
Befehl »ausgeben«   mathematischer Ausdruck

Anschließend wieder die ⏎-Taste, und in der Ausgabe erscheint

```
13
```

Wenn wir Python also einen mathematischen Ausdruck (eine Rechenaufgabe) übergeben, berechnet Python diesen automatisch und gibt uns das Ergebnis direkt aus.

Leerzeichen

Übrigens: Du darfst zwischen die Zahlen und die mathematischen Operatoren jederzeit gerne Leerzeichen schreiben. Dann ist es leichter lesbar, und Python stört es nicht.

Das geht natürlich nicht nur mit einfachen Aufgaben. Python kann sehr gut rechnen. Gib mal Folgendes ein:

```
print 12345 * 67890
```

Das Sternchen steht in Computerprogrammen immer für *Multiplikation* (malnehmen).

Auch das natürlich kein Problem. Python gibt aus:

```
838102050
```

Du kannst in Python jederzeit alle Grundrechenarten verwenden, und dazu noch ein paar spezielle Operatoren. Außerdem kannst du in Berechnungen Klammern setzen, um festzulegen, was zuerst berechnet werden soll – wie in normalen Matheaufgaben auch.

Operator	Bedeutung
+	plus (Addition)
–	minus (Subtraktion)
*	mal (Multiplikation)

Operator	Bedeutung
/	geteilt durch (Division)
( )	Klammern
//	Ganzzahldivision (Division, nur Ganzzahlergebnis)
%	Modulo (Division mit Rest, nur der Rest)
**	hoch (Potenz)

Die vier Grundrechenarten sollten dir wahrscheinlich klar sein, aber es gibt hier noch ein paar Besonderheiten. Die probieren wir gleich mal aus.

Gib einfach mal ein:

```
print 15 / 6
```

Das Ergebnis ist – ganz korrekt:

```
2.5
```

Punkt statt Komma

Das Komma bei Dezimalbrüchen wird in Python, wie auch in allen anderen Programmiersprachen, immer mit einem Punkt dargestellt. Auch wenn du Kommazahlen eingibst, musst du den Punkt für das Komma verwenden. Das ist die internationale (englisch-amerikanische) Schreibweise, und die wird in Programmiersprachen praktisch immer verwendet.

Gib jetzt mal Folgendes ein:

```
print 15 // 6
```

(also mit doppeltem Schrägstrich)

Nun lautet das Ergebnis:

```
2
```

Warum? Weil du den Rechenoperator // verwendet hat – das heißt, damit rechnet Python nur mit ganzen Zahlen. Man kann es auch »Ganzzahlergebnis der Division«

nennen: Das ist so etwas wie Division mit Rest – nur ohne den Rest. Die 6 passt zwei Mal komplett in die 15. Und dann bleibt da noch was übrig.

> **Achtung**
>
> Diese Verwendung der Operatoren / und // stammt eigentlich aus Python 3 und funktioniert normalerweise nicht so in Python 2.7, das sonst in TigerJython verwendet wird. Es ist also eine Besonderheit von Jython.

Den Rest können wir natürlich auch ermitteln.

```
print 15 % 6
```

Nun lautet das Ergebnis:

```
3
```

Das ist der *Rest der Division* 15 geteilt durch 6. Man nennt das auch *Modulo*, und berechnet wird es mit dem Prozentzeichen – es hat aber nichts mit Prozentrechnung zu tun!

Die *Klammernsetzung* beim Rechnen funktioniert genau so wie im Mathe-Unterricht:

```
print 3 + 5 * 7
```

ergibt

```
38
```

Klar, Punkt- vor Strichrechnung, also letztendlich 3 + 35. Aber:

```
print (3 + 5) * 7
```

gibt

```
56
```

Die Klammern haben Vorrang. Dadurch ergibt sich 8 * 7. Logisch, oder?

Wenn du *Potenzen* mit Python berechnest (also Hochzahlen) kommst du schnell auf ganz schön große Ergebnisse. Hier zeigt sich eine Stärke von Python, das problemlos mit gigantischen Zahlen umgehen kann.

```
print 25 ** 37
```

Der doppelte Stern steht für die Potenz, also 25 hoch 37 (25 wird 37 Mal mit sich selbst multipliziert).

Das Ergebnis:

```
5293955920339377119177015629247762262821197509765625
```

Wow – das ist mal eine hohe Zahl! Kein Taschenrechner kann so viele Stellen anzeigen, aber für Python überhaupt kein Problem.

Jetzt bist du dran: Stelle Python Aufgaben! Probiere mal herum – verwende Python als einen mächtigen Taschenrechner. Denk dir Aufgaben aus, benutze die Rechenzeichen aus der Liste, und beobachte, wie Python die Aufgaben löst.

Die »Syntax« muss stimmen

Vielleicht gibt es dabei auch einmal eine Fehlermeldung. Python kann nämlich nur dann einen Ausdruck berechnen, wenn er auch korrekt geschrieben wurde und somit richtig erkennbar und damit lösbar ist.

Beispiel:

ergibt nach zwei Mal ⏎-Taste folgenden Text als Antwort:

```
SyntaxError: Fehlende schliessende Klammer: ')'
```

Das ist der berühmte *SyntaxError* – *Syntax* heißt die korrekte Schreibung von Befehlen oder Ausdrücken beim Programmieren. SyntaxError bedeutet also so viel wie: »Etwas im Programmcode ist fehlerhaft geschrieben.«

Mit diesem Fehler wirst du es sicherlich noch häufiger zu tun haben. Wenn du Glück hast, kann Python direkt ermitteln, was wahrscheinlich das Problem ist und es dir mitteilen. Hier steht also »Fehlende schließende Klammer«. Da fehlt einfach die letzte Klammer, und deshalb kann Python den Ausdruck nicht berechnen.

 Manchmal kann Python den Fehler nicht genau ermitteln, wenn Python nicht raten kann, was du eigentlich schreiben wolltest, sondern nur weiß, dass es so nicht funktioniert. Aber mit wachsender Erfahrung findest du Fehler bald auch leicht selbst oder vermeidest sie von Anfang an.

Zeichenketten statt Zahlen

Computer sind in erster Linie Rechenmaschinen, aber natürlich können sie nicht nur mit Zahlen und mathematischen Ausdrücken umgehen. Neben dem Typ *Zahl* ist auch noch der Typ *Zeichenkette* ganz wichtig für Ein- und Ausgaben.

Zeichenketten, auf Englisch *Strings*, sind in der Regel Wörter oder Texte – aber ganz genau genommen sind es, wie der Name schon sagt, einfach nur »aneinandergehängte Zeichen« beliebiger Art. Mit diesen kann Python genauso souverän umgehen wie mit Zahlen. Wenn du statt einer Zahl eine Zeichenkette verwendest, dann musst du diese Zeichen immer in Anführungszeichen setzen. Alles zwischen den beiden Anführungszeichen gehört dann zu dieser Zeichenkette.

Schreibst du zum Beispiel

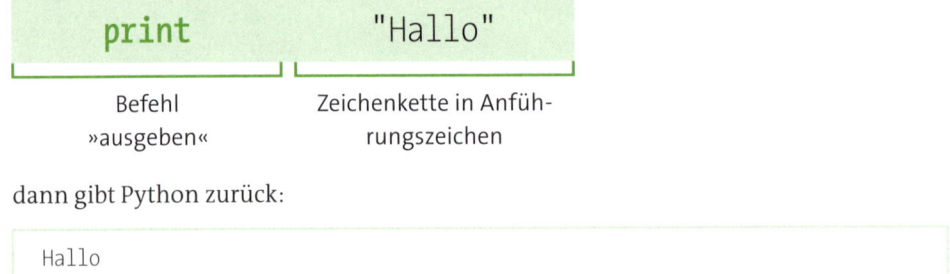

dann gibt Python zurück:

```
Hallo
```

Python hat also statt einer Zahl hier ein Wort ausgegeben, genau genommen eine Kette von Zeichen, die in diesem Fall das Wort »Hallo« ergibt.

Auch Zahlen sind dann Zeichenketten, wenn sie in Anführungszeichen stehen.

```
print "5 + 3"
```

ergibt

```
5 + 3
```

Python berechnet diesen Ausdruck nicht als Zahl, denn er steht in Anführungszeichen und ist also ein *String*, eine Zeichenkette. Daher gibt Python genau diese Zeichenkette wieder aus.

Mit Zeichenketten kann man natürlich nicht rechnen, so wie man es mit Zahlen macht, aber man kann mit ihnen doch einiges anstellen, wie wir später auch noch sehen werden. Hier erst mal ein einfaches Beispiel:

```
print          "Hallo "+"Python"+"!"
```
Befehl »ausgeben«   Zusammengesetzte Zeichenkette

Jetzt antwortet Python mit:

```
Hallo Python!
```

> **Achtung: Plus ist nicht gleich Plus**
> Das Pluszeichen (+) hat bei Zeichenketten eine andere Bedeutung als bei Zahlen. Es bedeutet »Hänge aneinander«. Mit dem Pluszeichen kann man zwei oder mehr Zeichenketten zu einer neuen Zeichenkette zusammenfügen.

Auch das *-Zeichen kann man übrigens mit Zeichenketten verwenden. Teste mal das hier:

```
print 5 * "Hallo "
```

Ergebnis:

```
Hallo Hallo Hallo Hallo Hallo
```

Beim *-Zeichen mit Zeichenketten (Multiplizieren von Strings) wird die Zeichenkette so oft aneinandergehängt, wie man sie multipliziert.

Was passiert aber, wenn man Folgendes eingibt:

```
print "5 * 3 =" + 5*3
```

Geht nicht – das gibt einen Fehler!

Warum? Weil der erste Ausdruck vom Typ *String* ist (eine Zeichenkette), der zweite vom Typ *Zahl*, ein mathematischer Ausdruck. Zwei unterschiedliche Typen kann Python nicht durch ein Pluszeichen miteinander verknüpfen. Es wüsste auch nicht, wie das geschehen soll. Entweder müssen es zwei Zahlen sein, dann werden sie *addiert*, oder es müssen zwei Zeichenketten sein, dann werden sie *aneinandergehängt*. Beides gleichzeitig geht nicht.

Um dieses Problem zu lösen, könnte man die Zahl in eine Zeichenkette umwandeln – wie das geht, lernen wir später noch. Oder, das ist erst einmal am einfachsten, man gibt die beiden Ausdrücke in einem `print`-Befehl einfach unabhängig nacheinander aus, mit Komma getrennt. Das geht mit unterschiedlichen Arten von Werten so:

Das klappt:

```
5 * 3 = 15
```

Hier gibt es keine Probleme, weil Python jetzt einfach zwei unterschiedliche Ausdrücke *nacheinander* ausgibt, ohne sie miteinander zu verknüpfen. Es lassen sich in einem *print*-Befehl beliebig viele Ausdrücke, Strings, Werte und Variablen mit Komma getrennt in einer Zeile ausgeben.

> **Automatische Leerzeichen**
> Beachte, dass Python immer automatisch ein Leerzeichen dazwischenschreibt, wenn du mehrere Werte nacheinander durch Komma getrennt ausgibst.

Jetzt hast du ein paar ganz wichtige Grundlagen erworben, wie man mit Python mathematische Ausdrücke berechnen kann und ihm Zeichenketten zur Verarbeitung geben kann. Damit werden wir im nächsten Kapitel noch wesentlich mehr machen. Aber es wird dabei wesentlich interessanter, denn jetzt kommen Variablen hinzu.

Kapitel 6

Variablen – jetzt wird es flexibel

Jeder Computer hat nicht nur sein Rechenwerk, sondern er braucht vor allem auch einen Speicher, in dem er Daten zwischenlagern kann. Beim Programmieren nutzen wir diesen Speicher konkret mithilfe von Variablen. Erst damit kann man wirklich sinnvoll Daten verarbeiten, denn sonst wären jeder Wert und jedes Ergebnis in einem Programm ja vorherbestimmt.

Erinnerst du dich an die Vorstellung vom Computer als Bearbeiter, der an seinem Schreibtisch sitzt und ständig Daten aus kleinen Schubladen holt, die er bearbeitet und dann wieder in diese Schubladen hineinsteckt? Diese Schubladen werden wir jetzt auch verwenden.

Es sind die sogenannten *Variablen*, die in jeder Programmiersprache eine außerordentlich wichtige Rolle spielen.

Variabel heißt »veränderlich« – eine Variable ist ein Platzhalter für eine veränderliche Zahl, eine Zeichenkette oder einen anderen Datenwert. Die Variable ist also wie die Schublade, in die man einen Wert hineinstecken kann. Diese Schublade hat eine Beschriftung, damit man immer weiß, was wo drin ist. Die Beschriftung ist der *Variablenname*, mit dem man auf ihren Inhalt zugreifen kann.

Aber genug der Theorie. Wie sieht das in der Praxis aus?

Wir bleiben noch in der Konsole und geben mal folgenden Befehl ein:

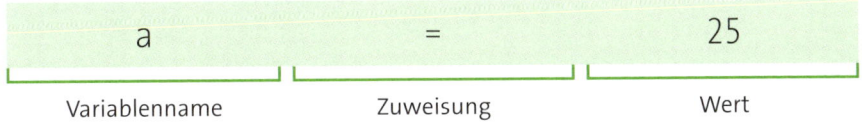

| a | = | 25 |
| Variablenname | Zuweisung | Wert |

⏎-Taste ... und ...? Im Ausgabefenster passiert nichts, denn wir haben ja keinen Ausgabebefehl gegeben. Der Befehl a = 25 sagt Python Folgendes:

Speichere die Zahl 25 in einer Variablen mit dem Namen a.

Merke

Wenn wir einen Variablennamen angeben, dahinter ein Gleichheitszeichen und dann einen Zahlausdruck oder eine Zeichenkette stellen, wird dieser Wert in die Variable geschrieben. Wenn die Variable noch nicht existiert, wird sie dabei automatisch erzeugt.

Jetzt gibt es also so etwas wie eine Schublade, die die Aufschrift a trägt, und in der Schublade liegt die Zahl 25.

Python bestätigt das im Dialogfenster mit der Meldung a: 25. Das heißt also: a steht fortan für die Zahl 25.

Gib jetzt Folgendes in der Konsole ein:

Ergebnis:

```
25
```

Immer wenn wir jetzt den Namen a in einem Kommando verwenden, weiß Python, dass wir den Wert meinen, der in der Variable a drinsteckt.

Du kannst mit der Variable jetzt genauso rechnen wie mit dem Wert 25 selber.

```
print  a + 10
```

ergibt:

```
35
```

Variablen und ihre Werte

Variablen werden erst in dem Moment angelegt, in dem du ihnen einen Wert gibst. Wenn ich a = 1 schreibe, dann habe ich eine Variable a angelegt, die als Inhalt den Wert 1 hat. Wenn ich der Variable später einen anderen Wert gebe, zum Beispiel a = 12.5, dann ändert sich der Wert dieser vorhandenen Variablen a, und es wird keine neue Variable angelegt.

Du kannst in Programmen nur Variablen zum Rechnen verwenden oder ausgeben, die du vorher auch angelegt hast und denen du einen Wert gegeben hast. Variablen, denen du nie einen Wert gegeben hast, existieren nicht. Das kannst du in der Konsole leicht ausprobieren. Gib mal ein:

```
print b
```

Das Ergebnis ist eine Fehlermeldung:

```
Der Name 'b' ist nicht definiert oder falsch geschrieben.
```

Es existiert also keine Variable oder Funktion mit diesem Namen.

b kann nicht ausgegeben werden, weil b nicht existiert. Logisch, oder?

Erst wenn du b = 125 (oder etwas anderes) schreibst, dann existiert auch die Variable b, und dann kannst du sie auch für Berechnungen verwenden oder ausgeben.

Variablennamen

Natürlich dürfen Variablen nicht nur a, b oder c heißen. Sie können alle möglichen Namen wie eingabezahl oder geschwindigkeit oder meinErgebnis haben. Namen, die uns einen Hinweis geben, wofür die Variable verwendet wird, helfen sehr beim Programmieren.

Allerdings gibt es auch klare Regeln, wie man Variablen nennen darf und wie nicht, damit Python die Variablen immer eindeutig als solche erkennen kann.

- Variablennamen dürfen aus Klein- und Großbuchstaben sowie aus Zahlen bestehen. Sie müssen aber immer mit einem Buchstaben beginnen. Beachte aber, dass Groß- und Kleinbuchstaben wirklich unterschieden werden und ein Name nicht mal groß und mal klein geschrieben werden kann. Dann wären es zwei verschiedene Namen.
- In der Regel werden normale Variablennamen in Python **immer mit kleinen Buchstaben** geschrieben, Leerzeichen werden meist durch Unterstriche dargestellt. Das ist kein Muss, aber es ist in Python üblich, um Programme auch für andere gut lesbar zu halten.
- Variablennamen dürfen keine Sonderzeichen, deutschen Umlaute oder Leerzeichen enthalten, sondern wirklich nur internationale Buchstaben und Zahlen – und den Unterstrich _ als Ausnahme.

6 Variablen – jetzt wird es flexibel

▶ Will man eine Variable mit einem Namen benennen, der aus zwei Wörtern besteht, dann kann man statt des Leerzeichens also den Unterstrich verwenden, das wird *snake_case* genannt – oder man arbeitet mit Großbuchstaben zur Trennung. Das heißt *camelCase* (kleiner Anfangsbuchstabe und großer Buchstabe für das nächste Wort) bzw. *CapWords* – das erste wie zweite Wort beginnt mit einem Großbuchstaben ohne Leerzeichen. In *TigerJython* wird häufig *camelCase* für Variablennamen verwendet, wir werden dies auch in einigen Fällen tun und halten uns ansonsten an die Python-Empfehlung *snake_case*.

Beispiele für Variablennamen:

x	erlaubt
Y	Großbuchstaben sind erlaubt (aber nicht üblich, außer für Konstanten)
hallo	erlaubt
wert3	erlaubt
5fach	verboten, beginnt mit Zahl
länge	verboten, Sonderzeichen *ä* ist nicht erlaubt
breite des rechtecks	verboten – Leerzeichen dürfen nicht im Namen vorkommen
laenge_quadrat	erlaubt und erwünscht – Unterstrich zur Worttrennung wird für Variablen- und Funktionsnamen in Python empfohlen (*snake_case*)
tasteGedrueckt	erlaubt und in *TigerJython* öfter verwendet (*camelCase*)
GrafikObjekt	erlaubt – *CapWords* wirst du später für sogenannte Klassennamen verwenden

Nun weißt du, wie man Variablen *benennen* kann. Jetzt geht es darum, wie man sie *verwendet*.

Variablen dürfen in Python Zahlen oder Strings enthalten. Zum Beispiel:

```
vorname = "Erwin"
```

Gib anschließend ein:

```
print "Hallo "+vorname + "!"
```

Die Ausgabe ist:

```
Hallo Erwin!
```

Oder noch mal ein Beispiel. Gib nacheinander die folgenden drei Zeilen ein:

```
wert = 21

doppelter_wert = wert * 2

print "Das Doppelte von",wert,"ist", doppelter_wert
```

Nach der letzten Zeile bekommst du die Ausgabe:

```
Das Doppelte von 21 ist 42
```

Im ersten Befehl wurde die Zahl 21 in die Variable mit dem Namen wert gelegt. Danach wurde die Variable doppelter_wert mit dem Ausdruck wert * 2 belegt. Dadurch stand die Zahl 42 in der Variable, denn Python rechnet ja jeden Ausdruck sofort aus. Anschließend haben wir die Variable doppelter_wert ausgegeben, vorher noch den Text »Das Doppelte ist« – und so gibt Python das Ergebnis sauber aus.

Das war schon fast ein richtiges Programm – nur dass wir die Befehle direkt nacheinander eingegeben haben. *Wir sind jetzt knapp vor dem Programmieren!*

Eines fehlt aber noch, damit Variablen wirklich veränderlich sind und ihr Inhalt nicht von Anfang an vorgegeben ist. Es muss eine Möglichkeit geben, dass der Benutzer den Inhalt einer Variablen *während das Programm läuft, direkt eingibt*, und dieser nicht schon durch das Programm vorher feststeht.

Dafür gibt es den Befehl input.

Der »input«-Befehl – Eingaben zum Verarbeiten

Was wäre, wenn man Python statt

`x = 5`

sagen könnte:

`x = Zahl, die der Benutzer eingibt?`

Genau dafür gibt es den `input`-Befehl. Mit ihm öffnet *TigerJython* ein kleines Dialogfenster und fragt nach einem Wert, der dann in die angegebene Variable geschrieben wird. (In Standard-Python gibt es dieses Fensterchen nicht, sondern der Wert wird unten in der Ausgabekonsole eingegeben).

Gib mal in der Konsole ein:

```
x = input("Gib eine Zahl ein!")
```

Und das passiert:

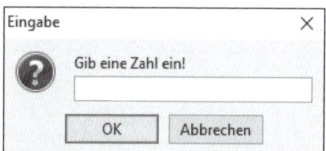

Abbildung 6.1 Der input-Befehl öffnet in TigerJython ein Eingabefenster.

Folgendermaßen wird der input-Befehl also verwendet:

```
variable = input("Text im Fenster")
```

Durch diesen Befehl öffnet sich ein Fenster mit einem kleinen Text (den, der in Klammern hinter dem `input` steht) und einer Eingabezeile. Wenn du nun etwas in diese Eingabezeile hineinschreibst und die ⏎-Taste drückst, wird der eingegebene Wert in die Variable geschrieben.

Wenn du in unserem Beispiel die Zahl 235 eingibst und dann den Befehl

```
print x
```

eingibst, dann ist das Ergebnis natürlich

```
235
```

»msgDlg(wert)« – Aufklappfenster auch für Ausgabe nutzen

Übrigens kannst du in *TigerJython* auch zur *Ausgabe* eines Wertes so ein aufklappendes kleines Fenster verwenden, wie es der input-Befehl verwendet. Benutze dann einfach den Befehl msgDlg(wert). Damit öffnet sich ein Ausgabefenster mit einer Zahl oder einem Text wie beim input-Befehl, nur dass du dort keinen Wert eingeben kannst. Erst wenn du auf OK klickst, ist der Befehl beendet. msgDlg steht für *Message Dialog* (also Nachrichtenfenster). Mit dem Befehl msgDlg("Hallo") wird zum Beispiel ein Fenster mit dem Text »Hallo« geöffnet. (Dieser Befehl ist spezifisch für *TigerJython*. Du findest ihn nicht in Standard-Python.)

Jetzt weißt du aber wirklich genug, um dein erstes richtiges Programm zu schreiben. Dafür wird es höchste Zeit. Von der Konsole kannst du dich jetzt erst mal verabschieden!

Kapitel 7
Programme schreiben – es geht los!

Jetzt haben wir genug Zeit mit dem Testen auf der Konsole verbracht. Ein Programmierer will programmieren. Und dafür haben wir jetzt die wichtigsten Grundlagen beisammen. Es kann also beginnen.

Wir haben bislang Python einzelne Befehle gegeben. Aber Befehle sind noch keine Programme. Ein Programm setzt sich zwar aus Befehlen zusammen, aber erst wenn wir mehrere Befehle zu einer Liste von Anweisungen verknüpfen, haben wir ein Programm.

> **Fassen wir kurz zusammen: Welche Anweisungen kennst du?**
> - Den `input()`-Befehl, mit dem du die Eingabe des Benutzers in eine Variable schreiben kannst
> - Die Variablenzuweisung, mit der du eine Zahl oder eine Zeichenkette in eine Variable schreiben kannst
> - Die Berechnung von Werten mit mathematischen Operatoren oder die Verknüpfung von Zeichenketten
> - Den `print`-Befehl, um einen Wert oder den Wert einer Variable im Ausgabebereich auszugeben – und den `msgDlg()`-Befehl, um einen Wert in einem Aufklappfenster anzuzeigen

Das sind im Grunde nur vier Arten von Anweisungen, aber mit denen kannst du schon eine Menge anfangen. Denn mit ihnen kannst du die wichtigsten Grundbestandteile eines Computerprogramms erzeugen: Eingabe von Daten, Verarbeitung von Daten, Ausgabe des Ergebnisses.

Ein Programm in TigerJython eingeben

Die Konsole kannst du jetzt schließen. Du wirst sie später noch hin und wieder zum Testen verwenden, aber unser Arbeitsbereich ist von nun an das Hauptfenster von *TigerJython*.

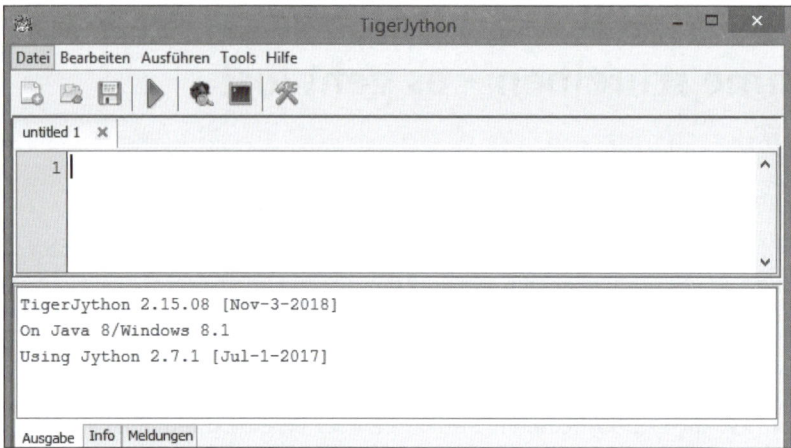

Abbildung 7.1 Ab jetzt wird im Programmierfenster gearbeitet.

In die große weiße Fläche wirst du von jetzt an die einzelnen Anweisungen des Programms nacheinander eingeben. Mit der ⏎-Taste gelangst du in die nächste Zeile, aber der Befehl wird dabei nicht wie in der Konsole direkt ausgeführt.

Erst wenn dein Programm fertig ist oder du es testen möchtest, startest du das Programm mit einem Klick auf das Symbol mit dem grünen Dreieck (▶).

Damit werden die Befehle dann von oben nach unten Zeile für Zeile nacheinander abgearbeitet. Das bedeutet: *Ein Programm ausführen*.

Das allererste Programm: Ein Zahlenzaubertrick

Zum Warmwerden ein allererstes Programm, das aus einer Abfolge von Ausgaben besteht. Hier werden noch keine Variablen verwendet, keine Eingabe von Werten, nur die Ausgabe von Texten. Das kann man zum Beispiel mit aneinandergereihten `msgDlg()`-Befehlen machen (Text als Nachricht im Fenster ausgeben), die einfach nur ihren Text zeigen und dann nach dem Klick auf OK wieder verschwinden.

Gib mal folgendes Programm in das Programmfenster ein:

```
msgDlg("Denke dir eine beliebige Zahl zwischen eins und zehn aus!")
msgDlg("Multipliziere die Zahl mit 5.")
msgDlg("Verdopple die Zahl.")
msgDlg("Teile die Zahl jetzt durch die Zahl, die du dir am Anfang ausgedacht hast.")
msgDlg("Ziehe 7 von der momentanen Zahl ab.")
msgDlg("Jetzt sage ich dir, welche Zahl du gerade hast. Es ist die ...")
msgDlg("DREI!")
```

> **Tipp: Programme aus dem Buch eingeben**
>
> Ich würde dir empfehlen, die Programme aus dem Buch, insbesondere am Anfang, immer selbst abzuschreiben. Dadurch bekommst du allmählich das Gefühl dafür, wie man die Befehle und Strukturen richtig selber verwendet. Wenn du ein Programm aber schnell testen willst oder den Fehler in deinem abgeschriebenen Programm nicht finden kannst, gibt es alle Programme aus dem Buch auch als html-Datei in den »Materialien zum Buch«. Sie können von dort ganz einfach durch Anklicken und Einfügen in *TigerJython* direkt übernommen werden.
>
> Du findest die Materialien auf der beiliegenden DVD oder auch hier:
>
> *https://www.rheinwerk-verlag.de/4716/*
>
> Dort wählst du MATERIALIEN ZUM BUCH.
>
> Außerdem gibt es die aktuellste Fassung der Skripte und weitere Hinweise, Links, eventuelle Korrekturen und Erläuterungen auf meiner Webseite zum Buch:
>
> *www.letscode-python.de*

Der msgDlg-Befehl in *TigerJython* ist nur für kurze Mitteilungen an den Benutzer gedacht. Hier wird er verwendet, um immer wieder einen Text auszugeben und abzuwarten, bis der Benutzer auf OK klickt oder die ⏎-Taste drückt, damit es weitergehen kann.

Probiere es aus! Klicke auf den grünen Pfeil, und das Programm startet. Denke dir eine Zahl aus und folge weiter den Anweisungen. Du musst nichts eingeben, sondern nur auf OK klicken.

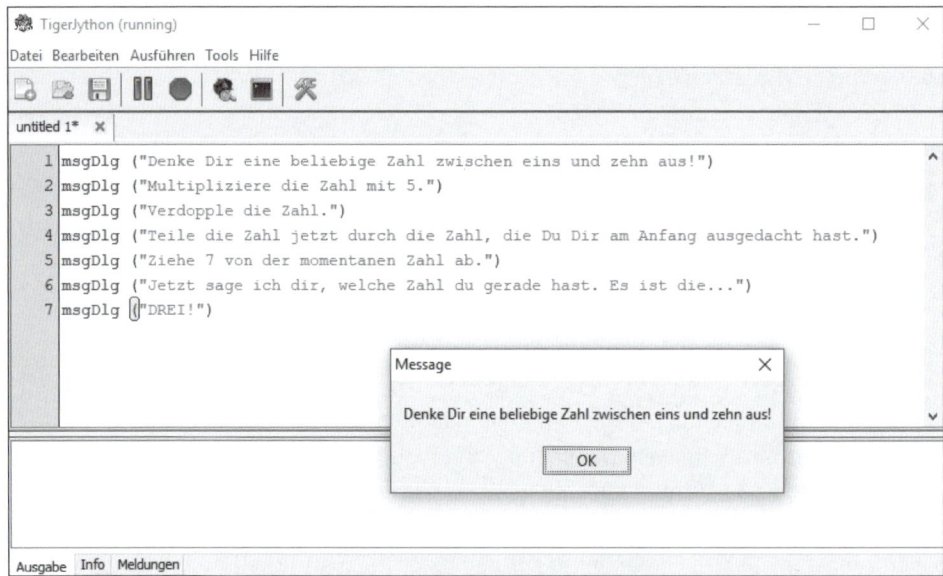

Abbildung 7.2 Das Programm gibt seine Nachrichten nacheinander in Dialogboxen aus.

Wenn du richtig rechnest, klappt der Zaubertrick, und »DREI!« am Ende stimmt. Zugegeben, der Trick ist leicht zu durchschauen – aber wichtiger ist: Du hast ein erstes Python-Programm geschrieben, das funktioniert!

Python führt die Anweisungen Schritt für Schritt aus, beginnend mit der obersten Zeile, und dann immer eine nach der anderen. Der msgDlg-Befehl ist immer erst beendet, wenn der Benutzer auf OK klickt – dann wird der nächste Befehl ausgeführt. So entsteht etwas wie ein Gespräch mit dem Programm, das dir nach und nach Mitteilungen macht.

Nach dieser Aufwärmübung soll nun das erste »richtige« Programm folgen, das alle drei wichtigen Grundelemente besitzt: *Eingabe, Verarbeitung, Ausgabe*.

Zweites Programm: Ein Umrechner

Die Aufgabe ist folgende: Du möchtest ein Programm schreiben, das eine eingegebene Längenangabe in Zoll (wie zum Beispiel eine Bildschirmgröße) in Zentimeter umwandelt und das Ergebnis ausgibt.

Welche Schritte muss so ein Programm ausführen?

- Schritt 1: Eingabe der Länge in Zoll, Speichern in einer Variable z. B. mit dem Namen `laenge_zoll`
- Schritt 2: Berechnen der Länge in cm und Speichern des Ergebnisses in einer Variable z. B. mit dem Namen `laenge_cm`.
  (1 Zoll = 2,54 cm)
- Schritt 3: Ausgabe des Ergebnisses (`laenge_cm`) mit erläuterndem Text

Jeder dieser Schritte muss natürlich in Python richtig formuliert werden. Kannst du das allein?

Ansonsten ist hier eine mögliche Lösung:

```
laenge_zoll = input("Bitte Länge in Zoll eingeben:")
laenge_cm = laenge_zoll * 2.54
print "Ergebnis:", laenge_cm , "Zentimeter"
```

Nur drei Zeilen genügen. In der ersten wird mit dem `input`-Befehl eine Zahl eingegeben und in der Variable `zoll` gespeichert.

In der zweiten wird `zoll * 2,54` berechnet (das ist die Umrechnungsformel von Zoll in Zentimeter) und in der Variable `cm` gespeichert.

In der dritten Zeile wird ausgegeben: `Ergebnis:` , dann der berechnete Wert in der Variable `cm`, dann `Zentimeter`.

Probiere es aus: Klicke auf das grüne Dreieck, und das Programm läuft los.

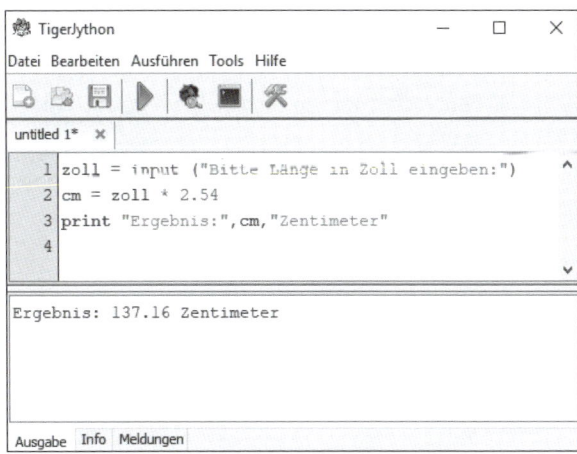

Abbildung 7.3 Ergebnis in Zentimeter: hier 137.16

Funktioniert es?

Herzlichen Glückwunsch! Du hast dein erstes klassisches Programm geschrieben!

Und wenn du so schön dabei bist – wie wäre es, wenn du das Programm abänderst, sodass es zum Beispiel Meter in Fuß umrechnet (1 Meter = 3,2808 Fuß)? Oder Geschwindigkeit: Knoten in km/h (1 Knoten = 1,852 km/h)? Oder Stunden in Sekunden (1 Stunde hat 3.600 Sekunden)? Oder deine ganz eigene Idee.

> **Aufgabe**
> Verändere das Programm so, dass es andere von dir festgelegte Einheiten umrechnen kann. Passe die Berechnung und den Text an (und am besten auch die Namen der Variablen). Teste es und prüfe, ob es funktioniert.

Programme speichern

Ein funktionierendes Programm möchte man natürlich auch behalten. Deshalb solltest du jedes Programm, das du eingegeben hast, wenn es fertig ist (oder auch mal zwischendurch) speichern. Dann kann es dir nicht mehr verloren gehen, und du kannst es jederzeit wieder aufrufen, verwenden oder verändern.

> **Tipp: Leg dir einen Python-Ordner an!**
> Ich würde dir empfehlen, an dieser Stelle einen Ordner auf deiner Festplatte anzulegen, in dem du zukünftig alle deine Python-Programme speicherst. Damit schaffst du Ordnung und weißt immer, wo du Python-Programme suchen musst. Der Ordner kann zum Beispiel *Pythonprogramme* heißen und im Verzeichnis *Dokumente* erstellt werden. Wichtig ist, dass du ihn in einem deiner persönlichen Verzeichnisse anlegst, damit du auch vollen Zugriff darauf hast.

Das Speichern selber ist sehr einfach.

Wähle im Menü von *TigerJython* einfach DATEI • SPEICHERN UNTER...

Nun musst du dein selbst angelegtes Python-Verzeichnis wählen, deinem Programm einen kurzen, aber treffenden Namen geben und auf SPEICHERN klicken.

Eingabe, Verarbeitung, Ausgabe – diesmal mit Text

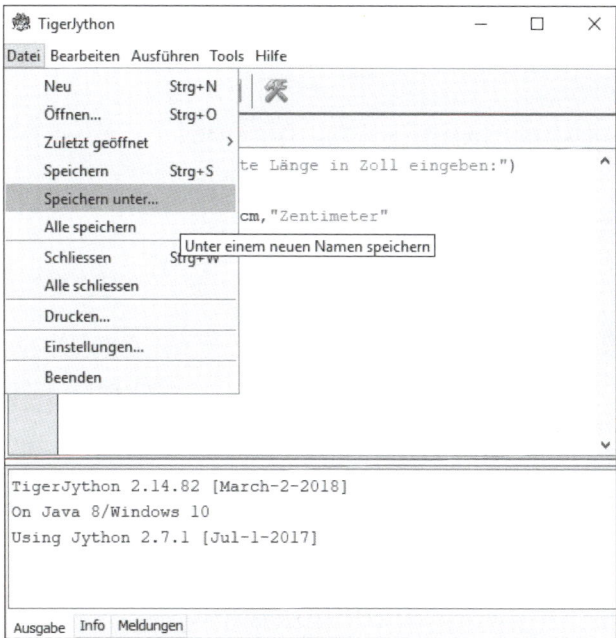

Abbildung 7.4 Mit Speichern unter... kannst du ein Programm erstmalig abspeichern.

Wenn du das Programm später noch bearbeitest und dann erneut speichern willst, reicht es aus, [Strg]+[S] (bzw. auf dem Mac [cmd]+[S]) zu drücken, und das Programm wird unter seinem vorhandenen Namen erneut gespeichert.

Laden kannst du gespeicherte Programme jederzeit, indem du DATEI • ÖFFNEN im Menü wählst (oder [Strg]+[O] bzw. [cmd]+[O]), das gewünschte Python-Programm auswählst und auf ÖFFNEN klickst.

Eingabe, Verarbeitung, Ausgabe – diesmal mit Text

Wie du ja weißt, kann Python nicht nur mit Zahlen umgehen, sondern auch mit Texten (Zeichenketten bzw. Strings). Das probieren wir gleich mal im nächsten Beispiel aus, indem wir Texte zu einer Begrüßung verknüpfen. Auf der Konsole haben wir es schon getestet, jetzt wird ein richtiges kleines Programm mit nur zwei Zeilen draus:

```
name = input("Wie heißt du?")
print "Freut mich, dich kennenzulernen, " + name + "!"
```

Bevor du es startest: Kannst du schon aus dem Code ersehen, was es machen wird? Wahrscheinlich schon, oder? Probiere es aus, indem du den grünen Pfeil klickst, und teste, ob deine Vermutung stimmt.

Noch ein Beispiel, das diesmal die »Multiplikation von Text« verwendet:

```
name = input("Wie heißt du?")
anzahl = input("Wie oft soll ich dich begrüßen?")
print ("Hallo "+name+"! ")*anzahl
```

Kannst du ermitteln, was dieses Programm genau machen wird?

Zuerst wird wieder dein Name eingegeben und in der Variable name gespeichert. Dann wird eine Anzahl eingegeben und in der Variable anzahl gespeichert.

Und zum Schluss wird »Hallo« mit dem eingegebenen Namen und mit einem Ausrufezeichen und Leerzeichen verknüpft, und das Ganze (daher ist es eingeklammert) soll multipliziert werden, also so viele Male, wie in anzahl steht, nacheinander erscheinen.

Teste es!

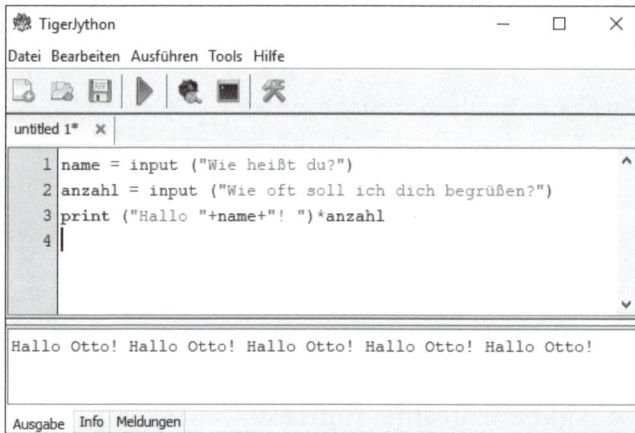

Abbildung 7.5 Fünf Mal nacheinander wird hier Otto begrüßt.

Du kannst als Anzahl gern auch mal 100 oder gar 1.000 eingeben. Dann erhältst du eine sehr lange Begrüßungsreihe im Ausgabefenster.

Übrigens: Wenn du möchtest, dass dein Name nicht nebeneinander, sondern untereinander ausgegeben wird, musst du die Ausgabezeile so verändern:

```
print ("Hallo "+name+"!"+"\n")*anzahl
```

An den Namen wird also noch ein \n angehängt – \n ist ein Steuerzeichen und steht für »new line« – also »neue Zeile«.

Mit dem, was du jetzt weißt, kannst du dir auch schon eigene kleine Programme ausdenken. Überleg dir etwas, und probiere es aus. Durch Probieren lernt man immer am meisten!

Rechner mit Rest

Noch ein kleines Beispiel, diesmal für einen Rechner. Ein normaler Taschenrechner kann zwar alles Mögliche, aber meistens kann er keine Division mit Rest ausführen, sondern er rechnet automatisch in Dezimalbrüche um. Mit Python kann man, wie wir schon auf der Konsole gesehen haben, sehr einfach das Ganzzahlergebnis und den Rest einer Geteilt-Aufgabe ermitteln. Machen wir doch auch ein kleines Programm draus.

Was muss das Programm leisten?

- Eingabe der Grundzahl (g)
- Eingabe des Teilers (t)
- Berechnung des Ganzzahlergebnisses (e)
- Berechnung des Restes (r)
- Ausgabe von Ergebnis und Rest

Weißt du noch, wie das in Python geht? Wenn du sicher in Python werden willst, dann empfehle ich dir zu versuchen, die Programme immer erst einmal selbst zu schreiben, bevor du den Lösungsvorschlag im Buch anschaust und abtippst. Wie die Division mit Ganzzahl und Rest genau funktioniert, kannst du in Kapitel 5 nachschlagen.

Und hier der Vorschlag, wie man ein solches Programm schreiben kann:

```python
g = input("Wie lautet die Grundzahl?")
t = input("Durch welche Zahl soll sie geteilt werden?")
e = g // t
r = g % t
print "Das Ergebnis ist", e ,"und der Rest ist", r
```

Zuerst wird die Grundzahl eingegeben und in der Variable g gespeichert, dann der Teiler, der in der Variable t gespeichert wird, anschließend wird das Ganzzahlergebnis mit dem Operator // berechnet und in e gespeichert, dann wird der Rest mit dem Operator

% berechnet und in r gespeichert. Anschließend wird das Ergebnis (e und r) mit dem print-Befehl ausgegeben.

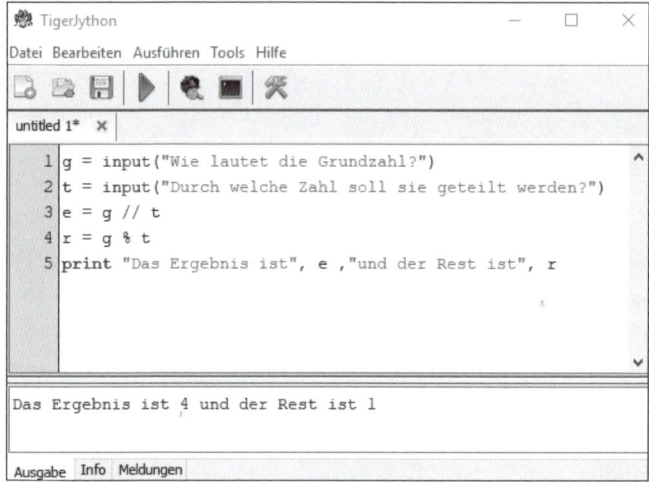

Abbildung 7.6 Das kommt heraus, wenn man 69 und 17 eingibt.

Alles, wofür es Formeln gibt, kann man auch direkt in ein hübsches Programm umwandeln. Dann übernimmt Python einfach die Berechnung, und selbst muss man nur noch die Ausgangswerte eingeben und erhält am Schluss sein fertiges Ergebnis. Anwendungsgebiete gibt es dafür unendlich viele, denn überall im Alltag müssen wir Dinge berechnen. Die Zeit, die jemand bei bestimmter Geschwindigkeit für eine Strecke braucht, die Fläche einer Wand, von der man die Maße kennt, die Anzahl der Pixel auf einem Bildschirm mit bestimmter Auflösung, die Höhe der Mehrwertsteuer von einem bestimmten Betrag usw. ... Wenn dir etwas einfällt, was du immer wieder mühsam berechnen musst: Mach ein kleines Python-Programm draus.

Das magische Quadrat

Hier kommt noch ein cooles Projekt zum Abschluss dieses Kapitels: das magische Quadrat.

Kennst du magische Quadrate? Das sind Quadrate, die zum Beispiel aus 16 Feldern (4 × 4) bestehen, und in jedem Feld steht eine Zahl. Die Summe der Zahlen jeder Reihe, waagerecht, senkrecht und diagonal, ist dabei genau gleich. Und ebenfalls die Summe der 2×2-Quadrate im Innern des magischen Quadrats. Sowie die Summe der vier Ecken.

Hier ist ein Beispiel:

2	1	12	7
11	8	1	2
5	10	3	4
4	3	6	9

Abbildung 7.7 Einfaches magisches Quadrat mit der Summe 22

Addierst du die Reihen, ist die Summe immer 22, ebenso bei allen Spalten, ebenso bei den beiden Diagonalen. Ebenso bei den vier Viererquadraten, aus denen sich das Ganze zusammensetzt, und sogar beim Mittelquadrat. Auch wenn du die vier Ecken addierst, kommt 22 raus. Insgesamt erhältst du beim Zusammenzählen 18 Mal auf verschiedene Weise die Summe 22. Magisch, oder?

Wenn wir jetzt möchten, dass Python uns so ein Quadrat erstellt – mit änderbaren anderen Zahlen als das abgebildete – was brauchen wir dann dafür? Klar, eine Formel, mit der man die einzelnen Zahlen des magischen Quadrats errechnen kann. Formeln kann man nachschlagen – mit Google findet man fast alles. Wir müssen sie uns also nicht selbst ausdenken, wir müssen sie nur in unserem Programm richtig anwenden.

Das Erstellen eines magischen Quadrats funktioniert so: Wir legen zwei ganze Zahlen fest, die wir a und b nennen. Egal welche, beide müssen mindestens 1 sein oder höher. Nun können wir die Inhalte des Quadrats mit der folgenden Formel berechnen, und schon klappt es mit der Magie:

a+b	a	12*a	7*a
11*a	8*a	b	2*a
5*a	10*a	3*a	3*a+b
4*a	2*a+b	6*a	9*a

Abbildung 7.8 Das sind die Berechnungsformeln für jede Zelle des magischen Quadrats. a und b sind dabei beliebige ganze Zahlen über 0.

Und noch eine Formel gibt es dazu: Nachdem man die Zahlen a und b festgelegt hat, ergibt sich die magische Summe aller Reihen mit der Berechnung 21 * a + b.

Mehr müssen wir nicht wissen. Wir können jetzt ein Programm schreiben, das uns, nachdem wir a und b festgelegt haben, alle 16 Zahlen des dazu berechneten magischen Quadrates ausgibt, in vier Reihen. Das Abtippen lohnt sich:

```
a = input("Gib einen Wert für a ein:")
b = input("Gib einen Wert für b ein:")
print "Die Summe aller Reihen, Spalten und Quadrate ist:",a*21+b
# Magisches Quadrat ausgeben:
print "-----------------------------------------------------------"
print a+b,a,12*a,7*a
print 11*a,8*a,b,2*a
print 5*a,10*a,3*a,3*a+b
print 4*a,2*a+b,6*a,9*a
print "-----------------------------------------------------------"
```

Erst wird also a eingegeben (eine beliebige Zahl), dann b (ebenfalls beliebig), dann errechnet Python erst einmal die magische Summe (mit der Formel a * 21 + b) und gibt sie aus, danach berechnet es nach unserer Formelvorgabe alle Zahlen für alle Kästchen und gibt sie in vier Reihen aus. Die ausgegebenen Striche dienen nur der Übersicht bei der Ausgabe und kennzeichnen den Anfang und das Ende der Zahlen.

> **Kommentare im Code mit »#«**
>
> Die vierte Zeile im Code hier ist übrigens eine Kommentarzeile: Du kannst in jedes Python-Programm jederzeit Kommentare einfügen, als eigene Zeile oder direkt nach einem Befehl. Sie beginnen immer mit einem #-Zeichen und enden am Ende der Zeile. Kommentare werden bei der Ausführung des Programms ignoriert. Sie dienen nur dazu, Erläuterungen und Anmerkungen ins Programm einzufügen.

Probiere es erst mal mit den Zahlen 1 und 1 für a und b aus – dann sollte genau das magische Quadrat, das weiter oben abgebildet ist, herauskommen, mit der Summe 22. Wenn nicht, dann ist irgendwo ein Fehler in deinem Programm.

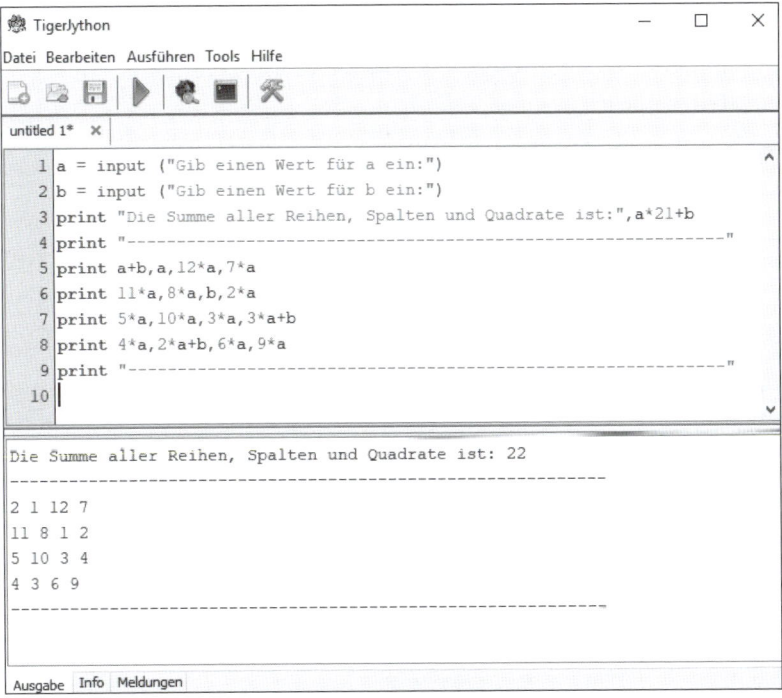

Abbildung 7.9 Das einfachste magische Quadrat (a=1, b=1) sollte so ausgegeben werden.

Jetzt kannst du beliebige Werte testen. Die Zahlen können hoch werden, und du kannst es im Kopf vielleicht gar nicht mehr nachrechnen – aber wenn das Programm korrekt eingegeben wurde, kannst du sicher sein, dass das magische Quadrat funktioniert.

Variation: Magisches Quadrat mit fester Summe

Nun wollen wir noch einen kleinen Schritt weiter gehen. Wie wäre es, ein magisches Quadrat zu erstellen, bei dem die Summe vorher feststeht? Du könntest dann zum Beispiel eine Person, die über 21 ist, nach ihrem Alter fragen und für sie ein ganz persönliches magisches Quadrat ihres Alters erstellen. Das macht Eindruck!

Wie müssten wir das Programm abändern?

Für diese Variante werden also nicht mehr die Werte a und b eingegeben, sondern es wird nur die gewünschte Summe eingegeben. Aus der Summe soll jetzt a und b berechnet werden. Der Rest vom Programm bleibt gleich (die Ausgabe der Zahlen). Die Summe muss größer als 21 sein, denn 22 ist die Summe des kleinsten magischen Viererquadrats.

Wenn die Summe also a*21 plus b ist, dann kann man umgekehrt auch a und b aus einer vorgegebenen Summe ermitteln. Wenn du gut in Mathe bist, kommst du vielleicht selbst drauf, ansonsten werde ich es dir sagen:

▶ a ist die Summe geteilt durch 21 (als ganze Zahl)
▶ b ist der Rest, der bleibt, wenn man die Summe durch 21 teilt.

So etwas haben wir doch schon mal gemacht – im Rechner mit Rest. Die Formel ist also genauso:

▶ a = summe // 21 (Ganzzahldivision mit dem doppelten Schrägstrich)
▶ b = summe % 21 (Rest mit Prozentzeichen ermitteln)

> **Achtung**
>
> Diese Methode funktioniert für alle Zahlen, die **nicht** Vielfache von 21 sind – also **nicht** für 21, 42, 63, 84 ..., weil dort die zweite Zahl 0 wäre. Man könnte diese Fälle im Programm gesondert behandeln – aber der Einfachheit halber belassen wir es jetzt einmal dabei.

Und so sieht dann unser geändertes Programm aus:

```
summe = input("Gib eine Summe (über 21) ein:")
# a und b berechnen:
a = summe // 21
```

Variation: Magisches Quadrat mit fester Summe

```
b = summe % 21
# Magisches Quadrat ausgeben:
print "-----------------------------------------------------------"
print a+b,a,12*a,7*a
print 11*a,8*a,b,2*a
print 5*a,10*a,3*a,3*a+b
print 4*a,2*a+b,6*a,9*a
print "-----------------------------------------------------------"
```

Jetzt kannst du (fast) jede beliebige Summe von 22 bis unendlich eingeben, und Python wird dir daraus ein gültiges magisches Quadrat berechnen!

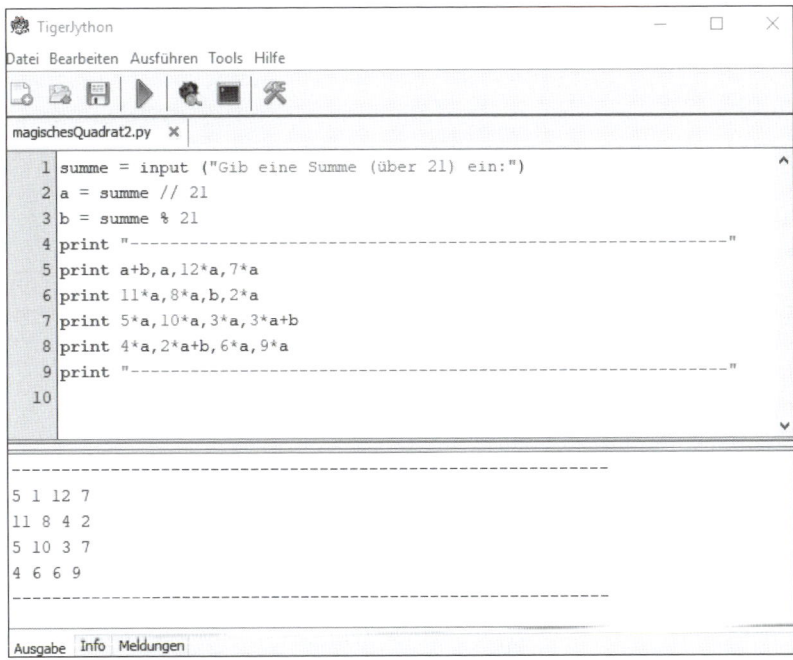

Abbildung 7.10 Magisches Quadrat für die Summe 25

Zusammenfassung

- Programme sind eine Folge von Befehlen.
- Die meisten Programme bestehen aus den Elementen Dateneingabe, Datenverarbeitung (Berechnung), Datenausgabe.
- Beim Start eines Programms führt Python nacheinander jeden Befehl in der Liste aus, von oben nach unten. Wenn ein Befehl abgearbeitet worden ist, folgt der nächste.

- Zum Zwischenspeichern von Werten und Zeichenketten werden Variablen verwendet. Diese verwendet man genau so wie ihren Inhalt.
- Wenn man die Formel kennt, kann man für jede Berechnung, egal ob einfach oder kompliziert, ein Programm schreiben, das einem die Ermittlung des gewünschten Wertes vereinfacht.
- Du kannst in jedes Programm Kommentare einfügen, um sie besser verständlich zu machen. Kommentare beginnen mit einem #-Zeichen und enden am Ende der Zeile.

Kapitel 8
Bedingungen – Was passiert, wenn ...

Bisher haben wir immer lineare Programmabläufe geschrieben, das heißt, Programme, die Zeile für Zeile von oben nach unten komplett durchlaufen wurden. Nun kommt etwas zusätzliche Struktur hinein. Python kann auch auf Bedingungen reagieren und je nach Ergebnis nur bestimmte Befehle ausführen oder Befehle überspringen.

Wir haben gelernt, dass ein Programm eine Folge von Befehlen ist, die nacheinander durchlaufen werden. Am Anfang werden zum Beispiel Daten eingegeben, dann wird die Berechnung der Daten durchgeführt, und dann wird am Schluss das Ergebnis ausgegeben. Das ist auch ganz richtig so – aber es ist noch nicht alles. In diesem und den nächsten Kapiteln werden wir feststellen, dass Programme auch Strukturen enthalten können.

Was heißt das?

Das heißt zunächst einmal, dass Teile von Programmen vielleicht nur unter bestimmten Bedingungen ausgeführt werden, wenn sie wirklich gebraucht werden. Oder dass Berechnungen unterschiedlich verlaufen, je nachdem, welche Daten eingegeben worden sind.

Nehmen wir ein Beispiel: Du möchtest ermitteln, wie lange du brauchst, um von Punkt A nach Punkt B zu kommen. Du sagst dem Programm, wie viele Kilometer die Strecke lang ist und ob du zu Fuß oder mit dem Fahrrad unterwegs bist.

Je nachdem, ob du läufst oder mit dem Fahrrad unterwegs bist, muss Python natürlich *anders berechnen*, wie lange es dauert, denn schließlich sind Radfahrer schneller unterwegs als Fußgänger.

Python muss also *zwei unterschiedliche Fälle unterscheiden* und je nach Fall bzw. Bedingung eine *andere Berechnung* durchführen.

Die Unterscheidung von unterschiedlichen Fällen ist eine Programmstruktur, die man auch if-Struktur nennt *(falls – dann)*.

Was das Programm also machen muss:

```
Falls zu Fuß unterwegs, dann:
      Berechne Zeit = km / 5   Stunden.
Falls mit dem Fahrrad unterwegs:
      Berechne Zeit = km / 15  Stunden.
```

(Wenn du ein sehr schneller Radfahrer oder Fußgänger bist, kannst du auch gern höhere Werte verwenden).

Wie fragen wir nun solche Bedingungen ab und unterscheiden unterschiedliche Fälle in Python?

»if«-Abfragen in Python

Beginnen wir damit, die Daten einzugeben. Zunächst die Streckenlänge, die wir in der Variable km speichern, dann das Verkehrsmittel (vm) – entweder 1 für zu Fuß oder 2 für Fahrrad.

```
km = input("Wie lang ist die Strecke in km?")
vm = input("Zu Fuß (1) oder Fahrrad (2)?")
```

Nun muss Python unterscheiden: Wenn vm gleich 1 ist (zu Fuß), dann wird die Dauer für 5 km/h berechnet, wenn vm gleich 2 ist, dann wird die Dauer für 15 km/h berechnet.

Für die Unterscheidung gibt es in Python den **if**-Befehl. Fragen wir zuerst den Fall 1 ab:

```
if vm == 1:
```

Hier fallen zwei Dinge auf. Erstens werden *zwei Gleichheitszeichen hintereinander* verwendet, und zweitens steht am Ende ein Doppelpunkt,

Warum zwei Gleichheitszeichen?

Das liegt daran, dass ein einfaches Gleichheitszeichen in Python schon anders belegt ist und eine *Zuweisung* bedeutet. a = 5 *schreibt* den Wert 5 in die Variable a und *vergleicht* nicht a mit 5.

Wenn ich aber zwei Werte vergleichen möchte, dann muss ich es in Python anders kennzeichnen. Dafür werden **zwei Gleichheitszeichen** verwendet.

> **Achtung: »==«**
> Wenn du zwei Werte im `if`-Befehl auf Gleichheit prüfst, musst du **immer** das doppelte Gleichheitszeichen verwenden!

Das zweite Zeichen, das auffällt, ist der Doppelpunkt. Er weist darauf hin, dass die nächste Zeile (oder auch die nächsten Zeilen) ebenfalls zu diesem Befehl gehören. Ein `if`-Befehl steht nämlich nie allein, sondern ihm folgt stets das, was ausgeführt werden soll, *wenn* die Bedingung erfüllt ist.

Wenn du die Zeile

```
if vm == 1:
```

im Programmfenster eingibst und die ⏎-Taste drückst, dann ist die nächste Zeile automatisch nach rechts eingerückt. Damit wird gekennzeichnet, dass sie zum `if`-Befehl gehört.

Das Ganze sieht dann nach Eingabe so aus:

```
if vm == 1:
    stunden = km / 5
```

Das bedeutet: *Falls das Verkehrsmittel 1 ist (zu Fuß) dann berechne die Zeit mit km / 5.*

Die nach rechts eingerückte Zeile ist die *bedingte* Zeile. Sie wird nur dann ausgeführt, wenn die davorstehende `if`-Bedingung wahr ist. Ansonsten wird alles, was nach der `if`-Anweisung eingerückt ist, komplett übersprungen.

Wenn du nach der eingerückten Zeile wieder die ⏎-Taste drückst, ist die nächste Zeile erneut eingerückt. Du könntest also jetzt noch mehr Befehle schreiben, die auch alle nur dann ausgeführt werden, wenn die Bedingung `vm == 1` wahr ist.

Wenn du aber fertig bist und die `if`-Abfrage beendet ist, drückst du einmal die ←-Taste (Rückschritttaste), und der Zeilenanfang wandert wieder nach ganz links. Jetzt ist der `if`-Befehl beendet, und das Programm geht von hier an wieder normal weiter.

> **Achtung: Einrückung**
> Der Programmteil, der fest zu einer Bedingung gehört und nur ausgeführt wird, wenn die Bedingung wahr ist, wird in Python immer als Block nach rechts eingerückt. Das ist eine Besonderheit von Python. Du musst darauf achten, dass die Zeilen, die zu einem gemeinsamen Block gehören, immer gleich weit eingerückt sind, sonst gibt Python einen Fehler aus.

8 Bedingungen – Was passiert, wenn …

Anschließend kann die zweite Abfrage kommen. *Wenn* mit dem Fahrrad unterwegs, *dann* rechne mit 15 km/h. Oder in Python:

| Falls … | `if vm == 2:` |
| …, dann setze … | `    stunden = km / 15` |

Und auch danach gehst du mit der ←-Taste wieder nach links zurück und setzt die Eingabe des Programms fort.

Jetzt ist die Variable `zeit` berechnet, und es kommt der Ausgabebefehl, ganz normal:

```python
print "Es dauert",stunden,"Stunden."
```

Im Ganzen sieht das Programm jetzt folgendermaßen aus:

Eingabe Variable km	`km = input("Wie lang ist die Strecke in km?")`
Eingabe vm Verkehrsmittel (1 oder 2)	`vm = input("Zu Fuß (1) oder Fahrrad (2)?")`
Falls …	`if vm == 1:`
… dann tu dies …	`    # Zu Fuß berechnen:`
… und dies …	`    stunden = km / 5`
Und falls …	`if vm == 2:`
… tu dies …	`    # Mit dem Fahrrad berechnen:`
… und dies.	`    stunden = km / 15`
Danach auf jeden Fall:	`print "Es dauert",stunden,"Stunden."`

76

Durch die Einrückungen sieht man deutlich, welche Befehle nur unter einer Bedingung ausgeführt werden und wo es weitergeht, falls die Bedingung nicht zutrifft. Das ist das Schöne an Python – die Programme sind mit dieser Struktur immer sehr übersichtlich und leicht zu durchschauen.

Probiere es aus mit verschiedenen Werten und Verkehrsmitteln.

Dabei könntest du schnell auf ein Problem stoßen: Was ist, wenn du weder 1 noch 2 eingibst? Zum Beispiel 0 oder 3 oder »xy« oder gar nichts?

Dann gibt es einen Fehler mit Programmabbruch.

```
Der Name 'stunden' ist nicht definiert oder falsch geschrieben.
```

Es existiert also keine Variable oder Funktion mit diesem Namen.

Ganz klar: Wenn vm nicht 1 ist und vm auch nicht 2 ist, dann wird keine der beiden Berechnungen ausgeführt, sie werden *beide übersprungen*, und die Variable stunden wird dadurch gar nicht erst mit einem Wert belegt. Die Variable stunden existiert dann gar nicht. Also gibt es einen Fehler, denn eine Variable, die nicht existiert, kann man auch nicht ausgeben.

Was kann man dagegen tun?

Du kannst ja schlecht jede nur erdenkliche Zahl oder sonstige Eingabe abfragen. Wer weiß schon, was ein Benutzer alles eingeben kann ... Stattdessen müsstest du eine Möglichkeit haben, zu prüfen, ob »etwas anderes« eingegeben wurde als das, was du abgefragt hast.

»if« mit »else«

Dafür gibt es den Befehl else, der bei Bedarf nach einem if-Befehl verwendet werden kann. else bedeutet so viel wie »ansonsten« oder »anderenfalls«. Und genau das brauchen wir hier.

Zum Beispiel könnten wir das Programm jetzt so schreiben:

```
Eingabe    km = input("Wie lang ist die Strecke in ↵
           km?")

Eingabe    vm = input("Zu Fuß (1) oder Fahrrad
           (2)?")
```

Falls …	`if vm == 1:`
… dann tu dies:	`    stunden = km / 5`
Ansonsten …	`else:`
… tu dies:	`    stunden = km / 15`
Ausgabe	`print "Es dauert",stunden,"Stunden."`

Zuerst wird also geprüft, ob die 1 eingegeben wurde. Wenn ja, dann wird die Zeit für Fußgänger berechnet. Danach kommt aber nicht wie bisher die zweite `if`-Abfrage, sondern eine `else`-Abfrage. `else` bezieht sich immer auf das vorherige `if` und bedeutet so viel wie »ansonsten – wenn die vorherige Abfrage nicht zutrifft«.

Wenn also *nicht* die 1 eingegeben wurde und es egal ist, was da stattdessen eingegeben wurde, dann wird automatisch die `else`-Bedingung wahr. In diesem Fall wird also immer die Zeit für Radfahrer berechnet.

So würde das Programm keinen Fehler mehr erzeugen, egal, was man eingibt. Probiere es aus:

- Wenn du 1 eingibst, wird die Strecke für Fußgänger berechnet.
- Wenn du 2 eingibst, wird die Strecke für Radfahrer berechnet.
- Wenn du irgendwas anderes eingibst, wird die Strecke ebenfalls für Radfahrer berechnet.

Fehlermeldungen gibt es keine, was auch immer du eingibst, denn dank `else` hast du bei jeder beliebigen Eingabe eine Zeitberechnung.

Vielleicht macht dich das aber noch nicht ganz glücklich, denn eigentlich soll der Benutzer wirklich *nur* 1 oder 2 eingeben und ansonsten eine Meldung bekommen, dass seine Eingabe nicht korrekt war.

Das kann man natürlich auch programmieren. Es gibt mehrere Möglichkeiten, das zu erreichen. Eine wäre es, zunächst mal abzufragen, ob wirklich eine 1 oder eine 2 eingegeben wurde.

Mehrere Bedingungen verknüpfen

Man kann nämlich in einer if-Abfrage nicht nur *eine* Bedingung abfragen, sondern auch *mehrere* miteinander verknüpfen. Und zwar mit UND (and) oder mit ODER (or). Weiter hinten im Kapitel gibt es dazu noch mehr Informationen. Jetzt reicht uns erst einmal eine Verknüpfung mit ODER.

Wenn du also prüfen möchtest, ob der Benutzer 1 oder 2 eingegeben hat, dann müsstest du das so machen:

```
if (vm == 1) or (vm == 2):
```

Or ist das englische Wort für »oder«. Die Zeile prüft also, ob eine 1 *oder* eine 2 eingegeben wurde, und dann, wenn *mindestens eine der beiden Bedingungen* zutrifft, werden die nachfolgenden eingerückten Zeilen ausgeführt. (Wenn du mehrere Bedingungen verknüpfst, empfehle ich, jede der Bedingungen in Klammern zu setzen, das ist übersichtlicher und vermeidet Fehler).

Jetzt kann man die ganze Struktur darauf neu aufbauen. Mein Vorschlag ist dieser:

```
km = input("Wie lang ist die Strecke in km?")
vm = input("Zu Fuß (1) oder Fahrrad (2)?")

if (vm == 1) or (vm == 2):
    # nur ausführen, wenn 1 oder 2 eingegeben wurde:
    if vm == 1:
        stunden = km / 5
    if vm == 2:
        stunden = km / 15
    print "Es dauert",stunden,"Stunden."
else:
    # Wenn weder 1 noch 2 eingegeben wurde:
    print "Bitte nur 1 oder 2 eingeben!"
```

Verstehst du, wie es funktioniert?

Die erste if-Abfrage prüft, ob eine 1 oder 2 eingegeben wurde. Falls ja, dann werden die nächsten, eingerückten if-Abfragen ausgeführt, und je nachdem, ob es 1 oder 2 ist, wird die Berechnung gemacht, und am Schluss wird das Ergebnis ausgegeben. Falls aber *nicht* 1 oder 2 eingegeben wurde, wird alles, was eingerückt ist, übersprungen, und erst das else am Ende wird wirksam. Dann wird nur der Text geschrieben, dass man bitte nur 1 oder 2 eingeben darf.

Du kannst also if-Abfragen auch miteinander *verschachteln*. Alles, was eingerückt ist, wird nur ausgeführt, wenn die if-Abfrage zutrifft – und in der Einrückung kann es dann auch wieder neue if-Abfragen mit ihren eigenen Bedingungen und Einrückungen geben usw.

»elif« – »else if«

Man kann die obige Aufgabe aber auch noch anders lösen. Es gibt nämlich noch einen interessanten Befehl, den man zumindest ab und zu gut gebrauchen kann, den elif-Befehl, der eine Kombination von else und if ist. Wie funktioniert der?

Manchmal braucht man so eine Struktur:

Wenn, dann ... – oder sonst wenn, dann ... – oder sonst wenn, dann ... – ansonsten ...

Und das sieht in Python so in etwa aus:

Wenn Bedingung 1 zutrifft ...	`if Bedingung1:`
... dann tu dies.	`    # Befehle ...`
Ansonsten, falls Bedingung 2 zutrifft ...	`elif Bedingung2:`
... dann tu dies.	`    # Befehle ...`
Ansonsten, falls Bedingung 3 zutrifft ...	`elif Bedingung3:`
... dann tu dies.	`    # Befehle ...`

Wenn nichts von dem Vorherigen zutrifft ...
```
else:
```

... dann tu das hier.
```
    # Befehle ...
```

Wenn du das jetzt in unser kleines Programm einbauen möchtest, dann könnte es zum Beispiel so aussehen:

```
km = input("Wie lang ist die Strecke in km?")
vm = input("Zu Fuß (1) oder Fahrrad (2)?")

if vm == 1:
    print "Es dauert",km/5,"Stunden."
elif vm == 2:
    print "Es dauert",km/15,"Stunden."
else:
    print "Bitte nur 1 oder 2 eingeben!"
```

Erst wird abgefragt, ob die 1 eingegeben wurde, dann, *falls nicht*, (elif) wird noch gefragt, ob die 2 eingegeben wurde, dann kommt das letzte else – falls das *alles beides nicht zutrifft*, dann wird gemeldet, dass die Eingabe nicht okay war. Es dürfen beliebig viele elif-Befehle nach dem if kommen – das letzte else trifft nur dann zu, wenn keine der Bedingungen aus if und elif zutreffen.

Das waren also drei Möglichkeiten, wie man Eingaben mit Bedingungen auswerten und dabei Fehler abfangen oder vermeiden kann.

Nach diesem ersten praktischen Ausflug in das Programmieren mit Bedingungen jetzt noch ein kleiner Überblick, was man genau mit if noch alles machen kann und in welchen Formen diese Struktur verwendbar ist.

»if« – »else« im Überblick

Nach if steht immer eine Bedingung, und es wird geprüft, ob diese Bedingung wahr ist. Beim Programmieren gibt es keine Halbwahrheiten. Entweder eine Bedingung ist *wahr*, oder sie ist *falsch*. Bedingungen, die man prüfen kann, sind aber nicht nur gleiche Zah-

8 Bedingungen – Was passiert, wenn …

lenwerte. Man kann Zahlen wie Zeichen auf Gleichheit, Ungleichheit, größer oder kleiner prüfen.

Beispiele:

if x == 3:	prüft, ob x gleich 3 ist
if x != 3:	prüft, ob x ungleich drei ist (also nicht 3)
if x > 5:	prüft, ob x größer als 5 ist
if x < 9:	prüft, ob x kleiner als 9 ist
if x <= 7:	prüft, ob x kleiner oder gleich 7 ist
if x >= 2:	prüft, ob x größer oder gleich 2 ist

Das geht natürlich nicht nur mit Zahlen, sondern auch mit Zeichenketten:

if name == "Otto":	prüft, ob name gleich »Otto« ist
if "Otto" > "Erwin":	prüft, ob der Text "Otto" größer als der Text "Erwin" ist – ob er also weiter hinten in alphabetischer Sortierung steht

Eine Bedingung, die mit `if` geprüft wird, nennt man auch eine *logische Aussage*, die immer entweder *wahr* (True) oder *falsch* (False) ist, zum Beispiel:

▶ 5 > 3 ist zum Beispiel eine wahre Aussage (*True*).

▶ 5 == 7 ist zum Beispiel eine falsche Aussage (*False*).

Man kann diese Überprüfungen auch in eine Variable schreiben:

```
bedingung = (5 > 3)
print bedingung
```

Das ergibt als Ausgabe:

```
True
```

! Wenn du `True` oder `False` in einem Programm als Wert verwendest, müssen beide immer mit großem Anfangsbuchstaben geschrieben werden.

Ebenso kann man statt des Vergleichs selber eine Variable, die True oder False enthält, mit if abfragen:

if bedingung == True:

Oder noch einfacher:

```
if bedingung:
```

> **Wahrheitsaussage als Variablenwert**
>
> Hinter dem if steht immer eine *Aussage*, die wahr (True) oder falsch (False) ist. Wenn aber eine Variable den Wert *wahr* oder *falsch* enthält, kann man auch diese hinter das if schreiben, dann ist die Variable eine *Aussage, die wahr oder falsch ist* (man nennt das auch eine Boolesche Variable, die nur einen von zwei Werten enthalten kann, True oder False).

```
x = input("Gib eine Zahl größer als 5 ein:")
aussage = (x > 5)
if aussage:
    print "Korrekt - die Zahl ist über 5."
if aussage == False:
    print "Falsche Eingabe"
```

Übrigens: Der Wert False entspricht in Python dem Wert 0, der Wert True entspricht dem Wert 1 oder jeder anderen Zahl außer 0.

Man kann also auch folgendermaßen abfragen:

```
x = input("Gib einen Wert ein:")
if x:    # bedeutet: x ist True, also etwas anderes als 0
    print "du hast etwas anderes als 0 eingegeben."
else:    # bedeutet: x ist False, also 0
    print "du hast den Wert 0 eingegeben."
```

Etwas trickreicher wird die Logik noch, wenn man mehrere Bedingungen miteinander verknüpft:

Wahr und falsch beim Verknüpfen

(5 > 3) or (5 < 2) ist eine *wahre* Aussage, denn die erste Aussage (5 > 3) stimmt, und wenn zwischen den Aussagen ein ODER steht, dann muss nur die erste oder die zweite (oder müssen beide) stimmen, damit die gesamte Bedingung *wahr* ist.

Also – wenn ich sage: »Das Auto ist rot oder blau« – dann ist die Aussage wahr, wenn das Auto rot ist *oder* wenn es blau ist.

Neben der ODER-Verknüpfung gibt es auch noch die UND-Verknüpfung – AND.

(5 > 3) and (5 < 2) ist eine *falsche* Aussage, denn es stimmt nicht, dass die erste *und* die zweite Bedingung zutreffen, weil die zweite Aussage falsch ist. Bei der Verknüpfung von Bedingungen mit UND müssen *alle* Aussagen zutreffen, sonst ist die Gesamtaussage falsch.

Beispiel: Ein einfarbiges Auto kann nicht rot sein *und* blau sein. Die Aussage »Das Auto ist rot *und* das Auto ist blau« muss damit falsch sein.

Als drittes gibt es noch NOT (nicht). Damit wird eine Aussage umgekehrt:

not (5 < 2) ist *wahr*, denn es ist schließlich zutreffend, dass 5 *nicht* kleiner als 2 ist.

Mit NOT wird die Wahrheit einer Aussage also immer ins Gegenteil umgedreht. Wahr wird falsch, falsch wird wahr.

Im Grunde funktioniert es wie in der normalen menschlichen Umgangssprache. Man muss es einfach nur immer ins Deutsche übersetzen und mit dem gesunden Menschenverstand überlegen:

(Aussage1) **and** (Aussage2)	Ist nur wahr, wenn beide Aussagen wahr sind
(Aussage1) **or** (Aussage2)	Ist dann wahr, wenn mindestens eine der Aussagen wahr ist
not (Aussage)	Ist nur dann wahr, wenn die Aussage falsch ist, und ist falsch, wenn die Aussage wahr ist (Umdrehung)

Alles logisch?

Programm: Eintrittsprüfung

Neue Aufgabe: Nehmen wir an, jemand möchte herausfinden, ob er einen Film im Kino anschauen darf. Es gibt eine FSK-Freigabe (fsk) und das Alter des Kindes (alter).

```
alter = input("Wie alt bist du?")
fsk = input("Ab wann ist der Film freigegeben?")
```

Wie prüft man nun, ob der Benutzer in den Film gehen darf? Klar, oder?

```
if (alter >= fsk):
    print "Du darfst in den Film gehen."
else:
    print "Du darfst leider nicht in den Film gehen."
```

Nehmen wir aber jetzt an, man dürfte, egal in welchem Alter, in jeden Film gehen, solange ein Erwachsener dabei ist (das stimmt in Wirklichkeit nicht, aber wir nehmen es mal an für diese Übung).

Dann würde das Programm so aussehen:

```
alter = input("Wie alt bist du?")
fsk = input("Ab wann ist der Film freigegeben?")
erwachsener = input("Ist ein Erwachsener dabei (1)? Oder nicht (0)?")

if (alter >= fsk) or erwachsener:
    print "Du darfst in den Film gehen."
else:
    print "Du darfst leider nicht in den Film gehen."
```

Solange eine der beiden Bedingungen erfüllt ist (Alter stimmt oder Erwachsener ist dabei) wird der Film erlaubt. Ansonsten (wenn beides nicht zutrifft) eben nicht. Achte darauf, dass es hier nicht nötig ist, erwachsener == 1 abzufragen, denn 1 entspricht ja True – und somit reicht es aus, die Variable erwachsener als Wahrheitswert abzufragen, da sie nur 0 (False) oder 1 (True) sein kann.

Und dann kann man noch zwei Zeilen hinzufügen:

```
if (alter >= fsk) and erwachsener:
    print "Du brauchst den Erwachsenen nicht mitnehmen.")
```

Und zur Verdeutlichung noch mal eine Abfrage dazu:

```
if (not (alter >= fsk)) and erwachsener:
    print "Der Erwachsene muss aber auf jeden Fall mitkommen."
```

Damit hast du ein Beispiel für alle Verknüpfungen mit AND, OR oder NOT.

Schau dir das Programm genau an, probiere es mit verschiedenen Eingaben durch, und versuche zu verstehen, wie es funktioniert. Wenn eine der beiden Bedingungen (Alter größer oder gleich fsk *oder* Erwachsener ist dabei) erfüllt ist, darf der Fragende den Film sehen. Wenn das nicht der Fall ist, darf er den Film auf jeden Fall nicht sehen.

Dann wird noch geprüft, ob vielleicht das Alter stimmt *und* ein Erwachsener dabei ist. Der wäre dann nämlich nicht nötig.

Und die letzte Abfrage prüft, ob das Alter zu niedrig ist *und* ein Erwachsener dabei ist. Dann ist der Erwachsene auf jeden Fall nötig.

Die Klammern sind dabei eine Hilfe, weil sie klar zeigen, worauf sich das `and` oder das `or` oder das `not` bezieht. Wenn du Bedingungen mit `and`, `or`, `not` verknüpfst, solltest du die Bedingungen selbst immer in Klammern setzen, um Unübersichtlichkeit oder falsche Ergebnisse zu vermeiden.

Kapitel 9
Befehle und Module

Python kommt mit relativ wenigen eingebauten Befehlen aus. Die wichtigsten haben wir schon kennengelernt, und einige kommen noch hinzu. Aber heißt das, dass Python damit begrenzt ist und nur simple Eingaben, Abfragen, Berechnungen und Ausgaben machen kann? Nein, keineswegs, denn Python lebt letztendlich von hinzugefügten Modulen. Mit ihnen steht der Programmierung eine riesige Fülle von Möglichkeiten offen.

Gerne wird Python benutzt, um etwas zu berechnen. Wir haben das ja schon intensiv kennengelernt. Die Grundrechenarten plus, minus, mal und geteilt sind ja problemlos in Python verwendbar. Dazu noch die Potenz, die Ganzzahldivision und die Restberechnung. Oft kommt man damit aus, aber eben nicht immer. Für ein leistungsfähigeres mathematisches Programm kann es sein, dass du auf einmal Funktionen brauchst, die nicht in Python eingebaut sind. Zum Beispiel willst du die Wurzel einer Zahl berechnen – oder den Sinus oder Cosinus eines Wertes. Oder mit Brüchen arbeiten. Nur als Beispiel.

Quadratwurzel, Sinus oder Cosinus sind leider keine Grundrechenarten, die in die Python-Sprache integriert sind. Heißt das, dass wir sie nicht verwenden können?

Doch, das können wir. Denn Python ist in seinen Fähigkeiten eigentlich unbegrenzt. Befehle, die es nicht gibt, kann man, wenn man dazu in der Lage ist, selber definieren und hinzufügen – oder man kann auf eines der reichhaltigen *Module* zurückgreifen, die mit Python mitgeliefert werden oder die man sich zum Beispiel von entsprechenden Webseiten herunterladen kann.

Was sind Module?

Module sind Definitionen von zusätzlichen Python-Kommandos, die man in sein Programm mit einbinden kann, woraufhin man alle Befehle und Funktionen verwenden kann, die darin enthalten sind. Module gibt es für alle Anwendungsbereiche. So findet man unter den Standardmodulen für Python (den mitgelieferten Modulen) Befehle und

Funktionen für verschiedenste mathematische Operationen, für Zeichenkettenverarbeitung, für komplizierte Datentypen, für Zeit und Datumsberechnung, für Dateizugriff auf der Festplatte, für Datenkompression und Verschlüsselung, für alle Arten von Online-Zugriffen, für Datenbanksteuerung, für grafische Ausgaben auf dem Bildschirm, für Klangerzeugung und -ausgabe, für Steuerungen ... und ich habe hier nur ein paar wenige Beispiele aufgezählt, und du wirst viele von ihnen in diesem Buch noch besser kennenlernen.

Module können selbst in Python geschrieben sein und somit problemlos auf jedem System verwendet werden. Module, die zum Beispiel spezielle Windows- oder Mac-Funktionen steuern, können auch in einer anderen Sprache geschrieben sein – aber sie werden dennoch in Python eingebunden und mit Python-Befehlen gesteuert. Module können selbst geschrieben werden, sie können aus dem Internet geladen werden, oder sie sind schon in der Python-Bibliothek enthalten (Standardmodule) und müssen nur noch aufgerufen werden. In diesem Buch werden wir vor allem mit den Standardmodulen von *TigerJython* arbeiten und sehen, dass darin schon unglaublich viel enthalten ist.

Das Modul »math«

Zurück zu unserem Beispiel: Wir wollen die Quadratwurzel eines Wertes x berechnen. Dafür gibt es eine Funktion `sqrt(x)` (sqrt ist die Abkürzung für »square root«, englisch für »Quadratwurzel«).

Um in einem Programm die Funktion `sqrt()` zu verwenden, müssen wir erst einmal das Modul *importieren*, in dem sie definiert ist, sonst kennt Python die Funktion nämlich nicht. Das ist in diesem Fall das sehr häufig verwendete Standardmodul *math*.

```
import math
```

Schreibe mal folgendes Programm:

```python
import math
x = input()
print math.sqrt(x)
```

Nun kannst du das Programm testen und einen Wert wie zum Beispiel 81 eingeben. Das Ergebnis ist:

```
9.0
```

> **Zahlen**
>
> Das Ergebnis wird als 9.0 angezeigt, nicht als 9 – das ist mathematisch dieselbe Zahl, es zeigt uns aber, dass das Modul *math* intern generell mit *Fließkommazahlen* (auch *float* genannt) arbeitet. Der andere Zahlentyp wären die *Ganzzahlen* (auch *integer* genannt). Mit den beiden Zahlentypen werden wir später noch ein wenig zu tun haben. Um eine float-Zahl x in eine Integer-Zahl (Ganzzahl) umzuwandeln, kannst du int(x) verwenden, umgekehrt geht float(x).

In der ersten Zeile wird das Modul *math* importiert, das heißt, es wird dem Programm gesagt, dass es dieses Modul verwenden soll. Weil *math* ein Standardmodul ist, das bereits in unserem Paket enthalten ist, findet Python das Modul ohne Probleme und bezieht es mit in das Programm ein. Wenn wir nun eine Funktion wie sqrt() aus dem Modul *math* in unserem Programm benutzen wollen, müssen wir zuerst den Modulnamen schreiben, dann einen Punkt, dann die Funktion.

Hier also:

```
print math.sqrt(x)
```

Falls wir aus dem Modul *math* nur diese eine Funktion sqrt verwenden wollen, dann können wir auch nur diese direkt in unser Programm integrieren. Das ginge so:

```
from math import sqrt
x = input()
print sqrt(x)
```

Hier importieren wir nicht mehr das gesamte Modul, sondern wir importieren nur die Funktion sqrt aus dem Modul *math* **direkt in unser Programm**. Damit können und müssen wir die Funktion jetzt auch ohne vorangestelltes math verwenden, denn jetzt ist die Funktion sqrt direkt für unser Programm definiert, und das Modul *math* ist selber gar nicht ins Programm einbezogen.

Das geht auch mit mehreren Befehlen bzw. Funktionen aus einem Modul:

Mit dieser Zeile würde man die Funktionen sqrt(), sin() (Sinus), cos() (Cosinus) und tan() (Tangens) aus dem Modul *math* ins Python-Programm integrieren und könnte sie *ganz normal* verwenden (ohne math voranzustellen). Mit Sinus, Cosinus und Tangens kann man zum Beispiel die Winkel in einem rechtwinkligen Dreieck berechnen.

Und wenn man es auf die Spitze treibt, kann man auch ganz einfach *alle* Funktionen aus einem Modul ins Python-Programm integrieren. Das geht folgendermaßen:

```
from math import *
```

Der Stern steht in diesem Falle für »alles«. Nach dieser Zeile können sämtliche Funktionen, die in *math* definiert sind, »einfach so« verwendet werden, ohne dass man es extra kennzeichnen muss. Zum Beispiel gibt print sin(x) dann den Sinuswert für Variable x aus.

Es gibt also drei Wege, Funktionen aus Modulen einzubinden.

1. ```
   import Modulname
   ```

    danach Verwendung mit Modulname.Funktionsname

2. ```
   from Modulname import Funktionsname ↩
   (, Funktionsname ...)
   ```

3. ```
   from Modulname import *
   ```

Welche Methode ist die beste? Das kommt drauf an. Einfach alle Befehle aus einem Modul zu importieren (die dritte Methode), ist sicherlich am bequemsten, weil man dann die Funktionen ohne Modulnamen *ganz normal* verwenden kann, als wären sie ein eingebauter Teil von Python. Diese Methode wird auch am häufigsten verwendet. Solange man nur die Standardmodule verwendet, sollte das auch gar kein Problem sein.

Verwendet man aber unterschiedlichste Module aus verschiedenen Quellen, dann kann das eventuell zu Fehlern führen, falls verschiedene Module vielleicht Funktionen mit gleichen Namen haben – dann überschreibt die zuletzt importierte Funktion die vorherigen mit gleichem Namen, und das ist ein ernsthaftes Problem.

Auch ist es manchmal übersichtlicher und klarer, wenn der Modulname im Programm sichtbar bleibt. Dann weiß man auch bei größeren Programmen immer, aus welchem
   ```

Modul die Funktion eigentlich kommt. Für die Beispiele in diesem Buch würden aber alle drei Methoden gleich gut funktionieren.

> **Für Mathe-Profis**
>
> Weil Python ja die Potenzfunktion schon in der Basissprache eingebaut hat (zum Beispiel 7^2, geschrieben: 7 ** 2), kann man Quadratwurzeln im Grunde auch ohne die sqrt-Funktion berechnen. Denn man kann eine Zahl auch hoch ½ nehmen, um die Wurzel zu bekommen. Statt sqrt(x) kann man also ebenso x ** 0.5 berechnen. Das aber nur am Rande ... die anderen Funktionen aus *math* lassen sich nicht so leicht durch eingebaute Operatoren ersetzen.

Was hat das Modul *math* noch zu bieten? Hier nur ein paar Beispiele:

sin(wert)	Sinus des Wertes
cos(wert)	Cosinus des Wertes
tan(wert)	Tangens des Wertes
floor(wert)	Die nächstkleinere ganze Zahl einer Kommazahl (zum Beispiel 1.0 bei 1.75)
ceil(wert)	Die nächstgrößere ganze Zahl einer Kommazahl (zum Beispiel 2.0 bei 1.75)
log(wert)	Der natürliche Logarithmus eines Wertes
fabs(wert)	Der absolute Wert einer Zahl (ohne Minus)

Daneben gibt es noch viele Funktionen mehr. Wer alles erfahren möchte, sollte im Menü von *TigerJython* mal auf HILFE klicken und dort PYTHON DOCS (ONLINE) • MATH-MODULE wählen – und erhält eine schöne Übersicht über trigonometrische, logarithmische, exponentielle und weitere mathematische Funktionen, die in *math* enthalten sind. Allerdings auf Englisch. Auf Deutsch kann aber Google auch weiterhelfen.

Hier ein kleines Programm, das einige der Funktionen von *math* verwendet:

```
import math
x = input("Gib eine Zahl ein:")
print "Die Wurzel aus",x,"ist:",math.sqrt(x)
print "Der Sinuswert von",x,"ist:",math.sin(x)
print "Der Cosinuswert von",x,"ist:",math.cos(x)
print "Der Tangenswert von",x,"ist:",math.tan(x)
```

```
print "Der Absolutwert von",x,"ist:",math.fabs(x)
print "Die nächste Ganzzahl <=",x,"ist:",math.floor(x)
print "Die nächste Ganzzahl >=",x,"ist:",math.ceil(x)
```

Das Modul »random«

Wem das jetzt alles zu mathematisch-speziell ist, für den haben wir ein anderes Modul, das wir von jetzt an häufig verwenden werden: das Modul *random*.

Was kann »random«?

Das englische Wort *random* bedeutet auf Deutsch so viel wie »beliebig« oder auch »zufällig« – und genau darum geht es.

Mit den Funktionen aus dem Modul *random* kannst du Zufallszahlen erzeugen. Für viele Arten von Spielen ist das sehr hilfreich.

Stell dir vor, du willst einen Würfel programmieren, der eine zufällige Zahl von 1 bis 6 erzeugt, also »würfelt«. Python hat für so etwas keinen eingebauten Befehl, aber das Modul *random*, das ebenfalls zu den Standardmodulen gehört, hat es schon.

Um die Funktionen aus dem Modul *random* zu verwenden, beginnt das Programm also wieder mit einem Importbefehl:

```
import random
```

Die Funktion darin, die wir benötigen, um einen Würfel zu programmieren, heißt

```
randint(anfang,ende)
```

`randint` steht für »random integer«, und das bedeutet so viel wie »zufällige Ganzzahl«.

Mit der Funktion randint(1,6) erhältst du in diesem Fall eine Zahl zwischen 1 und 6 (also inklusive 1 und 6), somit eine typische Würfelzahl. Am besten programmierst du gleich mal einen simplen Würfel. Das geht im einfachsten Fall so:

```
import random
wuerfel = random.randint(1,6)
print "Gewürfelt wurde",wuerfel
```

Probiere es aus: Jedes Mal, wenn du das Programm startest, erhältst du erneut eine »zufällig gewürfelte Zahl«. Der Computer würfelt!

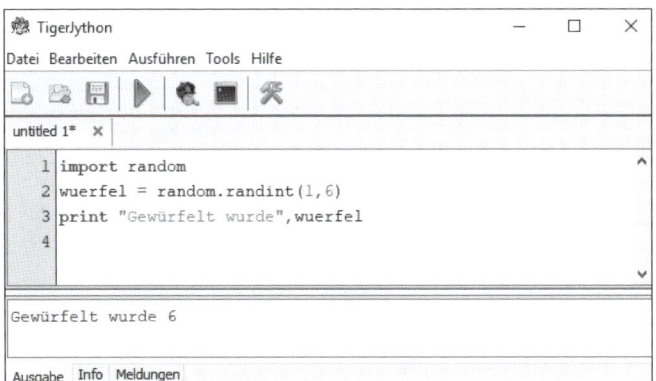

Abbildung 9.1 Hurra! Eine 6 gewürfelt!

Was sind überhaupt Zufallszahlen?

Kann ein Computer sich wirklich eine völlig zufällige Zahl »ausdenken«? Wie sollte er das eigentlich machen? Die Antwort ist einfach: Nein, das sind keine »echten Zufallszahlen« – allerdings muss man sich fragen, was denn überhaupt »echte Zufallszahlen« in einem Computer sein sollen? Die Zufallszahlen vom Computer werden kompliziert berechnet – und zwar so, dass man, wenn man die Ausgangswerte und die Formel dafür nicht kennt, nicht vorher weiß, welche Zahl als Nächstes kommt, dass die ermittelten Zahlenfolgen bei jeder Verwendung andere sind, dass man aber trotzdem davon ausgehen kann, dass sich die Zahlen auf Dauer ziemlich gleichmäßig verteilen werden. Diese Eigenschaft haben auch »echte Zufallszahlen«, die man mit dem Würfel oder einem Roulette-Rad erzeugen kann. Nach tausend Mal Würfeln gleichen sich die verschiedenen Würfe allmählich aus. Insofern verhalten sich die *random*-Zahlen eines Computers in der Praxis genau so wie »echte Zufallszahlen«.

Roulette

Beim französischen Roulette gibt es ein rotierendes Rad, in das eine Kugel geworfen wird. Am Ende landet die Kugel in einem von 37 Fächern – es gibt die Zahlen von 1 bis 36, die abwechselnd rot und schwarz sind, sowie die grüne Null.

> **Aufgabe**
> Ändere das Würfelprogramm von oben, und mache ein Roulette-Programm daraus, das eine Ziehung macht. Als Ergebnis soll angezeigt werden »Die Kugel ist auf die Zahl x gefallen« oder »Die Kugel ist auf die grüne Null gefallen«. Schaffst du das? Versuch's mal, probiere es aus, und vergleiche anschließend mit dem folgenden Vorschlag.

```python
import random
msgDlg("Klicke OK, um die Ziehung zu starten")
zahl = random.randint(0,36)
if zahl == 0:
    print "Die Kugel ist auf die grüne Null gefallen."
else:
    print "Die Kugel ist auf die Zahl",zahl,"gefallen."
```

Die zweite Zeile wäre nicht unbedingt nötig, aber sie schafft einen Startpunkt, um die Ziehung zu beginnen. Es wird eine Zahl von 0 bis 36 zufällig gewählt, dann wird geprüft, ob die 0 gezogen wurde. Wenn ja, dann wird dies gesondert ausgegeben, anderenfalls wird die gewählte Zahl bekannt gegeben.

Programm: Entscheidungshilfe

Wenn du Zufallszahlen mit if-Abfragen verknüpfst, kannst du schon eine Menge machen. Wie wäre es mit einem Programm, das dir eine Entscheidungshilfe gibt, wenn du selbst nicht sicher bist, was du machen sollst? Ich gebe keine Gewähr, dass das Programm immer die klügste Antwort gibt, aber immerhin ist dir selbst dann die Entscheidung abgenommen.

Aufbau:

- Du gibst eine Frage ein, die mit Ja oder Nein beantwortet werden kann.
- Das Programm antwortet auf die Frage, und zwar zufällig mit »Ja«, »Nein«, »Eher ja«, »Eher nein« oder »Tut mir leid, das musst du selbst entscheiden«.

Es gibt also 5 verschiedene Antwortmöglichkeiten. Kannst du so ein Programm schon selbst schreiben? Verwende eine Zufallszahl zwischen 1 und 5 und dann if-Abfragen. Nicht so schwierig, oder? Versuche es erst selbst, bevor du dir das folgende Programm anschaust.

Hier eine Möglichkeit, wie man es machen kann:

```python
import random
frage = input("Gib deine Frage ein:")
antwort = random.randint(1,5)
print "Die Antwort lautet:"
if antwort == 1:
    print "Ja!"
elif antwort == 2:
```

```
    print "Nein!"
elif antwort == 3:
    print "Eher ja."
elif antwort == 4:
    print "Eher nein."
elif antwort == 5:
    print "Tut mir leid, das musst du selbst entscheiden."
```

Was du bei der Frage eingibst, spielt keine Rolle. Es wird nicht weiterverarbeitet, sondern hilft nur dir selbst, deine Frage zu formulieren. Die Antwort ist dann eine von 5 Möglichkeiten – ausgelost durch die randint-Funktion und durch die Abfragen in Text umgesetzt.

> **Zusammenfassung**
>
> Du hast in diesem Kapitel erfahren, was *Module* sind – nämlich Dateien mit zusätzlichen Befehlen und Funktionen, die man in Python importieren und dann verwenden kann. Du kannst ein Modul komplett importieren und die Funktionen dann mit dem Modulnamen zusammen verwenden – oder du kannst einzelne oder auch alle Funktionen eines Moduls in Python integrieren und die Funktionen dann direkt ohne Modulnamen verwenden.
>
> Als Beispiele hast du das Modul *math* und das Modul *random* kennengelernt. Insbesondere *random* wirst du noch oft verwenden.
>
> Du wirst in späteren Kapiteln noch einige weitere Module kennenlernen – sobald wir sie brauchen.

Kapitel 10
Schleifen – Wiederholungen machen Programme stark

Mit den sogenannten Schleifen lernst du nach den Bedingungen die andere wichtige Programmierstruktur kennen, die genauso bedeutsam ist. Programmschleifen können aus wenigen Zeilen Python-Befehlen ein mächtiges Werkzeug machen, das Befehlsblöcke wieder und wieder ausführt.

»Papa, kannst du für mich bitte einmal bis 100 zählen?«, hat meine kleine Tochter früher oft zu mir gesagt. Ganz schön mühsam – wenn ich es denn mal wirklich gemacht habe. Als sie mich später dann bat, bis 1.000 zu zählen, war ich aber wirklich raus. »Das schaffen wir nicht mehr, so viel Zeit haben wir nicht«, lautete meine Antwort. Vor allem hatte ich aber keine Lust dazu.

Was für einen Menschen sehr mühsam und langweilig ist, kann für ein Computerprogramm aber auch ganz einfach sein. Wenn man weiß, wie. Denn genau dazu sind Computer sehr gut zu gebrauchen: Mühsame und langwierige Vorgänge für uns zu übernehmen. Und das auch noch rasend schnell, wenn gewünscht.

Wir wollen ein Programm schreiben, das erst einmal bis 100 zählt, später bis 1.000. Jede Zahl soll einzeln ausgeschrieben werden.

Wenn wir das mit den Mitteln machen, die wir bisher kennen, wird das Schreiben des Programms aber noch aufwendiger, als laut bis 100 zu zählen:

```python
print 1
print 2
print 3
print 4
print 5
print 6
```
usw. ...

Wir müssten hundert dieser Zeilen schreiben. Das kann es ja wohl nicht sein. Hier passiert in jeder Zeile dasselbe. Eine Zahl wird ausgegeben. Nur dass die Zahl jedes Mal um eins höher ist.

Programmierer sind bequem und vor allem effizient. Sie würden einen Befehl nicht zwei, drei oder vier Mal nacheinander eintippen, wenn es im Prinzip immer dasselbe ist, was passiert.

Sobald ein Vorgang sich wiederholt, ist das ein Zeichen, dass eine sogenannte *Schleife* verwendet werden sollte – eine *Wiederholungsstruktur*.

Die Zählschleife mit »repeat«

Was müsste sich hundert Mal wiederholen, wenn das Programm von 1 bis 100 zählen soll? Es müsste ein Zähler verwendet werden, der mit 1 beginnt, dann ausgegeben wird, dann um 1 erhöht wird, und dann müsste es wieder von vorn losgehen, bis der Zähler bei 100 ist.

Also so:

- Setze die Variable zaehler auf 1.
- Wiederhole den folgenden eingerückten Block 100 Mal:
    - Gib zaehler aus
    - Erhöhe zaehler um 1

Und jetzt in richtigem Python. Als Wiederholungsbefehl verwendest du eine Zählerschleife, hier die sogenannte repeat-Schleife (wie du siehst, werden auch bei Schleifen die zugehörigen Programmzeilen immer nach rechts eingerückt):

```
zaehler = 1
repeat 100:
    print zaehler
    zaehler = zaehler + 1
```

Gib das Programm ein, und sieh dir das Ergebnis an:

Python zählt untereinander von 1 bis 100! So wie gewünscht.

Wie funktioniert das?

Zuerst wird eine Variable zaehler definiert und auf 1 gesetzt, den Anfangswert. Danach kommt die Wiederholung. repeat 100: ist ein sehr einfacher Befehl, den *TigerJython* uns hierfür zur Verfügung stellt. repeat heißt auf Deutsch »Wiederhole«. Der Befehl bedeutet also: *Wiederhole den folgenden eingerückten Block genau 100 Mal.* (Statt der 100 könnte dort natürlich auch eine Variable oder ein mathematischer Ausdruck stehen. Es könnte auch gar nichts hinter dem repeat stehen – dann wird die Schleife endlos immer wieder ausgeführt).

In diesem Block wird also die Variable zaehler ausgegeben (beim ersten Mal ist das die 1), dann wird die Variable zaehler um 1 erhöht. Das machst du mit

```
zaehler = zaehler + 1
```

Die Variable zaehler wird neu belegt mit dem Wert zaehler + 1 – damit wird zaehler also um 1 erhöht.

> **Erhöhen in einem Schritt**
>
> Um die Variable zaehler um 1 zu erhöhen, gibt es auch eine Abkürzung, die du öfter mal in Profiprogrammen finden wirst. Man kann nämlich auch schreiben:
>
> zaehler += 1 – auch damit erhöht man die Variable zaehler um 1.
>
> Aber das braucht uns hier erst mal nicht weiter zu verwirren.
>
> zaehler = zaehler + 1 ist an dieser Stelle klarer, funktioniert wunderbar und bewirkt genau dasselbe.

Und danach geht es wieder von vorne los mit dem eingerückten Block, denn aufgrund des repeat-Befehls wird der Block immer genau 100 Mal nacheinander ausgeführt. Am Schluss wird dann also 100 ausgegeben – und damit endet das Programm, weil die repeat-Schleife 100 Mal durchlaufen wurde.

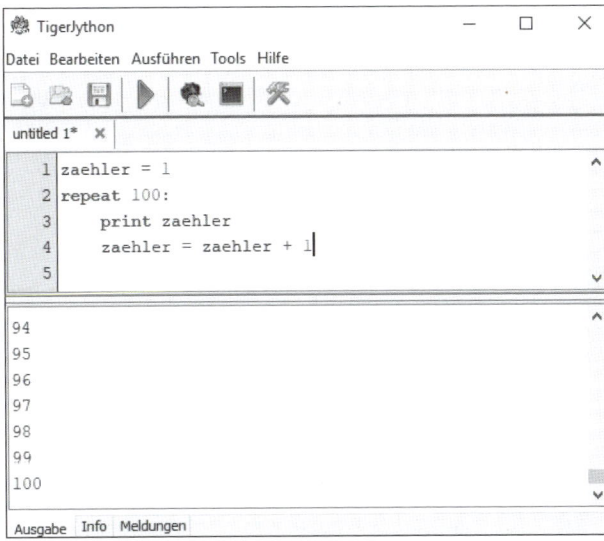

Abbildung 10.1 Schon bei 100 angekommen!

> **Übrigens: »repeat«**
>
> Den Befehl `repeat` gibt es eigentlich nicht in Standard-Python. Er ist eine Besonderheit von *TigerJython*. Da er aber sehr einfach und praktisch ist und wir hier schließlich mit *TigerJython* arbeiten, werden wir ihn auch gerne verwenden. Später lernst du, wie man es auch anders machen kann (»`for`-Schleife mit `range`«), sodass die Zählschleife genauso in jeder anderen Python-Variante funktioniert.

Toll! So schnell bis 100 gezählt. Um jetzt bis 1.000 zu zählen, brauchst du nur eine winzige Änderung, die du dir sicher selbst denken kannst. Eine 0 mehr, und schon zählt das Programm bis 1.000. Probiere es aus.

> **Werte nebeneinander ausgeben**
>
> Wenn du möchtest, dass die Werte nebeneinander und nicht untereinander ausgegeben werden, musst du hinter den print-Ausgabebefehl einfach ein Komma setzen:
>
> `print zaehler,`
>
> Das Komma sorgt dafür, dass die nächste Ausgabe mit einem Leerzeichen Abstand hinter der vorherigen ausgegeben wird und nicht in einer neuen Zeile darunter.

Wenn du 100.000 (hunderttausend) eingibst, dann braucht das Programm schon gefühlt richtig lange. Das bedeutet aber nicht, dass Python langsam zählt. Bis hunderttausend zählen kann Python nämlich immer noch in Sekundenbruchteilen. Nur das Ausgeben der Zahl im Fenster braucht seine Zeit. Wenn hunderttausend Mal nacheinander der gesamte Text eine Zeile hochgeschoben werden soll, eine neue Zeile hinzugefügt wird, der Scrollbalken aktualisiert wird usw., kann das insgesamt schon ein paar Sekunden dauern. Schnell ist es immer noch.

Würfeln ohne Ende

Das können wir am nächsten Beispiel dann noch deutlicher sehen. Bis 100 zählen ist zwar lustig, aber es macht keinen richtigen Sinn. Wie wäre es, wenn wir stattdessen 100 Mal würfeln und am Schluss sehen, was der Durchschnitt der gewürfelten Zahl ist.

Hundertmal Würfeln ist erst mal kein Problem, denke ich. Nicht vergessen, das *random*-Modul am Anfang zu importieren, dann geht es los:

Importiere das **random**-Modul

```
import random
```

Wiederhole Folgendes 100 Mal	`repeat 100:`
Zufallszahl zwischen 1 und 6 (»Würfeln«)	`    wuerfel = random.randint(1,6)`
...	
... ausgeben.	`    print wuerfel`

Gut, das Ergebnis ist wie erwartet. 100 zufällige Würfelzahlen erscheinen untereinander.

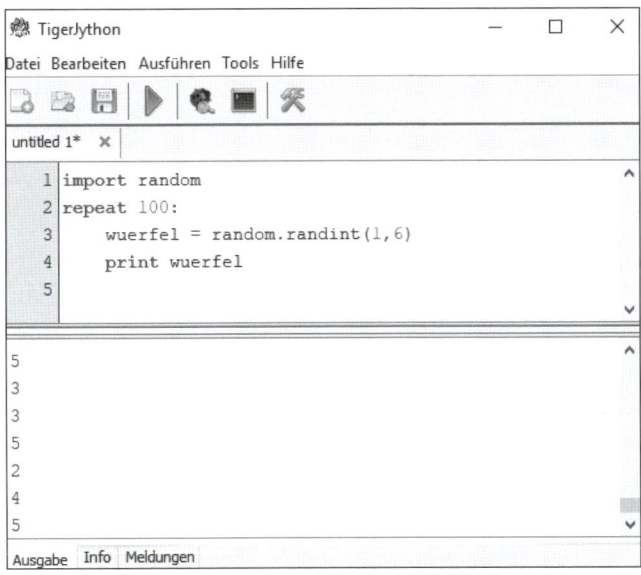

Abbildung 10.2 Hundert Mal Würfeln ist kein Problem.

Um jetzt den Durchschnitt aller Würfe zu ermitteln, musst du natürlich erst einmal alle Würfelzahlen zusammenaddieren. Dazu brauchst du eine Variable für die Summe. Nenne sie am besten einfach `summe`. Die Anzahl der Würfe kann sich ändern, denn wir können ja mehrere Experimente mit verschiedenen Anzahlen machen. Also sollte die Anzahl auch in eine Variable, die zu Beginn eingegeben wird. Nenne diese Variable einfach `anzahl`.

Wie sieht das Programm dann aus? Versuche mal, das Würfelprogramm selbst abzuändern: Zuerst wird die Anzahl der Würfe eingegeben und in der Variable anzahl gespeichert, außerdem muss die Variable summe erzeugt und zu Beginn auf 0 gesetzt werden. Dann wird anzahl Male gewürfelt, dabei wird jede Würfelzahl zur Summe addiert, dann wird der Durchschnittswert ermittelt. Durchschnitt? Klar: Das ist die summe geteilt durch die anzahl.

So könnte es aussehen:

```
import random
anzahl = input("Wie oft soll gewürfelt werden?")
summe = 0
repeat anzahl:
    wuerfel = random.randint(1,6)
    print wuerfel
    summe = summe + wuerfel
print "Der Durchschnitt ist:" , summe / anzahl
```

Weil wir Zufallszahlen brauchen, wird also zuerst das *random*-Modul importiert, dann wird die anzahl eingegeben und die summe auf 0 gesetzt. Anschließend wird so oft wie in anzahl eingegeben gewürfelt – das heißt, es wird eine Würfelzahl ermittelt, sie wird zur summe addiert und mit print im Fenster ausgegeben.

Am Schluss wird der Durchschnittswert mit summe / anzahl berechnet und ausgegeben.

Du kannst jetzt verschiedene Anzahlen ausprobieren. Würfelst du nur 5 oder vielleicht 10 Mal, dann schwankt der Durchschnitt noch ziemlich hin und her und kann theoretisch alles zwischen 1 und 6 sein. Je höher die Anzahl der Würfe, desto genauer wird aber der Durchschnittswert.

Erwartungswert

Wer Wahrscheinlichkeitsrechnung kennt, kann leicht ausrechnen, dass sich der erwartete Durchschnitt bei gleichmäßiger Verteilung der Würfe mit zunehmender Anzahl immer mehr der Zahl 3,5 annähern sollte. Das ist nämlich die genaue Mitte zwischen 1 und 6, und wenn die Zahlen regelmäßig genug verteilt sind, sollte bei Anzahlen über 1.000 in der Regel etwas herauskommen, das sehr nah an der 3,5 liegt.

Bei hohen Anzahlen nervt es dich vielleicht, dass immer jede Würfelzahl im Ausgabefenster angezeigt wird, was eine ganze Weile dauert. Du kannst das verhindern, indem du einfach den Befehl print wuerfel löschst. Jetzt zeigt sich die wahre Rechengeschwindigkeit von Python: Selbst eine Million Würfe (das ist eine 1 mit sechs Nullen) sind in wenigen Sekunden durch und ausgewertet. Wenn man drüber nachdenkt, ist es schon ziemlich erstaunlich, was das Programm da in etwa drei Sekunden leistet.

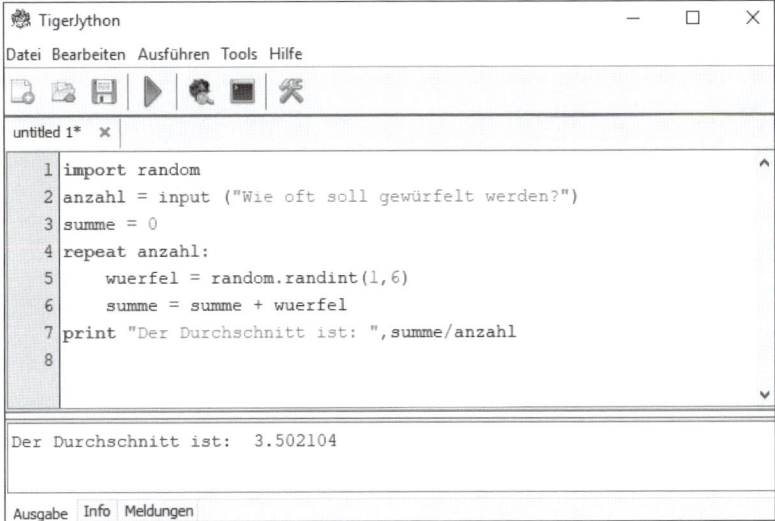

Abbildung 10.3 Nach einer Million Würfen ist der Durchschnitt sehr nah an der 3,5.

Fazit: Das Ergebnis ist jedes Mal etwas anders, aber es nähert sich immer mehr der Zahl 3,5 an, je öfter gewürfelt wird. Damit verhält sich der Zufallsgenerator aus dem *random*-Modul genau so wie ein echter idealer Würfel. Gut zu wissen!

Das kann man übrigens auch noch anschaulicher machen. Wie wäre es, wenn das Programm zehn Mal nacheinander 1.000 Würfe macht und die Durchschnitte immer dazu ausgibt, sodass wir zehn Durchschnittswerte untereinander erhalten, die wir vergleichen können? Wie müssen wir das Programm dazu ändern?

Schleifen verschachteln

Um zehn Mal nacheinander tausend Mal zu würfeln, müssen wir zwei Schleifen *ineinander verschachteln*. Das geht in Python selbstverständlich problemlos. Folgendermaßen müsste das Programm aufgebaut sein:

10 Schleifen – Wiederholungen machen Programme stark

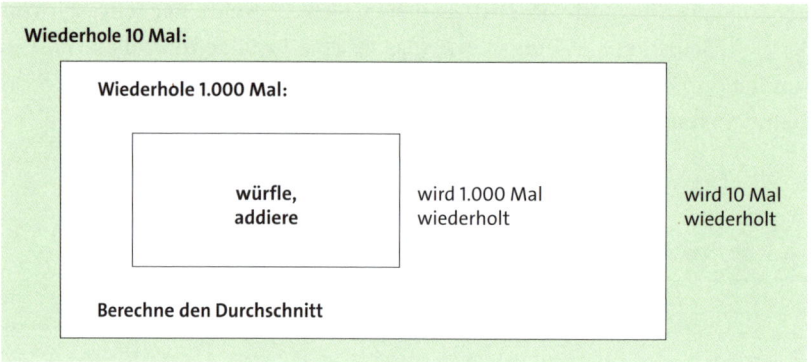

Und in Python sieht das dann ungefähr so aus:

```
import random
repeat 10:
    summe = 0
    repeat 1000:
        wuerfel = random.randint(1,6)
        summe = summe + wuerfel
    print "Der Durchschnitt ist:" , summe/1000
```

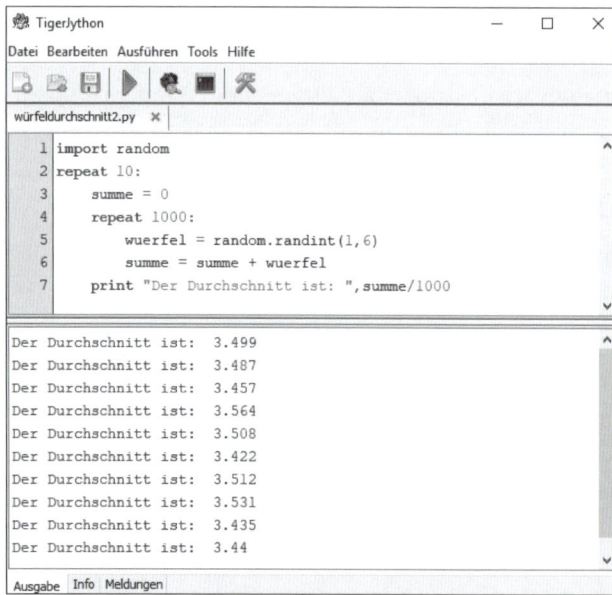

Abbildung 10.4 Das Ergebnis ist eine Liste von zehn Mal tausend Würfen, mit den jeweiligen Durchschnitten, in etwa einer Sekunde durchgeführt und ausgewertet.

> **Schnelles Einrücken**
>
> Übrigens: Um Einrückungen im Code-Editor schnell und effizient zu ändern, kannst du einen ganzen Block von Zeilen mit dem Cursor oder der Maus auswählen und dann die ⇥-Taste drücken. Das rückt alle gewählten Zeilen einige Zeichen nach rechts. Willst du die ausgewählten Zeilen nach links rücken, drückst du ⇧+⇥.

Die »while«-Schleife

Mit einer *Zählschleife* kann man eine Menge Sachen machen. Sie eignet sich für alle Aufgaben, bei denen ein Vorgang automatisch mehrere Male wiederholt werden muss, egal ob drei Mal, x Mal oder zehntausend Mal.

Es gibt aber noch einen zweiten Typ Schleife, der im Alltag des Programmierers ebenso wichtig ist. Das ist die while-Schleife. Sie ist mit einer *Bedingung* verknüpft und daher mit der if-Struktur verwandt. Allerdings wiederholt sie ihren Block immer wieder, solange wie die Bedingung gilt.

while ist Englisch und bedeutet etwa »solange wie«.

Der Aufbau ist also so:

- **WHILE Bedingung** (solange die Bedingung wahr ist):
    - Führe Befehl aus
    - Führe Befehl aus
    - usw. ...
    (Springe dann wieder nach oben und prüfe die Bedingung erneut.)
- Nächster Befehl, wenn die Bedingung nicht mehr erfüllt ist.

> **Vergleich: »if« und »while«**
>
> Beim if-Befehl wird der eingerückte Block einmalig ausgeführt, wenn die Bedingung wahr ist. Bei der while-Schleife wird der eingerückte Block ausgeführt, wenn die Bedingung wahr ist, und anschließend springt das Programm wieder zum Anfang und prüft die Bedingung erneut. Solange die Bedingung wahr ist, wird der Block immer wieder ausgeführt.

Wir probieren das mal mit einem ganz einfachen Python-Programm aus:

Setze **x** auf 0
```
x = 0
```

Solange …
```
while x < 10:
```

… frage nach Zahl für **x**.
```
    x = input("Gib eine Zahl ein!")
```

Wenn Bedingung nicht mehr stimmt:
```
print "Diese Zahl ist nicht kleiner als zehn."
```

Erst wird x auf 0 gesetzt, damit die Variable x überhaupt existiert. Jetzt kommt die while-Schleife: Es wird geprüft, ob x kleiner als 10 ist. Das trifft am Anfang auf jeden Fall zu, denn x ist ja 0. (Wenn die Bedingung von Anfang an nicht stimmt, wird der eingerückte Block unter der while-Zeile natürlich überhaupt nicht ausgeführt, genau wie bei if).

Nun folgt also der eingerückte input-Befehl, bei dem die Variable x neu eingegeben wird.

Nach der Eingabe springt Python wieder zurück zur Zeile mit while und überprüft die Bedingung erneut. Hat man eine Zahl unter 10 eingegeben, dann ist die Bedingung wahr (x ist kleiner als 10), und die eingerückte Zeile wird wieder ausgeführt, es wird also wieder ein neuer Wert für x eingegeben. Erst wenn man eine Zahl eingibt, die 10 oder höher ist, ist die Bedingung falsch. x ist nicht kleiner als zehn, und die while-Schleife ist damit beendet. Daraufhin geht es mit dem nächsten Befehl nach der while-Schleife weiter – und das Programm teilt mit, dass ein Wert eingegeben wurde, der nicht kleiner als zehn ist.

Probiere das mal selbst aus, dann verstehst du es am besten.

Mit der while-Schleife hast du das letzte ganz wichtige Hauptelement des Programmierens kennengelernt. Nun stehen dir zahlreiche Möglichkeiten offen, um kleine Spielchen und später noch vieles andere mehr zu programmieren.

Würfelpoker

Als Erstes wieder ein Würfelspiel. Diesmal aber wirklich ein Spiel und nicht nur eine Demo.

Kennst du das »Würfelspiel mit der 1«? Manche nennen es auch Würfelpoker. Die Regeln sind sehr einfach. Der Spieler nimmt einen Würfel und würfelt. Wenn er eine 2, 3, 4, 5 oder 6 würfelt, dann gehören die Punkte ihm, und er zählt sie zu seinem Punktestand dazu. Wenn er aber eine 1 würfelt, verliert er alle Punkte und das Spiel ist beendet. Jederzeit kann man mit dem Würfeln aufhören und sich so seine Punkte sichern.

Das Programm dazu sieht in etwa so aus:

```python
import random
summe = 0
weiter = "j"
wuerfel = 6
while (weiter == "j") and (wuerfel > 1):
    wuerfel = random.randint(1,6)
    if wuerfel > 1:
        summe = summe + wuerfel
    else:
        summe = 0
    print "du hast eine",wuerfel,"gewürfelt."
    print "deine Punktzahl ist",summe
    if wuerfel > 1:
        weiter = input("Weiterspielen? j/n")
```

Das ist unser bisher längstes Programm. Um es genau zu verstehen, musst du es Zeile für Zeile durchgehen und überlegen, was passiert.

Klar, am Anfang wird das Modul `random` importiert, weil wir ja Zufallszahlen zum Würfeln brauchen. Danach werden drei Variablen eingeführt und auf ihre Anfangswerte gesetzt. `summe` ist die Punktzahl, die setzen wir am Anfang natürlich auf 0. In `weiter` steht nachher die Antwort, ob das Spiel fortgesetzt werden soll, da schreiben wir erst mal ein j für »ja« rein, damit die `while`-Schleife überhaupt startet. In die Variable `wuerfel` (die gewürfelte Zahl) schreiben wir irgendwas rein, was größer als 1 ist. Diese Zahl wird aber noch nicht zur Punktzahl gerechnet. Auch sie ist dafür da, dass die `while`-Schleife beim ersten Mal startet.

> **Achtung: richtig starten**
>
> Damit eine `while`-Schleife überhaupt beginnt, muss man vorher dafür sorgen, dass die abgefragte Bedingung beim ersten Durchlauf zutrifft. Meistens muss man dafür die mit `while` abgefragte Variable auf einen passenden Anfangswert setzen.

Nun geht das Programm in die `while`-Schleife. Da die Bedingungen am Anfang zutreffen (`wuerfel` ist größer als 1 und `weiter` ist j), wird der `while`-Block ausgeführt.

Es wird mit `randint(1,6)` eine Zahl von 1 bis 6 gewürfelt und in `wuerfel` gespeichert.

Anschließend folgt eine `if-else` Abfrage. Wenn die gewürfelte Zahl größer als 1 ist, dann wird die Zahl zur Summe der Punkte hinzugezählt.

Wenn nicht (also 1 gewürfelt), dann wird die Summe auf 0 gesetzt.

Nun folgt die Information. Es wird ausgegeben, welche Zahl gewürfelt wurde (`wuerfel`) und wie hoch der Punktestand ist (`summe`).

Danach wieder eine `if`-Abfrage, denn die Frage nach dem Weiterspielen wird nur dann gestellt, wenn das Spiel noch läuft, also wenn keine 1 gewürfelt wurde.

Wenn also keine 1 gewürfelt wurde, fragt das Programm, ob man weiterspielen möchte, und das Ergebnis wird in der Variable `weiter` gespeichert.

Jetzt ist der `while`-Block beendet, und das Programm springt automatisch wieder nach oben in die `while`-Bedingung. Wenn also keine 1 gewürfelt wurde und bei der Frage ein `j` eingegeben wurde, wird die `while`-Schleife erneut ausgeführt.

Das Programm endet also, sobald man etwas anderes als `j` eingibt oder eine 1 würfelt.

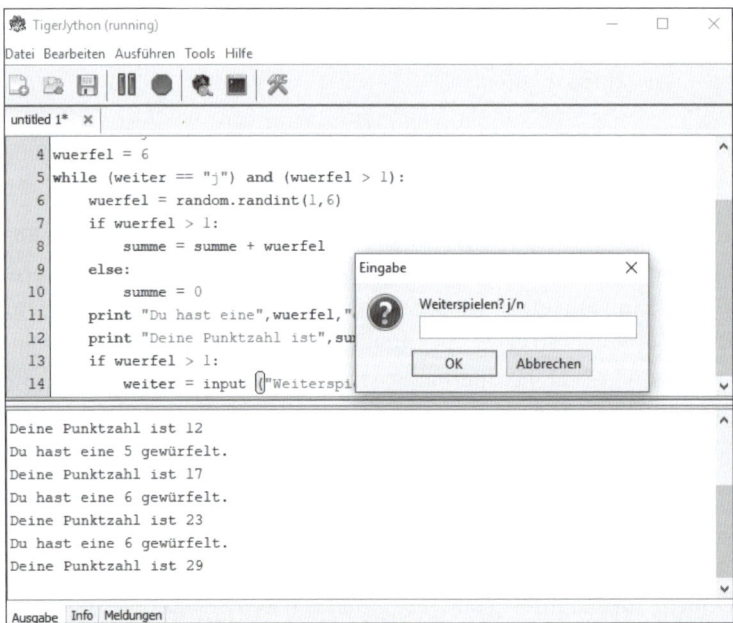

Abbildung 10.5 Weiterspielen?

> **Aufgabe**
>
> Probiere das Programm aus, und versuche, es vollständig zu verstehen. Mache kleine Änderungen, und teste, was passiert!

Klassisches Zahlenraten

Das nächste Programm habe ich »Klassisches Zahlenraten« genannt, weil es in fast jeder Anleitung zum Programmieren irgendwann auftaucht. Das ist kein Zufall, denn es eignet sich sehr gut, um den Umgang mit while-Schleifen und if-Abfragen zu verstehen und zu festigen.

Wenn du die vorhergehenden Programme gut verstanden hast, dann solltest du vielleicht schon in der Lage sein, das Zahlenraten selbst zu programmieren. Probiere es aus. Als Hilfestellung hier der genaue Ablauf des Zahlenratens:

- Das Programm denkt sich eine zufällige Zahl zwischen 1 und 100 aus (zufallszahl).
- Der Benutzer gibt eine Zahl ein (ratezahl). Wenn sie kleiner ist als die Zufallszahl, sagt das Programm »Die Zahl ist zu klein«. Wenn sie größer ist, sagt das Programm »Die Zahl ist zu groß«. In beiden Fällen wird anschließend die nächste Zahl eingegeben und geraten.
- Wenn die Zahl richtig ist, gratuliert das Programm und ist beendet.

Alles klar? Los geht's. Du brauchst eine while-Schleife und zwei if-Abfragen. Es werden etwa 10 Zeilen Programmcode benötigt. Bitte schau dir diese Lösung erst nach deinem eigenen Versuch an:

```python
import random
zufallszahl = random.randint(1,100)
ratezahl = 0
while ratezahl != zufallszahl:
    ratezahl = input("Rate die Zahl:")
    if ratezahl > zufallszahl:
        print ratezahl,"ist zu groß."
    elif ratezahl < zufallszahl:
        print ratezahl,"ist zu klein."
print "Glückwunsch,",zufallszahl,"ist die richtige Zahl!"
```

Hast du es selbst geschafft? Dein Programm muss natürlich nicht identisch aussehen, oft gibt es viele verschiedene Wege, um erfolgreich zum Ziel zu kommen. Am Anfang löst man manche Probleme noch etwas umständlicher, später sucht man automatisch die kürzeste und einfachste Lösung. Aber solange das Programm sicher funktioniert, ist es in Ordnung!

Das hier vorgeschlagene Programm ist sehr einfach: In der zweiten Zeile wird die Zufallszahl zwischen 1 und 100 ausgedacht und in der Variable zufallszahl gespeichert. Außerdem wird die Variable ratezahl definiert und am Anfang auf 0 gesetzt, damit die while-Schleife gestartet wird.

Und die `while`-Schleife folgt als Nächstes. Die Befehle darunter werden solange ausgeführt, wie `ratezahl` UNGLEICH (`!=`) `zufallszahl` ist – also solange die richtige Lösung nicht gefunden wurde. Da die Ratezahl am Anfang 0 ist, kann sie nicht gleich der Zufallszahl (zwischen 1 und 100) sein, also werden die Befehle in der `while`-Schleife beim ersten Mal auf jeden Fall ausgeführt.

Nun wird geraten, es wird eine Zahl eingegeben und in `ratezahl` gespeichert. Damit das Programm mitteilen kann, ob die Zahl zu groß oder zu klein ist, braucht es zwei `if`-Abfragen, die dann mitteilen, ob die geratene Zahl zu groß oder zu klein ist. Die dritte Möglichkeit, dass die Zahl genau stimmt, braucht nicht per `if`-Abfrage geprüft werden, denn wenn dieser Fall eingetreten ist, beendet sich automatisch die `while`-Schleife, und die letzte Zeile des Programms wird ausgeführt.

Nach den beiden `if`-Abfragen kehrt das Programm zum `while`-Befehl zurück und prüft dort erneut, ob die `ratezahl` falsch ist. Wenn ja, dann wird der `while`-Block erneut ausgeführt und eine neue `ratezahl` eingegeben. Wenn nein (also die eingegebene Zahl ist definitiv richtig geraten), dann wird der Block unter `while` übersprungen, und das Programm geht endlich in die letzte Zeile, wo zur richtigen Lösung gratuliert wird.

Alles klar?

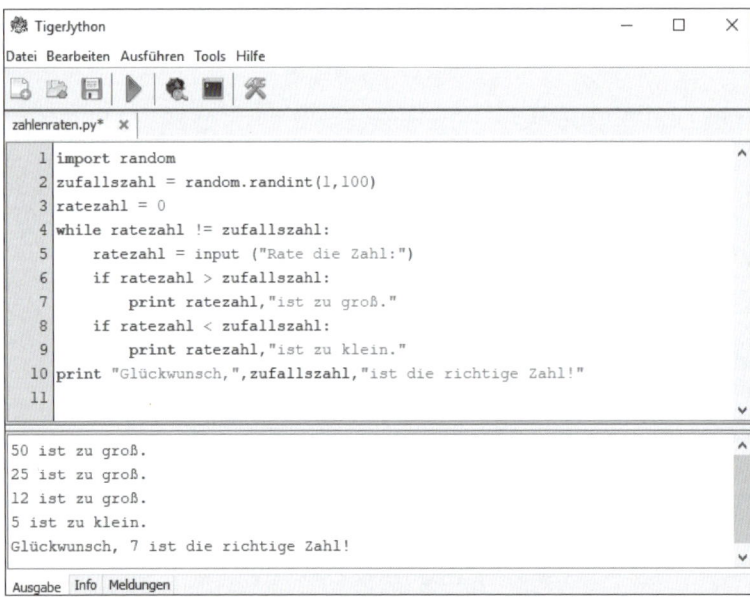

Abbildung 10.6 Durch Herantasten kommt man an die richtige Lösung.

Das Programm kann man natürlich noch etwas ausbauen. Wie wäre es mit einem Zähler, der die Anzahl der Rateversuche zählt? Am Schluss erfährt man, wie viele Versuche man gebraucht hat. Kein Problem, oder?

Klassisches Zahlenraten

> **Aufgabe**
>
> Ändere das Programm ab, sodass es die Anzahl der Versuche mitzählt. Führe dazu die Variable zaehler ein, die am Anfang auf 0 gesetzt und bei jeder Eingabe um eins erhöht wird.

Ich nehme an, das hat geklappt. Dein Programm könnte jetzt in etwa so aussehen:

```python
import random
zufallszahl = random.randint(1,100)
zaehler = 0
ratezahl = 0
while ratezahl != zufallszahl:
    ratezahl = input("Rate die Zahl:")
    zaehler = zaehler + 1
    if ratezahl > zufallszahl:
        print ratezahl,"ist zu groß."
    if ratezahl < zufallszahl:
        print ratezahl,"ist zu klein."
print "Glückwunsch,",zufallszahl,"ist die richtige Zahl!"
print "Du hast",zaehler,"Versuche gebraucht."
```

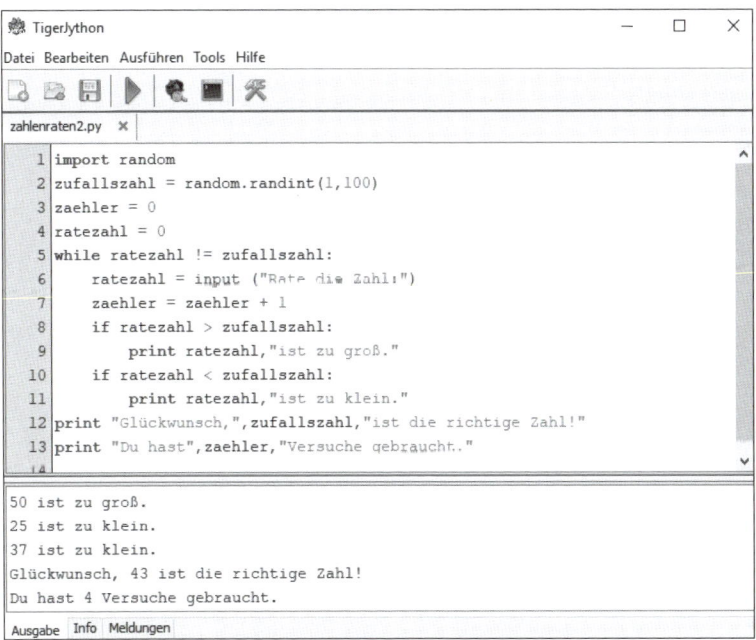

Abbildung 10.7 Nur vier Versuche – das ist wirklich gut!

Das kleine Einmaleins

Nach dem Ratespiel kommt nun ein wirklich nützlicher Trainer. Beherrschst du das Einmaleins perfekt? Nein, nicht ganz? Dann kannst du es mit diesem Programm etwas trainieren. Doch? Na gut, dann kannst du deine Fähigkeiten hier beweisen.

Das Programm, das jetzt geschrieben werden soll, ist folgendes. Ein Trainer, der sich unermüdlich zufällige Aufgaben aus dem kleinen Einmaleins ausdenkt (damit es nicht allzu leicht wird, Aufgaben von 3 × 3 bis 9 × 9). Das Programm stellt die Aufgabe, und der Benutzer gibt die Lösung ein. Stimmt sie, dann gibt es einen Punkt, und die nächste Aufgabe folgt. Stimmt sie nicht, dann gibt es einen Fehlerpunkt, und die nächste Aufgabe kommt. Um das Programm zu beenden, gibt man statt einer Lösung ein »x« ein, und man erhält eine Auswertung über Punkte und Fehler.

Wieder einmal ist es ein Auftrag an dich: Versuche, dieses Programm zu schreiben. Wie du dabei genau vorgehst, ist dir überlassen. Vielleicht schreibst du erst einmal ein kleines Programm, das eine einzige Aufgabe stellt, und dann baust du es weiter aus. Oder du versuchst gleich alles auf einmal. Erst wenn du fertig bist, oder wenn du wirklich nicht weiterkommst, solltest du hier im Buch weiterlesen. Dann gehen wir alles noch einmal Schritt für Schritt durch.

Lösungsweg

Das Programm verwendet erst einmal vier Variablen: `zahl1`, `zahl2`, `eingabe` und `loesung`. Im ersten Schritt soll das Programm nur eine Aufgabe generieren. Das geht so:

```
import random
zahl1 = random.randint(3,9)
zahl2 = random.randint(3,9)
loesung = zahl1 * zahl2
```

Nun muss die Aufgabe natürlich auch noch angezeigt werden. Das könnte man einfach per `print` machen:

```
print zahl1,"x",zahl2
```

Nun wird der Lösungsversuch eingegeben:

```
eingabe = input("Wie lautet die Lösung?")
```

Und nun wird die Lösung ausgewertet. Dazu verwendest du natürlich eine `if`-Abfrage:

```
if eingabe == loesung:
    print "Die Lösung ist richtig!"
else:
    print "Leider falsch! Richtig wäre",loesung
```

Das wäre jetzt die simpelste Lösung ohne Wiederholungen, ohne Punkte usw.

Jetzt kommen die Punkte hinzu.

Am Anfang solltest du die Punkte und die Fehler auf 0 setzen.

```
punkte = 0
fehler = 0
```
In der `if-else`-Abfrage wird dann jeweils der Punktestand bzw. der Fehlerstand um 1 erhöht:
```
if eingabe == loesung:
    print "Die Lösung ist richtig!"
    punkte = punkte + 1
else:
    print "Leider falsch! Richtig wäre",loesung
    fehler = fehler + 1
```

Nun macht das Ganze aber nur Sinn, wenn wiederholt Aufgaben gestellt werden. Also packen wir die ganze Abfrage in eine `while`-Schleife. Abbrechen kann man mit `"x"`.

```
import random
punkte = 0
fehler = 0
eingabe = 0
while (eingabe != "x"):
    zahl1 = random.randint(3,9)
    zahl2 = random.randint(3,9)
    loesung = zahl1 * zahl2
    print zahl1,"x",zahl2
    eingabe = input("Wie lautet die Lösung?")
    if eingabe == loesung:
        print "Die Lösung ist richtig!"
        punkte = punkte + 1
```

```
    else:
        print "Leider falsch! Richtig wäre", loesung
        fehler = fehler + 1
print "OK.",punkte,"Punkte und",fehler,"Fehler."
```

Das sieht doch schon mal ganz gut aus – aber das Programm hat noch ein Problem: Wenn man »x« eingibt, wird erst noch ein Fehler bei der Berechnung erzeugt, dann erst wird das Programm beendet. Es muss also verhindert werden, dass die Eingabe ausgewertet wird, wenn der Benutzer »x« eingegeben hat.

Dazu brauchen wir eine zusätzliche `if`-Abfrage, die dafür sorgt, dass die Eingabe nur ausgewertet wird, wenn nicht »x« eingegeben wurde:

```
if eingabe != "x":
    if eingabe == loesung:
        print "Die Lösung ist richtig!"
        punkte = punkte + 1
    else:
        print "Leider falsch! Richtig wäre",loesung
        fehler = fehler + 1
```

Gut. Damit ist das Programm schon mal ganz brauchbar.

So kann man es schon testen:

```
import random
punkte = 0
fehler = 0
eingabe = 0

while (eingabe != "x"):
    zahl1 = random.randint(3,9)
    zahl2 = random.randint(3,9)
    loesung = zahl1 * zahl2
    print zahl1,"x",zahl2
    eingabe = input("Wie lautet die Lösung?")
    if eingabe != "x":
        if eingabe == loesung:
            print "Die Lösung ist richtig!"
            punkte = punkte + 1
```

```
        else:
            print "Leider falsch! Richtig wäre",loesung
            fehler = fehler + 1
print "OK.",punkte,"Punkte und",fehler,"Fehler."
```

Nun wären noch weitere Verbesserungen vorstellbar. Zum Beispiel könnte man die Ausgabe wiederholen und die richtige Lösung angeben, wenn der Benutzer falsch geraten hat. Dazu muss man nur eine Zeile ändern:

```
print "Leider falsch!",zahl1,"x",zahl2,"=",loesung
```

Das könnte man auch bei einer richtigen Lösung einbauen:

```
print "Richtig!",zahl1,"x",zahl2,"=",loesung
```

Damit kann man das Einmaleins schon ganz gut üben.

Das Einzige, was vielleicht noch stört, ist, dass die Eingaben in einem kleinen Fenster erfolgen, während die Ausgaben immer unten im Ausgabefeld von *TigerJython* stehen. Kann man die Aufgabe nicht auch gleich im Input-Fenster mit anzeigen? Und die Antworten vielleicht auch in einem kleinen Dialogfenster?

Ja, das kann man. Aber dazu müssen wir uns noch mit einem kleinen Kniff beschäftigen, der uns ins dritte Kapitel zurückführt.

Der print-Befehl hat nämlich, wie wir ja wissen und oft benutzen, eine kleine Besonderheit. Man kann mit ihm mehrere unterschiedliche Variablentypen, egal, ob Zeichen oder Zahlen, durch Komma getrennt hintereinander ausgeben.

Der input-Befehl kann ebenfalls einen Text ausgeben, aber der muss immer aus *einer einzigen Zeichenkette* bestehen. Wir müssen also die Rechenaufgabe erst einmal zu einer Zeichenkette kombinieren, um sie dann im input-Befehl als Text anzeigen zu können.

Und da stoßen wir auf das Problem, dass wir Zahlen und Zeichenketten nicht einfach aneinanderhängen können. Wir können nur Zeichen und Zeichen aneinanderhängen.

```
aufgabe = zahl1 + " x " + zahl2 + "="
```

geht nicht. Das gibt einen Fehler.

Zum Glück hat Python eine Funktion eingebaut, mit der man jede Zahl ganz einfach in eine Zeichenkette verwandeln kann.

Sie lautet str(zahlenwert).

str steht für »String« – und das heißt ja bekanntlich »Zeichenkette«.

str (1) verwandelt die Zahl 1 in die Zeichenkette "1".

So kann man die Aufgabe jetzt als Zeichenkette erstellen:
aufgabe = str(zahl1) + " x " + str(zahl2) + " ="

Und Python macht daraus zum Beispiel die folgende Zeichenkette:

"7 x 5 ="

Das Gleiche gilt für das Ausgabefenster msgDlg (Message Dialog), mit der wir auch schon einmal Ausgaben gemacht haben. Auch hier darf nur eine Zeichenkette ausgegeben werden, und die kann man genauso mit str() konstruieren.

Damit können wir das ganze Programm jetzt noch einmal ändern, sodass alle Ein- und Ausgaben nun in kleinen Fenstern erscheinen.

```python
import random
punkte = 0
fehler = 0
eingabe = 0

while (eingabe != "x"):
    zahl1 = random.randint(3,9)
    zahl2 = random.randint(3,9)
    loesung = zahl1 * zahl2
    aufgabe = str(zahl1) + " x " + str(zahl2) + " = "
    eingabe = input(aufgabe)
    if eingabe != "x":
        if eingabe == loesung:
            antwort = "Richtig! " + aufgabe + str(loesung)
            punkte = punkte + 1
        else:
            antwort = "Leider falsch! " + aufgabe + str(loesung)
            fehler = fehler + 1
        msgDlg(antwort)
auswertung = "OK. "+str(punkte)+" Punkte und "+str(fehler)+" Fehler."
msgDlg(auswertung)
```

Probiere es aus! Fühlt sich viel besser an, oder? Jetzt kommuniziert das Programm mit dir nur noch über kleine Mitteilungsfenster.

Mehr Möglichkeiten für »while«-Schleifen

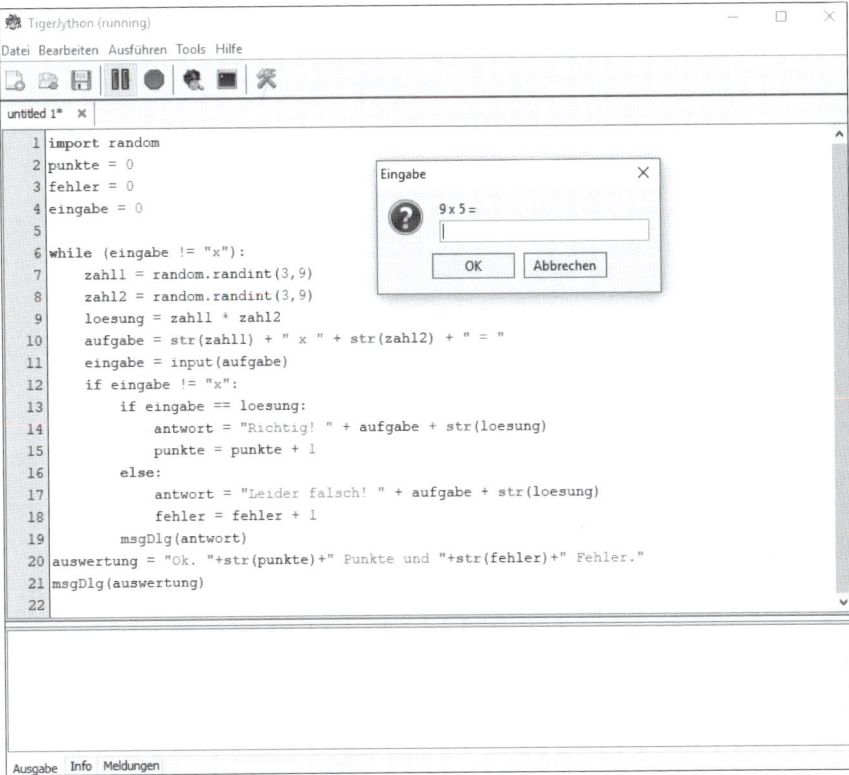

Abbildung 10.8 Das kleine Einmaleins

Mehr Möglichkeiten für »while«-Schleifen

Der Normalfall für while-Schleifen, von dem wir hier ausgegangen sind, ist also der, dass eine while-Schleife immer so lange läuft, wie die Bedingung zutrifft, die hinter while steht.

Endlosschleifen mit »while«

Man kann mit while auch Endlosschleifen produzieren. Also Schleifen, die ewig weiterlaufen. Zum Beispiel so:

```
while True:
    Befehl
    Befehl
```

usw. ...

Die Bedingung bei `while True:` ist immer erfüllt, denn `True` ist und bleibt immer wahr. Dadurch würde die `while`-Schleife niemals beendet, und man könnte das Programm nur von außen beenden, indem man die Programmausführung abbricht. Eine `while-True`-Schleife hat in *TigerJython* somit denselben Effekt wie eine `repeat`-Schleife ohne Zählerwert.

Schleife verlassen mit »break«

Es gibt aber doch eine Möglichkeit, aus einer `while`-Schleife wieder herauszukommen, auch wenn die obere Bedingung wahr ist. Das macht man mit dem Kommando **break**.

Zum Beispiel in diesem Programm:

```
while True:
    x = input("Gib eine Zahl ein, oder 0 für Ende.")
    if x == 0:
        break
    print "Das Doppelte deiner Zahl ist:",x*2
```

Mit dem Befehl `break` wird die `while`-Schleife komplett verlassen, ohne dass die Bedingung noch einmal geprüft wird. Dadurch kann man auch Endlosschleifen wieder verlassen. Und man verhindert hier, dass für die 0 ein Wert berechnet und ausgegeben wird. Falls die eingegebene Zahl 0 ist, bricht die `while`-Schleife ab und ist beendet. Wenn nicht, dann wird sie ganz normal fortgesetzt und die Berechnung gemacht, dann wieder nach oben gesprungen.

Schleife vorzeitig fortsetzen mit »continue«

Während man mit break aus einer Schleife vorzeitig aussteigen kann, kann man mit dem Befehl `continue` vorzeitig wieder nach oben zur Abfrage der Bedingung springen, ohne den Rest der Schleifenbefehle abzuarbeiten.

```
x = 0
while x < 21:
    x += 1
    if x == 13:
        continue
    print x
```

Schau dir dieses Programm an: Es zählt von 1 bis 20. Aber die Zahl 13 wird ausgelassen (also ein Zähler für Abergläubische). Warum wird die Zahl 13 ausgelassen? Weil für den

Fall, dass die Zahl 13 ist, der `continue`-Befehl ausgeführt wird – damit geht es wieder nach oben in die `while`-Zeile, bevor die Zahl ausgegeben wird. Sicher – dieses Beispiel könnte man auch anders programmieren. Aber es zeigt, wie der `continue`-Befehl funktioniert.

Primzahlentester

Nicht nur für kleine Spielchen oder Trainer kann man Schleifen in Programmen gebrauchen. Sie sind auch sehr praktisch, wenn man komplizierte Berechnungen machen oder Werte prüfen will – nicht nur einfach, sondern vielfach.

Zum Beispiel ist es gar nicht so einfach herauszufinden, ob die Zahl 1.237 eine Primzahl ist oder nicht. Wie kann man das am einfachsten ermitteln? Mit einem Taschenrechner kommst du da nicht weit.

Zur Erinnerung: Primzahlen sind Zahlen, die man nur durch 1 und durch sich selbst teilen kann. Bei keinem anderen Teiler kommt ein ganzzahliges Ergebnis heraus. Die Zahl 7 ist zum Beispiel eine Primzahl. Man kann sie weder durch 2 noch durch 3 oder 4 oder 5 oder 6 teilen. Aber bei höheren Zahlen kann man die Teiler nicht mehr so einfach und schnell im Kopf durchgehen und herausfinden.

Um solche Probleme zu lösen, kannst du einfach mal eben ein Python-Programm schreiben, das dir die Arbeit abnimmt, eine Zahl durch alle möglichen Zahlen zu teilen. Python macht das extrem schnell und zuverlässig. Einfach alles durchprüfen. Danach weißt du sicher, ob du eine Primzahl hast.

Die Aufgabe ist also: Eine Zahl soll eingegeben werden, und das Programm soll eindeutig ermitteln, ob es sich um eine Primzahl handelt.

Es gibt dafür verschiedene Verfahren, von einfach bis kompliziert. Wir werden das einfachste verwenden, das auch am leichtesten zu verstehen ist:

Das Probeverfahren

Was muss das Programm machen? Vereinfacht gesagt muss es versuchen, die eingegebene Zahl durch alle Zahlen außer der 1 und sich selbst zu teilen, und prüfen, ob das Ergebnis eine ganze Zahl ist. Wenn das auch nur einmal der Fall ist, ist die Zahl keine Primzahl.

Fangen wir also ganz einfach an. Später wirst du das Programm noch verfeinern und optimieren.

Als Erstes wird die Zahl x eingegeben.

```
x = input("Gib eine Zahl ein")
```

Zum Prüfen der Teiler musst du natürlich wieder eine Schleife verwenden. Die Schleife geht alle denkbaren Teiler durch und wird beendet, wenn entweder alle Teiler ohne Ergebnis geprüft wurden – oder wenn ein Teiler »aufgeht«, dann ist es nämlich keine Primzahl.

Wie prüft man nun, ob eine Zahl durch einen Teiler teilbar ist? »Teilbar« ist ja eigentlich jede Zahl, nur eben nicht mit Ganzzahl-Ergebnis. Und das musst du prüfen. Ist das Ergebnis `x / teiler` eine ganze Zahl?

Du kannst das mit den Mitteln, die du schon kennst, machen. Erinnere dich an den Anfang des Buches mit dem Rechnen auf der Konsole. Es gibt einen Operator (das %-Zeichen), mit dem man den Rest einer Division ermitteln kann (das nennt man auch Modulo). Wenn der Rest 0 ist, dann ist die Zahl glatt teilbar.

```
if (x % teiler) == 0:
    primzahl = False
```

Wenn diese Bedingung zutrifft, dann ist `x` *keine* Primzahl, weil sie glatt durch einen der `teiler` teilbar ist (der Rest der Division ergibt 0). Also wird in dem Fall die Variable `primzahl` auf den Wert `False` gesetzt (»nicht wahr«). Zu Beginn muss `primzahl` natürlich auf `True` gesetzt werden, denn im Ausgangspunkt vermuten wir, dass jede Zahl eine Primzahl ist, bis der Gegenbeweis gefunden wird. Wenn die Variable nach dem Prüfen aller Teiler noch immer auf `True` steht, ist die Zahl eine Primzahl; wenn sie auf `False` steht, ist die Zahl keine Primzahl.

Jetzt zur Schleife. Welche Schleife eignet sich besser – eine Zählschleife oder eine `while`-Schleife?

Nun, man könnte meinen, eine Zählschleife wäre gut geeignet, denn wir wollen ja einfach alle Zahlen von 2 bis x–1 durchprüfen. Dann könnten wir diese Zahlen einfach per Zähler durchgehen und anschließend sehen, ob `primzahl` auf `False` gesetzt wurde.

Ja, das würde funktionieren, aber es wäre sehr ineffizient. Angenommen, wir prüfen die Zahl 999. Gleich bei der zweiten Prüfung käme heraus, dass sie durch 3 teilbar ist (also keine Primzahl). Trotzdem würde das Programm noch 995 weitere Teiler ausprobieren, bevor das Ergebnis angezeigt wird. Das kostet unnötig Zeit, vor allem bei großen Zahlen. Wenn die Zahl auch nur durch einen einzigen Teiler teilbar ist, dann kann die Prüfung sofort beendet werden.

Es läuft also wieder auf eine while-Schleife heraus, die dann beendet wird, wenn entweder alle Teiler geprüft wurden oder wenn primzahl == False ist. Oder positiv ausgedrückt: Die while-Schleife läuft solange, wie der teiler kleiner als die Zahl x und der Wert von primzahl wahr ist. Der Teiler beginnt mit 2, und in der Schleife wird er natürlich immer um 1 erhöht, solange wir noch keinen Teiler gefunden haben.

Damit wird die while-Schleife zur Primzahlprüfung von x so aussehen:

```
teiler = 2
primzahl = True
while (teiler < x) and (primzahl):
    if (x % teiler) == 0:
        primzahl = False
    else:
        teiler = teiler +1
```

Am Ende nach der Schleife kann dann das Ergebnis ausgegeben werden. Es ist klar: Wenn die Variable primzahl auf True steht (*wahr ist*), dann handelt es sich um eine Primzahl. Ansonsten handelt es sich um keine Primzahl, und die Variable teiler ist der Gegenbeweis (der erste Teiler, den das Programm gefunden hat und dann die Schleife beendet hat).

```
if primzahl:
    print x,"ist eine Primzahl."
else:
    print x,"ist keine Primzahl. Teiler:",teiler
```

Das gesamte Programm sieht jetzt also so aus und funktioniert:

```
x = input("Gib eine Zahl ein")
teiler = 2
primzahl = True
while (teiler < x) and (primzahl):
    if (x % teiler) == 0:
        primzahl = False
    else:
        teiler = teiler + 1
if primzahl:
    print x , "ist eine Primzahl."
else:
    print x , "ist keine Primzahl. Teiler:" , teiler
```

Teste das Programm einmal mit kleineren und dann auch mit größeren Zahlen. Es ist absolut zuverlässig und sagt dir sicher, welche Zahl eine Primzahl ist und welche nicht. Bei Nicht-Primzahlen läuft es auch sehr schnell – klar, wenn eine Zahl durch 2 oder 3 teilbar ist, dann braucht die Schleife ja auch nur ein bis zwei Mal durchlaufen werden, und schon ist das Ergebnis da.

Aber bei echten Primzahlen, die richtig hoch sind, spürt man dann doch, dass es eine ganze Weile dauern kann. Gib zum Beispiel mal »9999083« ein (eine Primzahl). Auf meinem Rechner dauert die Prüfung etwa 5 Sekunden. Die Zahl ist sehr hoch: fast zehn Millionen – und deshalb muss das Programm auch *fast zehn Millionen Teiler* durchprüfen. Zehn Millionen Divisionen und Überprüfungen, da sind 5 Sekunden Rechenzeit immer noch beeindruckend. Aber: Müssen es denn wirklich so viele Überprüfungen sein? Nein – müssen es nicht.

Wenn man darüber etwas nachdenkt, kommt man vielleicht erst einmal zu dem Ergebnis, dass spätestens bei der Hälfte der Zahl eigentlich Schluss sein müsste, denn wenn das Ergebnis der Division kleiner als 2 ist, kann keine sinnvolle Ganzzahl mehr dabei herauskommen. Denkt man weiter nach, reduziert es sich noch viel mehr. Mathematischer Fakt ist: Schon bei der Wurzel der geprüften Zahl kann man mit der Überprüfung Schluss machen, denn ab da wäre der Teiler so groß wie das Divisionsergebnis, und anschließend dreht es sich nur noch um. Wenn also bis zur Wurzel von x kein Teiler gefunden wurde, wird es auch danach keinen mehr geben. Das macht einen riesigen Unterschied. Bei der Zahl 9.999.083 müsste das Programm dann nicht mehr fast zehn Millionen Rechnungen und Überprüfungen machen, sondern nur noch 3.161. So wird das Programm natürlich extrem viel effizienter und schneller.

Wir legen jetzt also einen Maximalwert fest, bis zu dem der Teiler gehen muss, bevor die Schleife beendet ist. Die Variable nennen wir max, und in ihr ist die Wurzel von x. (Die Wurzel können wir auch ohne das Modul math ermitteln, indem wir x ** 0.5 rechnen.) Die Schleife ändert sich also folgendermaßen:

```
maximum = x ** 0.5
while (teiler <= maximum) and (primzahl):
```

Achte darauf, dass in der ersten Klammer jetzt <= steht, denn komplett bis einschließlich zur Wurzel von x sollen alle Teiler durchgeprüft werden. Ändere das Programm und prüfe die Zahl 9.999.083 noch einmal. Merkst du, wie viel schneller es jetzt geht? Da kommt das Ergebnis wieder sofort.

So ist das Programm auf jeden Fall auch für hohe Zahlen schnell und brauchbar – jedenfalls bis zu einer Grenze, die sicherlich für alle normalen Maßstäbe akzeptabel ist.

Es gäbe aber durchaus noch mehr Möglichkeiten, das Programm zu optimieren – zum Beispiel könnte man die Zahl gleich am Anfang darauf überprüfen, ob sie *gerade* ist (also durch 2 teilbar). Wenn ja, dann ist sie sowieso keine Primzahl, und die Überprüfung braucht gar nicht erst begonnen werden. Wenn nein, dann ist es auf jeden Fall eine ungerade Zahl, und die Variable teiler kann bei 3 beginnen und immer um 2 erhöht werden, denn gerade Teiler brauchen wir nicht zu prüfen – sie können bei einer ungeraden Zahl nicht mehr zutreffen. Wenn du möchtest, kannst du das Programm selbst dahin weiter optimieren. Das würde die Zeit der Überprüfung noch einmal halbieren! Du findest Beispiele für alle Optimierungen auch auf der DVD zum Buch oder auf der Webseite des Buches.

Aufgabe

Zum Schluss der Primzahlenberechnung noch eine Aufgabe für dich:

Angenommen, jemand fragt dich nach einer Liste aller Primzahlen von 1 bis 1.000, damit er darin jederzeit nachschlagen kann. Wie kannst du das Primzahltestprogramm so umbauen, dass es diese Liste aller Primzahlen von 1 bis 1.000 erzeugt?

Versuche, diese Aufgabe selber zu lösen. Du brauchst nicht viel Neues dafür. Anstatt die Zahl x mit input einzugeben, setzt du x am Anfang auf 2 und verwendest dann eine Zählerschleife (repeat), die 999 Mal durchgeht und die Überprüfung macht. Nur wenn die Zahl eine Primzahl ist, wird sie mit print ausgegeben. Am Schluss der Schleife erhöhst du x um 1.

Alles klar?

Hier die Lösung zum Vergleichen:

```
x = 2
repeat 999:
    teiler = 2
    primzahl = True
    maximum = x ** 0.5
    while (teiler <= maximum) and (primzahl):
        if (x % teiler) == 0:
            primzahl = False
        else:
            teiler = teiler +1
    if primzahl:
        print x
    x = x + 1
```

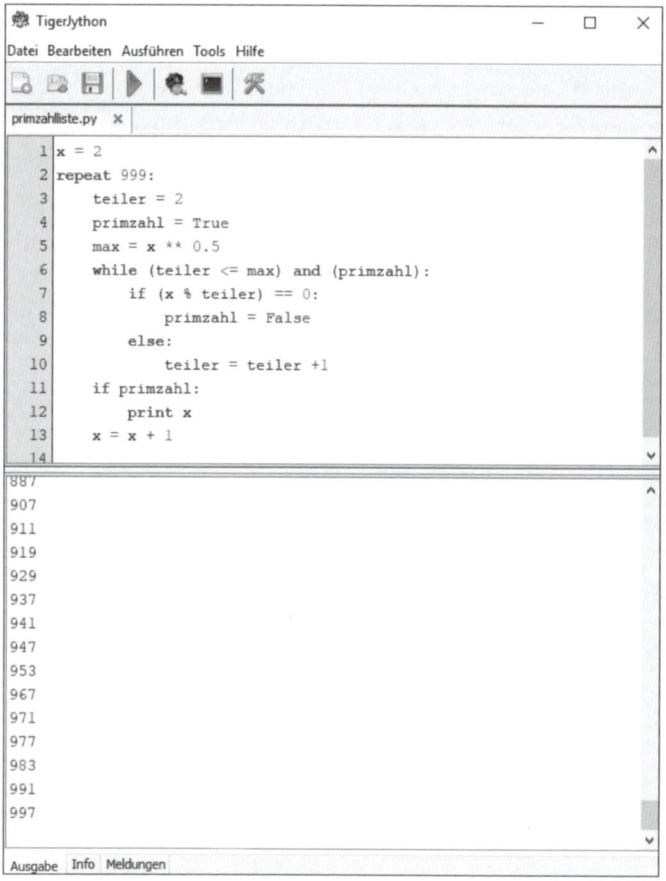

10 Schleifen – Wiederholungen machen Programme stark

```
x = 2
repeat 999:
    teiler = 2
    primzahl = True
    max = x ** 0.5
    while (teiler <= max) and (primzahl):
        if (x % teiler) == 0:
            primzahl = False
        else:
            teiler = teiler +1
    if primzahl:
        print x
    x = x + 1
```

```
887
907
911
919
929
937
941
947
953
967
971
977
983
991
997
```

Abbildung 10.9 Eine Liste aller Primzahlen unter 1.000. In nur einer Sekunde berechnet.

Das Schachrätsel

Du siehst: Wer programmieren kann, kann damit sehr schnell und übersichtlich mathematische Aufgaben oder Rätsel lösen, die man mit Papier und Stift (oder auch Taschenrechner) nur sehr mühsam und langwierig hinbekommt, wenn überhaupt. (Je besser du Python beherrschst, desto hilfreicher kannst du es für die schnelle und clevere Lösung verschiedenster Aufgaben verwenden).

Die Geschichte ist uralt und den meisten Mathelehrern bekannt:

Ein König in Indien wollte den Erfinder des Schachspiels dafür belohnen, dass er so ein wunderschönes Spiel geschaffen hatte. Der Erfinder sollte sich einen guten Lohn dafür ausdenken. Er sagte: Nehmt ein Schachbrett und gebt mir ein Reiskorn für das erste Feld, zwei

Das Schachrätsel

Reiskörner für das zweite, 4 für das dritte, 8 für das vierte usw. – auf jedem folgenden Feld doppelt so viele, bis alle 64 Felder voll sind.

Der König fühlte sich gekränkt und glaubte, der Lohn sei zu niedrig. Er hatte die Macht der mathematischen Zweierpotenzen unterschätzt. Denn auf den ersten Feldern landeten wirklich nur sehr wenige Reiskörner. Auf dem zehnten waren es immerhin noch überschaubare 512 – aber danach ging es immer gewaltiger aufwärts. Wie viele Reiskörner würde der Erfinder des Schachspiels insgesamt bekommen? Und wie viel wäre das in Gewicht, wenn 100 Reiskörner drei Gramm wiegen?

Jetzt zeigt sich, wie praktisch es ist, wenn man programmieren kann. Denn um die Aufgabe zu lösen, müssen wir gar nicht erst viele Mathekenntnisse in Potenzen usw. hervorholen. Wir lassen Python einfach alles genau so berechnen, wie es die Aufgabe sagt. Dazu brauchen wir zwei Variablen, nämlich die Menge Reiskörner auf dem aktuellen Feld, menge, und die Gesamtsumme aller Reiskörner, summe. Die menge ist am Anfang 1 (ein Reiskorn liegt auf dem ersten Feld), die summe ist 0. Nun brauchen wir nur noch eine Schleife, die 64 Mal durchgeht und die menge jedes Mal zur summe hinzuzählt und sie anschließend für das nächste Feld verdoppelt. Und das war's dann.

Willst du es selbst versuchen? Dann einfach ran. Es ist nicht schwer.

Wenn du es korrekt geschrieben hast, sieht das Programm in etwa so aus:

```
menge = 1
summe = 0
repeat 64:
    summe = summe + menge
    menge = menge * 2
print "Anzahl der Reiskörner insgesamt:" , summe
```

Starte es, und du bekommst sofort das Ergebnis: Die Gesamtsumme beträgt unglaubliche 18446744073709551615 Reiskörner. Wow! Strukturiert sieht die Zahl so aus: 18.446.744.073.709.551.615 – und in Worten: *18 Trillionen, 446 Billiarden, 744 Billionen, 73 Milliarden, 709 Millionen, 551 Tausend und 615 Reiskörner.*

Das Gewicht kannst du jetzt berechnen, indem du diese Zahl mal 0,03 g nimmst (so viel wiegt laut Wikipedia etwa ein Reiskorn). Das Gesamtgewicht aller Reiskörner beträgt demnach 553 *Milliarden* Tonnen! Auf Statistikseiten im Web kann man ermitteln, dass die jährliche Gesamternte von Reis weltweit ca. 480 *Millionen* Tonnen beträgt.

Das heißt, der König müsste dem Erfinder des Schachspiels mehr als die weltweite Reisernte von 1.000 Jahren aushändigen! Verblüffendes Ergebnis – aber korrekt. Und sehr einfach mit Python ermittelt!

Zins und Zinseszins

Zum Abschluss noch eine einfache Aufgabe für dich, die dem Schachrätsel ein wenig ähnelt, aber eher noch simpler ist. Nehmen wir an, du hast 100 Euro zusammengespart. Eine hübsche Geldsumme, aber du entscheidest dich dafür, sie nicht auszugeben, sondern sie auf ein sicheres Sparbuch einzuzahlen, das dir garantiert jedes Jahr 5 % Zuwachs beschert (ich weiß, das ist unrealistisch, aber es ist ja nur theoretisch). Später vergisst du dieses Sparbuch leider, und erst 100 Jahre später fallen deinen Enkeln beim Aufräumen des Dachbodens die Papiere wieder in die Hand.

> **Aufgabe**
>
> Wie viel Geld hat sich bis dahin mit Zins und Zinseszinsen auf dem Sparbuch angesammelt? Auch diese Aufgabe kannst du ganz einfach mit Python lösen, sehr ähnlich wie das Schachrätsel.
>
> Der Anfangswert deines Geldes ist 100 Euro. 100 Mal wächst diese Summe, jedes Mal um 5 %. Um einen Wert um 5 % zu vergrößern, rechnest du den *Wert mal 1,05*. Das heißt, nach dem ersten Jahr sind es 105 Euro. Wie viel ist es nach dem hundertsten Jahr? Du brauchst nur 4 Zeilen Python dafür, inklusive Ergebnisausgabe am Schluss.
>
> Schreibe das Programm selbst, bevor du die Lösung anschaust.

```
geld = 100
repeat 100:
    geld = geld * 1.05
print "Nach hundert Jahren sind",geld,"Euro angesammelt."
```

So kurz und so einfach.

Und die Summe? Stolze 13.150 Euro, über die sich deine Enkel freuen werden und die aus nur 100 Euro gewachsen sind. Also los. Geld anlegen! Es lohnt sich, wenn man nur genügend Geduld hat.

Du kannst das Programm jetzt jederzeit verwenden, um andere Startsummen oder andere Laufzeiten oder Prozentsätze auszurechnen. Zinsrechnungen braucht man im Alltag immer wieder.

> **Aufgabe, allgemeiner**
>
> Schreibe ein Programm, bei dem man die Anfangssumme, den Zinssatz und die Laufzeit in Jahren eingibt. Als Ergebnis soll die komplette angesammelte Geldsumme herauskommen.

Kapitel 11
Listig: Mit Listen arbeiten

Wenn wir im täglichen Leben Informationen brauchen, schlagen wir manchmal in Listen und Tabellen nach. Wenn wir uns etwas merken wollen, schreiben wir auch Listen, wie zum Beispiel einen Einkaufszettel. Auch beim Programmieren können Listen ungeheuer nützlich sein.

In Variablen kann man alles Mögliche hineinschreiben. Ganzzahlen oder auch Kommazahlen, Werte wie `True` oder `False`. Aber immer nur einen Wert pro Variable.

Etwas anders sieht das bei den Zeichenketten (Strings) aus. Da können wir nämlich ganze lange Ketten von Zeichen (Text) hineinschreiben. Wusstest du, dass eine Zeichenkette in Python schon eine Form von Liste ist?

Zeichenketten sind Listen

Wir haben die *Strings* nur noch nicht wirklich als Liste verwendet, sondern so getan, als würde der gesamte Text, der in einer Variable steht, als feste Einheit zusammengehören

Nein, eine Zeichenkette ist eine Liste, eine Liste mehrerer einzelner Zeichen.

Wenn ich also schreibe:

```
name = "Erwin"
```

dann habe ich in der Variable `name` eine Liste von 5 Zeichen gespeichert.

Geh einmal ausnahmsweise wieder in die *Konsole* und gib die Zuweisung `name = "Erwin"` ein.

Kann ich die Elemente dieser Liste denn auch einzeln ansprechen?

Klar. Mit

`print name[0]` (die Null in eckigen Klammern!)

erhalte ich ein einzelnes »E«. Probiere auch das auf der Konsole aus.

Die einzelnen Zeichen in meiner Zeichenkette name sind nämlich bei Python intern durchnummeriert und beginnen bei 0. Element 0 ist das »E«.

name[1] ist das »r«

name[2] ist das »w«

name[3] ist das »i«

usw. ...

Man kann also auf jeden einzelnen Buchstaben zugreifen, wenn man möchte. Die Position des Zeichens in der Zeichenkette nennt man den *Index* des Zeichens. Ebenso kann man auch gleichzeitig auf mehrere zusammenhängende Buchstaben zugreifen. Das geht so:

print name[0:2]

Ergebnis:

```
Er
```

Hier wird statt nur einem *Index* in eckigen Klammern eine *Reichweite* (*range*) von Zeichen angegeben. Das sind hier die Zeichen von 0 bis 2 (wobei das letzte Zeichen einer Reichweite bei Listen in Python nicht mehr dazugehört). Also Zeichen 0 und Zeichen 1.

print name[2:5]

ergibt dementsprechend:

```
win
```

Zeichenketten

Zeichenketten können in Python auch als Liste behandelt werden. Auf die einzelnen Zeichen kann man mit den Indizes (Positionen) der Zeichen in eckigen Klammern zugreifen, beginnend mit 0. Eine Teilfolge von Zeichen (*range*) kann mit dem ersten und dem letzten (ausschließlich) Index, getrennt mit einem Doppelpunkt, angesprochen werden.

Auf die Weise kann man Zeichenketten auch neu zusammensetzen. Zum Beispiel so:

```
name = "Erwin Mayer"
umgedreht = name[6:11]+" "+name[0:5]
print umgedreht
```

Als Ergebnis wird ausgegeben:

```
Mayer Erwin
```

Lässt man den Wert vor dem Doppelpunkt weg, dann wird der Anfang der Zeichenkette verwendet, lässt man den Wert nach dem Doppelpunkt weg, dann wird das Ende der Zeichenkette verwendet.

```
name = "Otto Müller"
print name[:4]
```

ergibt »Otto«.

```
name = "Otto Müller"
print name[5:]
```

ergibt »Müller«.

Und

```
name = "Otto Müller"
print name[:]
```

ergibt »Otto Müller«.

Übrigens kann man auch auf die letzten Buchstaben einer Zeichenkette zugreifen, ohne zu wissen, wie lang die Zeichenkette ist. Der Index -1 ist nämlich automatisch der letzte Buchstabe der Zeichenkette, -2 der vorletzte usw.

```
name = "Erwin Mayer"
print name[-1]
```

Das ergibt ein »r«, den letzten Buchstaben.

Oder

```
dateiname = "meinSong.mp3"
endung = dateiname[-3:]
print endung
```

Das ergibt die Endung des Dateinamens, wenn diese drei Zeichen lang ist. In diesem Fall also »mp3«.

Listen in Python

Die Zeichenkette ist eine ganz spezielle Liste. Es gibt aber auch noch den allgemeinen Datentyp »Liste« in Python, in dem beliebige Listen aller Art gespeichert werden können, nicht nur Zeichenketten. In anderen Programmiersprachen heißt die Liste »Array«. Allerdings können Python-Listen etwas mehr als die meisten Arrays in anderen Sprachen. Sie werden sehr häufig verwendet.

Listen werden mit eckigen Klammern definiert, die einzelnen Elemente werden durch Komma getrennt.

Zum Beispiel eine Liste der Primzahlen unter 30:

```
primliste = [2,3,5,7,11,13,17,19,23,29]
```

Gibt man die Variable primliste wieder aus:

```
print primliste
```

dann wird sie wieder in dieser Form angezeigt.

```
[2, 3, 7, 11, 13, 17, 19, 23, 29]
```

Mit Listen kann man nun die gleichen Sachen machen wie mit Zeichenketten – und noch so einiges mehr. Wir werden an den Beispielen nachher sehen, wie praktisch Listen sein können. Zwei oder mehr Listen können mit dem +-Zeichen aneinandergehängt werden:

```
primliste1 = [2,3,5,7,11,13,17,19,23,29]
primliste2 = [31,37,41,43,47]
gesamtliste = primliste1 + primliste2
print gesamtliste
```

Als Ausgabe erhalten wir hier also die zusammengesetzte Liste:

```
[2, 3, 5, 7, 11, 13, 17, 19, 23, 29, 31, 37, 41, 43, 47]
```

Ebenso kann man Listen (wie String-Variablen) multiplizieren:

```
liste = [7]
print liste * 5
```

ergibt

```
[7,7,7,7,7]
```

Nun ein kleines erstes Programm, das zeigt, wie man Listen zum Nachschlagen verwenden kann.

```
primliste = [2, 3, 5, 7, 11, 13, 17, 19, 23, 29, 31, 37, 41, 43, 47]
x = input("Gib eine Zahl unter 50 ein")
if x in primliste:
    print x,"ist eine Primzahl."
else:
    print x,"ist keine Prinzahl."
```

Das wäre also ein anderes Verfahren, um zu ermitteln, ob eine Zahl eine Primzahl ist. Anstatt es zu berechnen, schaut das Programm einfach in einer Liste nach, ob die Zahl vorkommt. Der Befehl dazu:

```
if x in primliste:
```

Mit dem Wörtchen in kann man in Python prüfen, ob ein Wert in einer Liste enthalten ist. (Natürlich ist das Berechnen der Primzahl aus dem vorigen Kapitel der sinnvollere Weg, denn schließlich müsste die Liste sonst extrem lang werden, wenn man auch höhere Zahlen berücksichtigen will. Aber gleich werden wir sehen, wo Listen noch mehr Sinn machen.)

Listen können natürlich nicht nur Zahlen enthalten, sondern auch Zeichen oder Zeichenketten sowie mathematische Ausdrücke:

```
gemischt = [7,2.55,-25,"Hallo","*",5*3]
print gemischt
```

Das ergibt als Ausgabe dann:

```
[7, 2.55, -25, 'Hallo', '*', 15]
```

Du kannst auf jedes einzelne Element der Liste ebenso zugreifen wie auf die Zeichen einer Zeichenkette:

```
print gemischt[3]
```

ergibt

```
Hallo
```

Auch hier hat das erste Element der Liste wieder den Index [0]. Das letzte kann man auch mit dem Index [-1] ansprechen. Ebenso wie bei den Zeichenketten kann man auch mehrere aufeinanderfolgende Elemente ansprechen (*range*):

```python
print gemischt[2:5]
```

ergibt

```
[-25, 'Hallo', '*']
```

Aber im Gegensatz zu Zeichenketten können Werte auch in einzelne Listenelemente geschrieben werden.

```python
gemischt = [7,2.55,-25,"Hallo","*",5*3]
gemischt[0] = "Neu"
print gemischt
```

Das ergibt als Ausgabe:

```
['Neu', 2.55, 'Hallo', '*', 15]
```

Das erste Element der Liste [0] wurde hier überschrieben, statt einer 7 steht nun die Zeichenkette »Neu« drin.

Wochentag nachschlagen

Noch ein praktisches Beispiel, wo man Listen gebrauchen kann:

```python
import datetime
tage = ["Montag", "Dienstag", "Mittwoch", "Donnerstag", "Freitag",
        "Samstag", "Sonntag"]
wochentag = datetime.datetime.today().weekday()
print "Heute ist",tage[wochentag]
```

Dieses Programm verwendet das Modul `datetime` – ein Modul, mit dem man Datumsberechnungen machen kann. Hier verwenden wir nur eine Funktion, die die Wochentagsnummer des heutigen Tages herausfindet:

```
wochentag = datetime.datetime.today().weekday()
```

Das ergibt eine Nummer von 0 bis 6 (0 = Montag, 6 = Sonntag). Mithilfe einer kleinen Liste der deutschen Wochentagsnamen kann dir das Programm also auf Deutsch sagen, welcher Tag heute ist. Funktioniert an jedem Tag zuverlässig. Probiere es aus! Um solche Dinge nachzuschlagen, sind Listen sehr nützlich.

Listen per Programm erzeugen

Python hat zahlreiche Befehle eingebaut, um mit Listen zu arbeiten, weil man mit Listen sehr viele Programmieraufgaben lösen kann. So kann man Listen in einem Programm erzeugen, man kann ihnen Werte hinzufügen, sie ändern oder Werte löschen, sie sortieren und auf allerlei Informationen über die Liste zugreifen.

Lassen wir unser nächstes Programm einmal eine Liste von 20 zufällig gewürfelten Zahlen erstellen.

Dazu müssen wir zuerst eine leere Liste erstellen:

```
zahlenliste = []
```

Um am Ende einer Liste ein Element hinzuzufügen, benutzen wir einen Python-Befehl speziell für Listen, der mit Punkt getrennt an die Listenvariable angehängt wird. Diese Art von Befehl nennt man »*Methode* eines Listen-Objekts«. Das ist neu für dich, aber du wirst dieser Form später noch öfter begegnen.

```
zahlenliste.append(wert)
```

append heißt »anhängen« – und genau das wird hier gemacht: Es wird ein Wert an die Liste angehangt.

Um jetzt 20 Würfelzahlen in eine Liste zu schreiben, verwendest du den append-Befehl in einem einfachen Programm:

```python
import random
zahlenliste = []
repeat 20:
    zahl = random.randint(1,6)
    zahlenliste.append(zahl)
print zahlenliste
```

Als Ergebnis bekommst du eine Liste ausgegeben, die so oder anders aussieht:

```
[4, 3, 2, 6, 1, 4, 5, 3, 5, 2, 1, 6, 6, 6, 4, 1, 3, 1, 3, 2]
```

20 zufällig gewürfelte Zahlen in einer schönen Liste.

> **Hinzufügen mit »+«**
>
> Übrigens könntest du statt mit append auch ein Element durch Addieren zu einer Liste hinzufügen.
>
> Also könntest du statt liste.append(20) auch liste = liste + [20] schreiben.
>
> Oder in Kurzschreibweise: liste += [20]
>
> Diese Kurzschreibweise kann man für Listen ebenso verwenden wie für Zahlenoperationen.

Die »for«-Schleife mit einer Liste

Bei den Schleifen und Wiederholungen im letzten Kapitel habe ich eine Funktion ausgelassen, die aber ganz wichtig in Python ist. Nämlich die for-Schleife. Warum kommt sie erst jetzt? Ganz einfach: Weil sie nur zusammen mit einer Liste funktioniert. Jetzt, wo du weißt, was eine Liste in Python ist, kannst du auch die for-Schleife verwenden.

Mit einer for-Schleife geht man automatisch alle Elemente einer Liste nacheinander durch. Das Format ist

```
for z in zahlenliste:
```

Für jedes Element, das in der Liste zahlenliste steckt, wird die Schleife (also der Block unter der Schleife) einmal durchlaufen, wobei die Variable z bei jedem Durchlauf den Wert des aktuellen Elements hat.

Wenn du jetzt also die Würfelzahlenliste mit ihren 20 Elementen einmal ganz durchlaufen möchtest, dann geht das so:

Für jedes Element der Liste zahlenliste …
```
for z in zahlenliste:
```

| ... gib den aktuellen Wert aus. | `print z,` |

Damit werden alle Zahlen aus der Liste `zahlenliste` nacheinander (und wegen des Kommas hinter dem z) nebeneinander ausgegeben.

Mit der `for`-Schleife kann man auch zählen. Im Standard-Python gibt es ja keine `repeat`-Schleife. Stattdessen verwendet man hier auch die `for`-Schleife mit einer Liste von Zahlen.

Zum Beispiel kann man auch schreiben:

```
for x in [1,2,3,4,5,6,7,8,9,10]:
```

statt

```
repeat 10:
```

Für 10 mag das ja noch gehen, aber was, wenn du mit der `for`-Schleife bis 100 zählen willst oder noch weiter? Du brauchst dann eine Liste mit allen Zahlen von 1 bis 100 ... oder 1.000 ... Die könnte man zwar auch vorher in einer Schleife erstellen, oder man könnte sowieso statt der `for`-Schleife eine `while`-Schleife verwenden mit Zähler und Bedingung ...

Aber: Es gibt in Python eine simple eingebaute Funktion, mit der man automatisch eine Liste mit aufeinanderfolgenden Zahlen erstellt. Der Befehl heißt:

```
range(anfang,ende)
```

`zahlenliste = range(0,100)` erstellt eine Liste mit 100 Elementen, beginnend bei 0, und das letzte Element ist die 99 (das Ende-Element ist nicht in der Liste eingeschlossen, damit ist das letzte Listenelement stets um 1 niedriger als die Ende-Zahl).

Du kannst das auch gern einmal testen (zum Beispiel in der Konsole):

```
print range(0,100)
```

Ergebnis:

```
[0, 1, 2, 3, 4, 5, 6, 7, 8, 9, 10, 11, 12, 13, 14, 15, 16, 17, 18, 19, 20,
21, 22, 23, 24, 25, 26, 27, 28, 29, 30, 31, 32, 33, 34, 35, 36, 37, 38, 39,
40, 41, 42, 43, 44, 45, 46, 47, 48, 49, 50, 51, 52, 53, 54, 55, 56, 57, 58,
59, 60, 61, 62, 63, 64, 65, 66, 67, 68, 69, 70, 71, 72, 73, 74, 75, 76, 77,
78, 79, 80, 81, 82, 83, 84, 85, 86, 87, 88, 89, 90, 91, 92, 93, 94, 95, 96,
97, 98, 99]
```

Statt

```
repeat 100:
```

Könnte man jetzt also schreiben:

```
zahlenliste = range(0,100)
for z in zahlenliste:
```

Oder verkürzt:

```
for z in range(0,100):
```

Und wenn die erste Zahl eine 0 ist, kann man sie auch weglassen. Also noch weiter verkürzt:

```
for z in range(100):
```

Der Vorteil ist, dass man jetzt auch gleich einen Zähler mit dabeihat (z).

Will man mit der `for`-Schleife und `range` von 1 bis 100 zählen und jede Zahl ausgeben, dann sieht das so aus (es wird immer `z+1` ausgegeben, dann geht es von 1 bis 100 statt von 0 bis 99):

```
for z in range(100):
    print z+1
```

Mit `for` und `range()` ist das Zählen also oft noch kürzer und einfacher als mit `repeat`, weil man sich nicht um eine zusätzliche Zählervariable kümmern muss.

Mehr Befehle, Methoden und Funktionen für Listen

Mit der Liste kann man jetzt noch mehr machen. Es gibt zum Beispiel eine Funktion, die die Länge einer Liste ermittelt. Nehmen wir noch einmal die Liste mit den 20 zufälligen Würfelzahlen zur Hand.

```
zahlenliste = [4, 3, 2, 6, 1, 4, 5, 3, 5, 2, 1,
6, 6, 6, 4, 1, 3, 1, 3, 2]
print len(zahlenliste)
```

Das Ergebnis:

```
20
```

Okay, du wusstest schon vorher, dass die Liste 20 Elemente hat, aber in vielen Programmen kann die Länge der Liste sich jederzeit ändern. len steht für *length* – und das bedeutet Länge, also Anzahl der Elemente in einer Liste.

Mit min(liste) kannst du den kleinsten Wert einer Liste ermitteln, mit max(liste) den größten.

```
print min(zahlenliste)
print max(zahlenliste)
```

Das Ergebnis sind hier wahrscheinlich die Zahlen 1 und 6 – außer wenn ganz zufällig eine der beiden Zahlen nicht gewürfelt wurde.

Eine praktische Methode für Listen ist auch noch sort(). *Sort* steht für »sortieren«, und das macht dieser Befehl auch.

```
zahlenliste.sort()
```

sortiert die Reihenfolge der Elemente in der Liste von der kleinsten bis zur größten Zahl.

```
print zahlenliste
```

ergibt jetzt

```
[1, 1, 1, 1, 2, 2, 2, 3, 3, 3, 3, 4, 4, 4, 5, 5, 6, 6, 6, 6]
```

Eine Art »Gegenteil« zu sort ist shuffle: Dieser Befehl (*shuffle* heißt auf Deutsch »Mischen«) bringt eine Liste völlig zufällig durcheinander. Er gehört aber nicht zu den eingebauten Listenbefehlen, sondern er gehört zum Modul random, das auch sonst alle Zufallszahlenfunktionen enthält.

Mit

```
random.shuffle(zahlenliste)
```

wird die eben noch sauber sortierte Liste wieder völlig durcheinandergemischt (nicht vergessen, vorher das Modul random zu importieren!).

Interessant ist auch die Funktion liste.count(wert).

Damit erfährst du, wie oft ein Wert in einer Liste enthalten ist.

```
print zahlenliste.count(6)
```

Gibt aus, wie oft die Zahl 6 in der Liste enthalten ist. In diesem Fall: 4 (viermal wurde die 6 gewürfelt).

Damit kannst du ein Programm zum Beispiel 120 Mal würfeln lassen, jeden Wurf an die Liste anhängen und anschließend mit count für die Zahlen von 1 bis 6 auswerten, wie oft jede Zahl gewürfelt wurde. Wie geht das in Python? Versuche es gerne selbst einmal!

```
import random
zahlenliste = []
repeat 120:
    zahl = random.randint(1,6)
    zahlenliste.append(zahl)
for wzahl in range (1,7):
    print wzahl, ":" , zahlenliste.count(wzahl)
```

Als Ergebnis erhältst du eine Liste von Würfen mit Anzahlen:

1 : 22
2 : 20
3 : 25
4 : 21
5 : 18
6 : 14

So kann man mit einer Liste also schöne Auswertungen machen.

Wenn man jetzt allerdings nicht 120, sondern vielleicht 100.000 Mal würfeln will, stößt diese Methode an ihre Grenzen, denn dann müsste das Programm zuerst eine Liste mit 100.000 Elementen aufbauen und diese dann 6 Mal komplett durchgehen und auswerten. Das kostet Speicher und vor allem Zeit.

Da wir ja die einzelnen gewürfelten Zahlen und ihre Reihenfolge hinterher auch gar nicht mehr wirklich brauchen, ist es nicht nötig, jede einzelne Zahl zuerst in der Liste zu speichern. Es gibt nämlich noch eine bessere Methode zum Auswerten von vielen Würfelzahlen.

Hierzu verwendest du einfach nur eine ganz kurze Liste mit 6 Elementen. In jedem Element steht 0. Wenn eine 1 gewürfelt wird, wird das erste Element um 1 erhöht, wenn eine 2 gewürfelt wird, das zweite usw. ... Dann stehen in der Liste am Ende alle Anzahlen von Würfen von 1 bis 6. Das Programm würde so aussehen:

```
import random
anzahlen = [0,0,0,0,0,0]
repeat 100000:
    zahl = random.randint(1,6)
    anzahlen[zahl-1] = anzahlen[zahl-1] + 1
for z in range(6):
    print z+1,":",anzahlen[z]
```

Gezählt wird jede Würfelzahl hier:

```
anzahlen[zahl-1] = anzahlen[zahl-1] + 1
```

Warum `zahl - 1`? Weil die Liste ja bei 0 beginnt, die Würfelzahlen aber bei 1. Also werden die Einsen in `anzahlen[0]` gezählt, die Zweien in `anzahlen[1]` usw. ... Bei der Ausgabe ist es dann umgekehrt: Es wird von 0 bis 5 gezählt, aber es wird immer `z+1` ausgegeben.

Du kannst damit jetzt sogar eine Million Würfe auswerten. Viel länger als zwei, drei Sekunden wird das auch nicht dauern.

Neben der `append`-Methode, die ein Element zu einer Liste hinzufügt, gibt es natürlich auch noch das Gegenteil, die Methode remove (*remove* = »entfernen«), die ein Listenelement löscht.

`anzahlen.remove(0)` würde zum Beispiel das erste Element aus der Liste (mit dem Index 0) komplett entfernen. Die Liste hätte dann nur noch 5 Elemente. Wenn ein Element gelöscht wird, rücken die anderen entsprechend nach – `anzahlen[1]` hätte danach den Index 0 usw.

Ein Lottozahlen-Tipp

Als nächste Aufgabe soll ein Programm geschrieben werden, das einen Tipp für die nächste Lottoziehung abgibt. Wer weiß – vielleicht ist das der Gewinnertipp für die Million!

Beim Lotto gibt es 49 kleine Bälle, nummeriert von 1 bis 49, von denen nacheinander 6 gezogen werden. Wer die richtigen 6 Zahlen vorher getippt hatte, gewinnt die Million – vereinfacht gesagt.

Also: Das Programm soll nacheinander 6 zufällige Zahlen ermitteln, die zwischen 1 und 49 liegen, und diese anzeigen. Nichts leichter als das, könnte man denken und folgendes Miniprogramm schreiben:

```
import random
repeat 6:
    print random.randint(1,49)
```

Leider funktioniert das so nicht wirklich sicher. Es kann ja zum Beispiel Folgendes passieren:

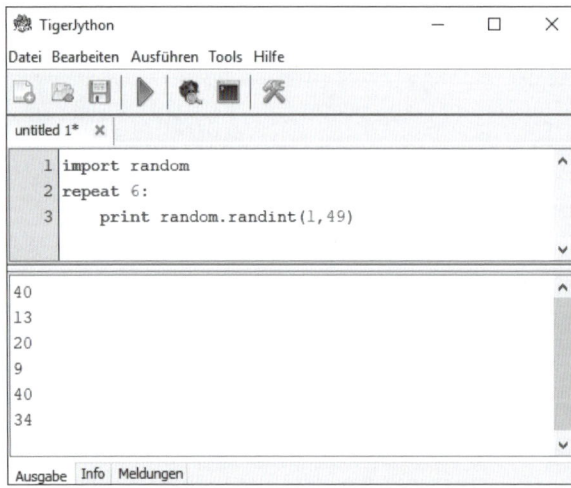

Abbildung 11.1 Die Zahl 40 wurde zwei Mal gezogen.

Dass eine Zahl mehrfach vorkommt, geht natürlich gar nicht. Im wirklichen Lotto ist es unmöglich. Du musst also einen Weg finden, der sicherstellt, dass eine Zahl nicht doppelt gezogen wird. Und – oh Wunder – die Lösung liegt darin, hier auch mit einer Liste zu arbeiten.

Ein Lottozahlen-Tipp

Hast du eine Idee, wie man vorgehen könnte? Ich sage gleich vorweg, dass es mindestens drei Möglichkeiten gibt, wie man an das Problem herangehen kann. Denk mal drüber nach!

Methode Nr. 1: Prüfen und bei Bedarf wiederholen

Die erste Methode ist folgende: Es werden nacheinander 6 Zahlen zwischen 1 und 49 gezogen und an eine Liste angehängt. Jede Zahl wird nach der Ziehung anhand der Liste überprüft und wenn sie dort bereits vorhanden ist, so oft neu gezogen und mit der Liste verglichen, bis sie nicht in der Liste und somit keine doppelte Zahl ist. Das Programm dazu könnte so aussehen:

```python
import random
lottotipp = []
repeat 6:
    zahl = random.randint(1,49)
    while zahl in lottotipp:
        zahl = random.randint(1,49)
    lottotipp.append(zahl)
print lottotipp
```

Teste es – und du kannst es laufen lassen, so oft du willst: Es wird keine doppelten Zahlen mehr geben. Mit der while-Abfrage wird bei jeder Ziehung sichergestellt, dass die gezogene Zahl nicht schon vorhanden ist, wenn doch, wird sogleich eine neue gezogen.

Es funktioniert also, aber es ist nicht elegant programmiert. Warum nicht? Weil man bei dieser Methode nicht vorher weiß, wie oft neu gezogen werden muss, bis eine Zahl kommt, die noch nicht vorhanden ist. Theoretisch könnten immer wieder Zahlen gezogen werden, die es schon gibt, und das Programm würde ewig brauchen (auch wenn das in der Praxis wegen der Verteilung der Zufallszahlen wahrscheinlich kaum passiert). Das Programm tut also so, als würde man nach jeder Ziehung den gezogenen Ball wieder hineinwerfen, und muss dann jedes Mal überprüfen, ob die neu gezogene Zahl schon mal gezogen wurde. Der Ablauf des Programms ist also nicht sauber vorhersagbar.

Methode Nr. 2: Den echten Vorgang simulieren

Warum nicht einfach so vorgehen, wie es der Wirklichkeit am nächsten kommt? Das heißt, wir brauchen als Erstes einen großen Eimer, in dem alle Zahlenbälle von 1 bis 49 drin sind. Das machen wir natürlich statt mit einem Eimer mit einer Liste, die alle Zahlen von 1 bis 49 enthält. Wir können dazu den range-Befehl verwenden:

```
gesamtliste = range (1,50)
```

Nun ziehen wir eine dieser Zahlen, anschließend löschen wir diese Zahl aus dem »Gesamttopf« (der Liste), und dann ziehen wir die nächste. Eine Zahl kann nicht doppelt sein, weil die schon gezogenen ja nicht mehr in der Liste sind. Wie in echt eben.

Worauf man dabei achten muss: Bei jeder Ziehung ist die Anzahl der möglichen Elemente um eins niedriger, weil ja immer eine Zahl fehlt. (Wie in echt auch: Bei der ersten Ziehung wird eine Zahl aus 49 möglichen gezogen, bei der zweiten eine aus 48, dann eine aus 47 usw.) Die Anzahl der noch vorhandenen Zahlen in der gesamtliste ermitteln wir immer mit len(gesamtliste).

So würde das Programm aussehen:

```
import random
gesamtliste = range (1,50)
lottotipp = []
repeat 6:
    zahl = random.randint(1,len(gesamtliste))
    lottotipp.append(gesamtliste[zahl-1])
    del(gesamtliste[zahl-1])
print lottotipp
```

Auch das kannst du probieren. Es läuft im Zweifelsfall etwas schneller als das erste Programm (auch wenn das kaum spürbar wird). Vor allem aber ist es sicher und garantiert nach sechs glatten Durchläufen zu Ende und produziert trotzdem keine doppelten Zahlen.

Oft lohnt es sich, den Originalablauf einer Aufgabe mit den Mitteln von Python nachzuspielen.

Aber es gibt noch eine dritte Methode, die ich zeigen möchte und die am cleversten ist, weil sie das kürzeste Programm erfordert.

Methode Nr. 3: Mit cleveren Tricks arbeiten

Die dritte Methode geht schlicht und einfach so: Es wird wieder eine Liste aller verfügbaren Zahlen von 1 bis 49 mit der range-Funktion angelegt. Diese wird dann mit dem random.shuffle-Befehl zufällig durchgemischt. Dann werden einfach die ersten 6 Zahlen dieser Liste als Lottozahlen genommen (es könnten auch die letzten sein oder welche aus der Mitte. Nach dem Mischen sind sie alle gleich zufällig angeordnet).

Das Programm dazu sieht so aus:

```python
import random
gesamtliste = range(1,50)
random.shuffle(gesamtliste)
lottotipp = gesamtliste[0:6]
print lottotipp
```

Ebenso einfach wie raffiniert also, ohne irgendwelche Schleifen oder Abfragen. Es wird eine Liste aller Zahlen von 1 bis 49 erstellt, diese wird bunt gemischt, und die ersten 6 Zahlen werden als Lottotipp angezeigt. Es kann keine Doppelten geben, da ja jede Zahl nur einmal in der gesamtliste vorkommt, und trotzdem erhält man jedes Mal einen anderen zufälligen Lottotipp mit 6 Zahlen von 1 bis 49. Manchmal muss man erst in anderen Bahnen denken, bevor man die optimale Methode für einen Vorgang beim Programmieren gefunden hat. Der optimale Algorithmus ist meistens der, der am einfachsten zu programmieren ist oder am schnellsten abläuft – oder beides.

Methode Nr. 4: Praktische eingebaute Funktionen von »random« verwenden

Und nun, wo wir den optimalen Algorithmus gefunden haben, stellt sich heraus, dass es noch einfacher geht. Für viele Vorgänge gibt es in den Modulen von Python nämlich schon existierende Funktionen, die man einfach nur benutzen muss! So zum Beispiel auch für die Ziehung mehrerer zufälliger Zahlen aus einer Liste. Es gibt im Modul *random* nämlich einen Befehl, der heißt sample(liste, anzahl) – dieser Befehl wählt automatisch eine Anzahl von zufällig gezogenen, verschiedenen Zahlen aus einer Liste aus. Genau das, was wir brauchen!

Unser Programm verkürzt sich noch weiter.

```python
import random
gesamtliste = range(1,50)
lottotipp = random.sample(gesamtliste,6)
print lottotipp
```

Sehr praktisch, oder? Und man kann es noch weiter zusammenfassen:

```python
import random
lottotipp = random.sample(range(1,50),6)
print lottotipp
```

Wenn man die Zahlen auch noch der Größe nach sortiert ausgeben möchte, ist nur ein weiterer Listen-Befehl vor dem `print` einzufügen.

```
lottotipp.sort()
```

Das sorgt dafür, dass die Liste der Lottozahlen von klein nach groß sortiert und ausgegeben wird.

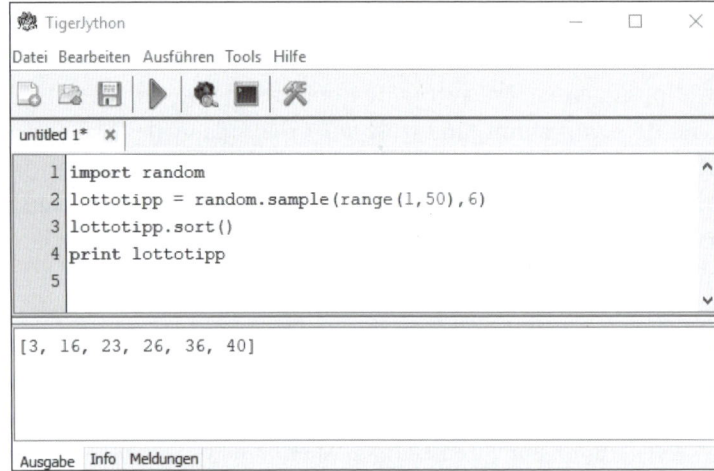

Abbildung 11.2 Ein guter sortierter Lottotipp – vielleicht 6 Richtige?

Das Lottospiel: Selbst tippen und gewinnen

Wie wäre es, die simulierte Lottoziehung in ein kleines Spiel zu erweitern, bei dem du selbst vorher 6 Zahlen tippen darfst und dann nach der Ziehung siehst, wie viele Richtige du gehabt hättest. Du lernst dabei nicht nur etwas über das Programmieren, sondern auch über die Gewinnchancen beim Lotto.

Als Erstes brauchst du dafür eine Liste mit 6 Elementen, in denen dein persönlicher Tipp enthalten ist. Den sollst du aber nicht einfach in den Programmcode schreiben, sondern nach und nach per `input` eingeben. Das geht sehr einfach mit einer Schleife, die jede Eingabe an die Liste anhängt.

```
meinTipp = []
repeat 6:
    t = input("Gib eine Tippzahl ein:")
    meinTipp.append(t)
```

Nun haben wir die Liste mit deinem Tipp. Jetzt kommt die Ziehung. Die machen wir wie in Methode 4 beschrieben, das geht am schnellsten.

```
allezahlen = range(1,50)
ziehung = random.sample(allezahlen,6)
```

Nur noch *random* importieren, die beiden Listen der Größe nach sortieren und am Schluss ausgeben, dann ist die erste Version fertig:

```
import random
meinTipp = []
repeat 6:
    t = input("Gib eine Tippzahl ein:")
    meinTipp.append(t)
allezahlen = range(1,50)
ziehung = random.sample(allezahlen,6)
meinTipp.sort()
ziehung.sort()
print meinTipp
print ziehung
```

Du kannst jetzt 6 Zahlen nacheinander als Tipp eingeben und erhältst dann die Ausgabe deiner Tippliste (geordnet) sowie die Ausgabe der Ziehung – und kannst selbst vergleichen, wie viele Zahlen du richtig getippt hast. Aber selbst vergleichen – das kann es ja wohl nicht sein. Das soll natürlich auch das Programm machen.

Wie ermittelt das Programm, wie viele Richtige du hast?

Nicht schwer. Du musst nur jedes Element deiner Tippliste durchgehen (dafür eignet sich hervorragend die for-Schleife) und prüfen, ob sie in der Liste ziehung enthalten ist. Wenn ja, dann hast du eine richtige Zahl, die du zur Anzahl der richtig getippten Zahlen hinzutun kannst. Am Schluss wird die Anzahl der Richtigen ausgegeben. Folgende Zeilen fügst du dem Programm am Schluss hinzu:

```
richtige = 0
for z in meinTipp:
    if z in ziehung:
        richtige = richtige + 1
print "Richtig getippte Zahlen:",richtige
```

Du musst natürlich selbst darauf achten, sechs verschiedene und gültige Zahlen für deinen Tipp einzugeben. Den Rest macht das Programm.

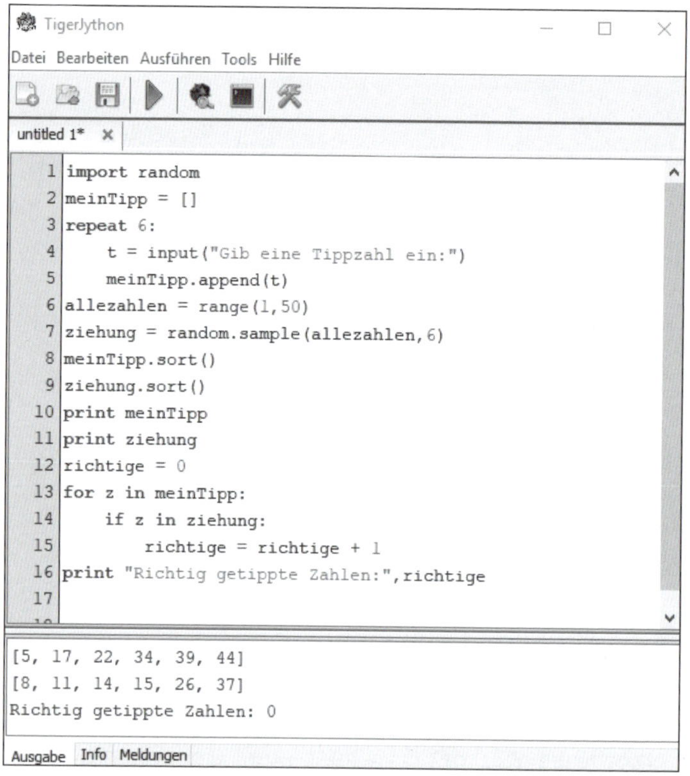

```
 1  import random
 2  meinTipp = []
 3  repeat 6:
 4      t = input("Gib eine Tippzahl ein:")
 5      meinTipp.append(t)
 6  allezahlen = range(1,50)
 7  ziehung = random.sample(allezahlen,6)
 8  meinTipp.sort()
 9  ziehung.sort()
10  print meinTipp
11  print ziehung
12  richtige = 0
13  for z in meinTipp:
14      if z in ziehung:
15          richtige = richtige + 1
16  print "Richtig getippte Zahlen:",richtige
```

```
[5, 17, 22, 34, 39, 44]
[8, 11, 14, 15, 26, 37]
Richtig getippte Zahlen: 0
```

Abbildung 11.3 Keine Zahl richtig getippt – kommt leider öfter vor ...

Hast du schon den großen Gewinn? Bedenke, dass man mit einer richtigen Zahl noch gar nichts gewinnt, bei zwei richtigen Zahlen alleine auch noch nichts, und bei drei Richtigen etwa 10 Euro. Vier Richtige bringen 35–50 Euro. Erst ab 5 Richtigen wird es interessant mit ein paar Tausend Euro – und bei 6 korrekt getippten Zahlen sind dann schon mal 600.000 bis zu einer Million drin. Ein Lottotipp kostet 1 Euro (plus kleine Gebühr).

Testen wir mal die Chancen mit einem Programm. Du gibst einen Tipp ab, und das Programm zieht 100 Mal die Lottozahlen. Nur Kombinationen, mit denen du gewonnen hättest, werden ausgegeben. Dazu brauchst du nur einen kleinen Umbau:

```
import random
meinTipp = []
repeat 6:
    t = input("Gib eine Tippzahl ein:")
    meinTipp.append(t)
meinTipp.sort()
```

```
allezahlen = range(1,50)
repeat 100:
    ziehung = random.sample(allezahlen,6)
    ziehung.sort()
    richtige = 0
    for z in meinTipp:
        if z in ziehung:
            richtige = richtige + 1
    if richtige > 2:
        print meinTipp
        print ziehung
        print "Richtig getippte Zahlen:",richtige
```

Vielleicht bekommst du dabei schon ein Gefühl für die Chancen, viel Geld im Lotto zu gewinnen. Wenn du zwei Mal vier Richtige hattest und ein paar Mal drei Richtige, dann hast du die 100 Euro Einsatz wahrscheinlich wieder rausgekriegt. Ansonsten eher nicht.

Wenn du willst, kannst du an den Schluss noch eine Auswertung bauen, wie oft wie viele Richtige erzielt wurden und wie viel Geld gewonnen wurde. Dazu gibst du am besten ein, wie viele Ziehungen du machen möchtest und schreibst am Schluss die Anzahl der Gewinne in eine Liste mit Richtigen (gewinne[3] bis gewinne[6]).

Das Programm dazu könnte so aussehen:

```
import random
meinTipp = []
anz = input("Wie viele Ziehungen möchtest du?")
gewinne = [0,0,0,0,0,0,0]
repeat 6:
    t = input("Gib eine Tippzahl ein:")
    meinTipp.append(t)
meinTipp.sort()
allezahlen = range(1,50)
repeat anz:
    ziehung = random.sample(allezahlen,6)
    ziehung.sort()
    richtige = 0
    for z in meinTipp:
        if z in ziehung:
            richtige = richtige + 1
```

```
        if richtige > 2:
            gewinne[richtige] += 1
print "Auswertung - ",anz,"Ziehungen, Einsatz ",anz,"Euro:"
print "Drei Richtige:",gewinne[3]," Geldgewinn:",gewinne[3]*10,"Euro"
print "Vier Richtige:",gewinne[4]," Geldgewinn:",gewinne[4]*45,"Euro"
print "Fünf Richtige:",gewinne[5]," Geldgewinn:",gewinne[5]*4000,"Euro"
print "Sechs Richtige:",gewinne[6]," Geldgewinn:",gewinne[6]*800000,"Euro"
```

Ganz schön lang, das Programm. Aber es wird ja auch eine Menge geleistet. Erst die Eingabe der Anzahl Ziehungen, dann die Eingabe aller 6 Tippzahlen, dann die Durchführung der Ziehungen und die Auswertungen dazu, dann die Ausgabe, wie viel Geld du eingesetzt hast, wie viele Richtige erzielt wurden und wie viel du in etwa gewonnen hättest. Probiere es aus: Schaffst du es, mehr zu gewinnen, als du eingesetzt hast? Wenn nicht, dann geht es dir wie den allermeisten Lottospielern. Wenn doch – hmmm ... dann solltest du vielleicht zum nächsten Kiosk gehen und Lotto spielen!

Mehrdimensionale Listen

Genug vom Lotto. Jetzt wieder etwas für den praktischen Nutzen.

Du hast nun sehr viel über Listen gelernt, fast alles, was du brauchen wirst. Eine Sache ist noch wichtig, und die lernen wir jetzt kennen.

Listen können Zahlenwerte und Zeichenketten enthalten. Das weißt du schon. Listen können aber auch Listen enthalten. Wie? Ja, jedes Element einer Liste kann wiederum eine Liste sein.

Hier ist ein Beispiel: eine Liste, die drei Vokabeln enthält. Jede dieser Vokabeln besteht wiederum aus einer Zweierliste, die das Wort einmal auf Deutsch und einmal auf Englisch enthält.

```
vokabeln = [ ["Tisch","table"] , ["Auto","car"] , ["Haus","house"] ]
```

Wie kommt man nun an diese Werte heran?

```
print vokabeln [0]
```

ergibt

```
['Tisch', 'table']
```

Mehrdimensionale Listen

Logisch, denn diese kleine Liste ist das erste Element der großen Liste vokabeln. Um jetzt wiederum auf ein einzelnes Element aus dieser kleinen Liste zuzugreifen, brauchen wir einen *zweiten Index*, denn wir haben jetzt eine Liste mit *zwei Dimensionen*:

```
print vokabeln [0] [0]
```

Das ergibt wie gewünscht:

```
Tisch
```

```
print vokabeln [0] [1]
```

gibt

```
table
```

Mit einer for-Schleife kann man jetzt alle Elemente der großen Liste durchgehen und sie wiederum unterteilen. Zum Beispiel so:

```
vokabeln = [["Tisch","table"],["Auto","car"],["Haus","house"]]
for vok in vokabeln:
    print vok[0],"heißt",vok[1]+"."
```

Die Ausgabe ist:

```
Tisch heißt table.
Auto heißt car.
Haus heißt house.
```

Beim Durchgang der Elemente von vokabeln wird jede der Minilisten mit vok angesprochen. vok[0] ist dabei das deutsche Wort, vok[1] ist das englische Wort.

Daraus kann man jetzt auch problemlos einen kleinen Vokabeltrainer machen:

```
vokabeln = [["Tisch","table"],["Auto","car"],["Haus","house"]]
for vok in vokabeln:
    eingabe = input("Wie heißt "+vok[0]+" auf Englisch?")
    if eingabe == vok[1]:
        msgDlg ("Richtig!")
```

```
    else:
        msgDlg ("Leider falsch!")
```

Alles klar? Die Liste der Wortpaare wird mit `for` durchgegangen, das erste Wort des Paares (deutsch) wird beim `input`-Befehl angezeigt und die Eingabe in der Variable `eingabe` gespeichert, das zweite Wort (englisch) wird dann mit `eingabe` verglichen. Das Ergebnis ist entweder richtig oder falsch, und das wird dann angezeigt, und das nächste Wortpaar kommt an die Reihe.

Du kannst diesen Vokabeltrainer jetzt gern weiter ausbauen. Natürlich kannst du deine eigenen Wörter reinschreiben und auch mit mehr Vokabeln erweitern. Um das Lernen abwechslungsreicher zu gestalten, kannst du die Reihenfolge der abgefragten Vokabeln auch mischen. Erinnerst du dich, wie das geht? Du brauchst dazu das Modul *random* und den Befehl `random.shuffle(liste)`. So sieht der Anfang dann aus:

```
import random
vokabeln = [["Tisch","table"],["Auto","car"],["Haus","house"]]
random.shuffle(vokabeln)
```

Und natürlich kannst du zählen lassen, wie viele Antworten richtig und wie viele falsch waren. Dazu brauchst du zwei Variablen `richtig` und `falsch`. Die setzt du am Anfang auf 0 und erhöhst sie jeweils, wenn die richtige oder die falsche Antwort gegeben wurde. Am Schluss wird ausgegeben, wie viele Antworten richtig und wie viele falsch waren. Schaffst du das alleine? Bestimmt! Versuche es, bevor du die Lösung anschaust.

```
import random
vokabeln = [["Tisch","table"],["Auto","car"],["Haus","house"]]
random.shuffle(vokabeln)
richtig = 0
falsch = 0
for vok in vokabeln:
    eingabe = input("Wie heißt "+vok[0]+" auf Englisch?")
    if eingabe == vok[1]:
        msgDlg("Richtig!")
        richtig = richtig + 1
    else:
        msgDlg("Leider falsch!")
        falsch = falsch + 1
print "Richtige Antworten:",richtig," - falsche Antworten:",falsch
```

Zusammenfassung: Listen

Eine Liste besteht aus mehreren Elementen, die in einer Auflistung zusammengefasst sind und einer Variablen zugeordnet werden. Eine Liste wird bei der Definition in eckigen Klammern geschrieben, die einzelnen Elemente werden durch Kommas voneinander getrennt.

Eine Liste kann als Elemente Zahlenwerte enthalten, Zeichenketten in Anführungsstrichen oder sogar weitere Listen in eckigen Klammern.

Die Liste als Ganzes wird über ihren Variablennamen angesprochen. Einzelne Elemente der Liste können über den Variablennamen und den Index des Elements in eckigen Klammern angesprochen werden. Das erste Element einer Liste hat immer den Index 0. Bei mehrdimensionalen Listen (Listen, die wiederum Listen enthalten) können einzelne Elemente über mehrere Indizes in eckigen Klammern nacheinander angesprochen werden.

Die folgenden Befehle und Funktionen haben wir für Listen kennengelernt:

`liste1 + liste2`	Verknüpft die beiden Listen zu einer gemeinsamen Liste
`liste * 5`	Vervielfältigt die Elemente der Liste nacheinander fünfmal
`liste[0]`	Spricht das erste Element der Liste an
`liste[-1]`	Spricht das letzte Element der Liste an
`liste [2:4]`	Spricht Index 2 bis 3 der Liste an
`liste[:5]`	Spricht das erste bis fünfte Element (0 bis 4) der Liste an
`liste [:]`	Spricht das erste bis letzte Element der Liste an (also die ganze Liste)
`liste[1][3]`	Spricht Element 3 von Element 1 der Liste an (wenn die Elemente der Liste wiederum Listen sind)
`len(liste)`	Gibt die Anzahl der Elemente einer Liste zurück
`min(liste)`	Gibt das kleinste Element der Liste zurück
`max(liste)`	Gibt das größte Element der Liste zurück
`del(liste[0])`	Löscht Element 0 aus der Liste
`liste.append(wert)`	Fügt wert als neues Element an das Ende der Liste hinzu

`liste.count(wert)`	Gibt zurück, wie oft wert in liste enthalten ist
`if wert in liste:`	Prüft, ob wert in der Liste als Element enthalten ist
`liste.sort()`	Sortiert die Elemente der Liste von klein nach groß
`random.shuffle(liste)`	Mischt die Elemente der Liste zufällig durcheinander (benötigt Modul *random*)

Es gibt sogar noch mehr Funktionen, Methoden und Befehle für Listen in Python, die du in der Python-Dokumentation googeln kannst, aber mit diesen hier kommen wir in fast jeder Programmieraufgabe aus.

Jetzt hast du alle wichtigen Grundelemente von Python kennengelernt. Du kennst die wichtigsten Befehle für Eingaben, Ausgaben und Berechnungen, du weißt, was man mit Variablen machen kann, du kannst Programme mit Bedingungen und Schleifen bauen, und du kannst mit Listen umgehen. Das Einzige, was noch fehlt, sind eigene Funktionen und Objekte. Aber dazu kommen wir später. Jetzt wollen wir erst mal ein wenig Spaß haben mit dem, was wir schon können. Wir probieren unsere Kenntnisse an grafischen Modulen aus. Das macht was her!

Kapitel 12
Die Schildkröte – ein grafischer Roboter

Du weißt jetzt sehr viel darüber, wie man in Python programmiert. Nun soll es auch darum gehen, was man mit Python alles steuern und programmieren kann. Immer nur Buchstaben und Zahlen auf einer Konsole ein- und auszugeben, wird irgendwann öde. Darum lernst du jetzt eine Methode kennen, mit Python Grafik auf dem Bildschirm auszugeben und zu steuern.

Was man genau alles mit Python auf den verschiedensten Gebieten erreichen kann, hängt am Ende immer von den Modulen ab, die man einbindet. Module können nicht nur zusätzliche Befehle und Funktionen bereitstellen, sondern sie können uns ganze Oberflächen und Ausgabefenster bescheren, samt Figuren und grafischen Mustern, die wir darauf erzeugen können. Jetzt zeigt Python auch mal ein optisch schönes Gesicht.

Das Modul, mit dem du in diesem Kapitel arbeiten wirst, heißt *gturtle*.

gturtle ist ein Turtle-Grafik-Modul (das heißt auf Deutsch Schildkröten-Grafik). Das heißt, das Modul enthält Befehle und Funktionen, mit denen man ein Zeichenfenster erstellen kann, darauf eine Figur steuern kann (in der Regel eine Schildkröte, aber man kann sie auch ändern) und mit dieser Figur auch Spuren hinterlassen, das heißt, zeichnen kann.

gturtle gibt uns also so etwas wie einen kleinen Malroboter in einem Fenster – und diesen Roboter steuerst du mit Python.

Als Erstes muss das Modul *gturtle* importiert werden. Du kannst das mit

```
import gturtle
```

machen, aber dann musst du `gturtle` und einen Punkt vor jeden weiteren Befehl dieses Moduls schreiben (wie wir es bei *random* auch immer gemacht haben). Da wir hier aber sehr viele *gturtle*-Befehle verwenden werden, erleichtern wir uns die Arbeit und importieren einfach alle Befehle aus *gturtle* direkt in unsere Python-Engine.

```
from gturtle import *
```

Jetzt können wir alle Befehle dieses Moduls ohne vorangestelltes `gturtle` verwenden.

Die Schildkröte steuern

Der erste Turtle-Befehl, den du kennenlernst, ist

```
makeTurtle()
```

Auf Deutsch: »Erstelle Schildkröte.« Mit diesem Befehl wird das Grafikfenster samt der Schildkröte erstellt. Diesen Befehl brauchst du immer als Erstes, weil du erst danach ein Ausgabefenster und eine Schildkröte zum Steuern hast.

Probiere es einfach mal aus:

```python
from gturtle import *
makeTurtle()
```

Wenn du das Programm startest, erscheint sofort der *Turtle Playground* (»Schildkröten-spielplatz«):

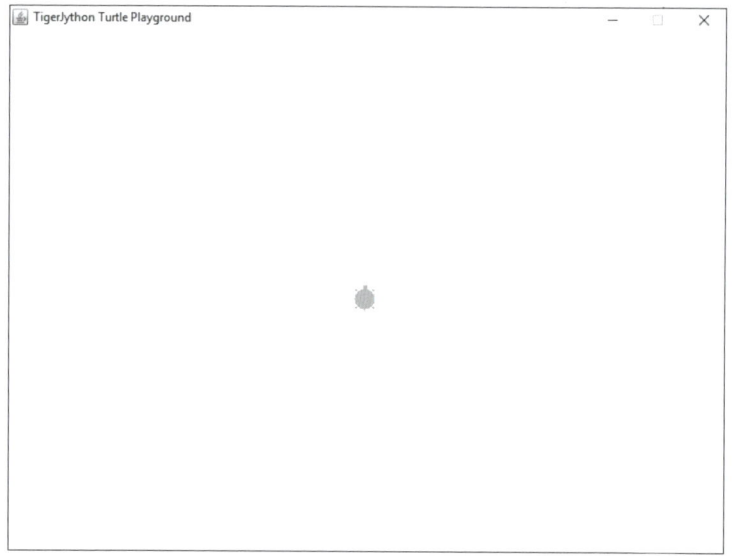

Abbildung 12.1 Das Standardfenster von gturtle mit der Schildkröte in der Mitte. Die Größe ist 800 Pixel Breite, 600 Pixel Höhe, wenn nichts anderes definiert wurde.

Soll die Schildkröte eine andere Farbe haben? Dann kannst du die Farbe auf Englisch dem makeTurtle-Befehl in Klammern mitgeben:

```
makeTurtle("red") oder makeTurtle("brown")
```

Was auch immer dir am besten gefällt. Ich mag die Schildkröte gern in neutralem Grau:

```
makeTurtle("gray")
```

Du kannst auch die Form der Schildkröte oder die Größe des Grafikfensters ändern. Aber wir lassen das jetzt erst einmal auf Standard, und beschäftigen wir uns später mit den Feinheiten. Jetzt soll es erst mal losgehen. Wir wollen die Schildkröte in Bewegung setzen. Dafür stellt uns das Modul *gturtle* zahlreiche Bewegungsbefehle zur Verfügung, die du in Python nutzen kannst.

Der erste Befehl lautet

```
forward(weite)
```

`forward` bedeutet »vorwärts« – die Weite wird in Pixeln angegeben. 1 Pixel ist ein Punkt auf dem Bildschirm.

Also probiere mal aus:

```
from gturtle import *
makeTurtle("gray")
forward(100)
```

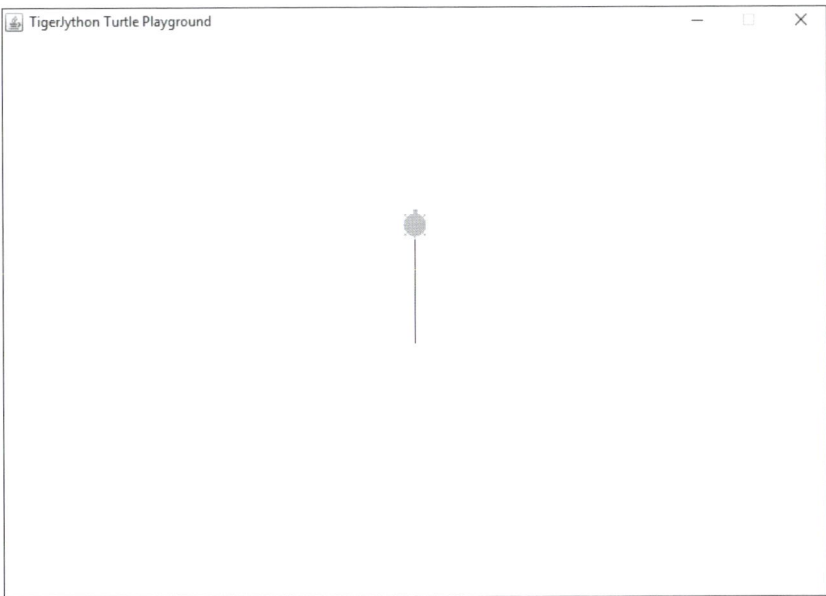

Abbildung 12.2 Die Schildkröte bewegt sich 100 Pixel nach oben und zieht dabei eine Linie.

Wie du siehst: Mit dem `forward`-Befehl bewegt die Schildkröte sich vorwärts – also in die Richtung, in die ihr Kopf gerade zeigt. Das ist in diesem Fall nach oben. Sie zieht dabei eine Spur hinter sich her. Mit der Schildkröte kann man zeichnen!

Der Befehl `back(weite)` macht das Gegenteil – die Schildkröte läuft rückwärts. Probiere es mal aus:

```python
from gturtle import *
makeTurtle("gray")
forward(100)
back(100)
```

Jetzt soll die Schildkröte natürlich nicht nur auf einer Linie nach oben und unten laufen können. Damit man mit ihr sinnvoll zeichnen kann, muss sie sich natürlich auch drehen können. Dafür gibt es zwei Befehle. Nämlich:

`left(Winkel)`	Drehung nach links
`right(Winkel)`	Drehung nach rechts

Die Winkel sind dabei immer von der aktuellen Richtung der Schildkröte abhängig. Also 0 Grad bedeutet, die Schildkröte dreht sich gar nicht, bei 180 Grad dreht sie sich um in die Gegenrichtung. 90 Grad ist genau der rechte Winkel, also im rechten Winkel nach rechts oder links.

Mit dem rechten Winkel kann man doch gleich mal ein schönes Quadrat zeichnen.

```python
from gturtle import *
makeTurtle("gray")
forward(100)
right(90)
forward(100)
right(90)
forward(100)
right(90)
forward(100)
right(90)
```

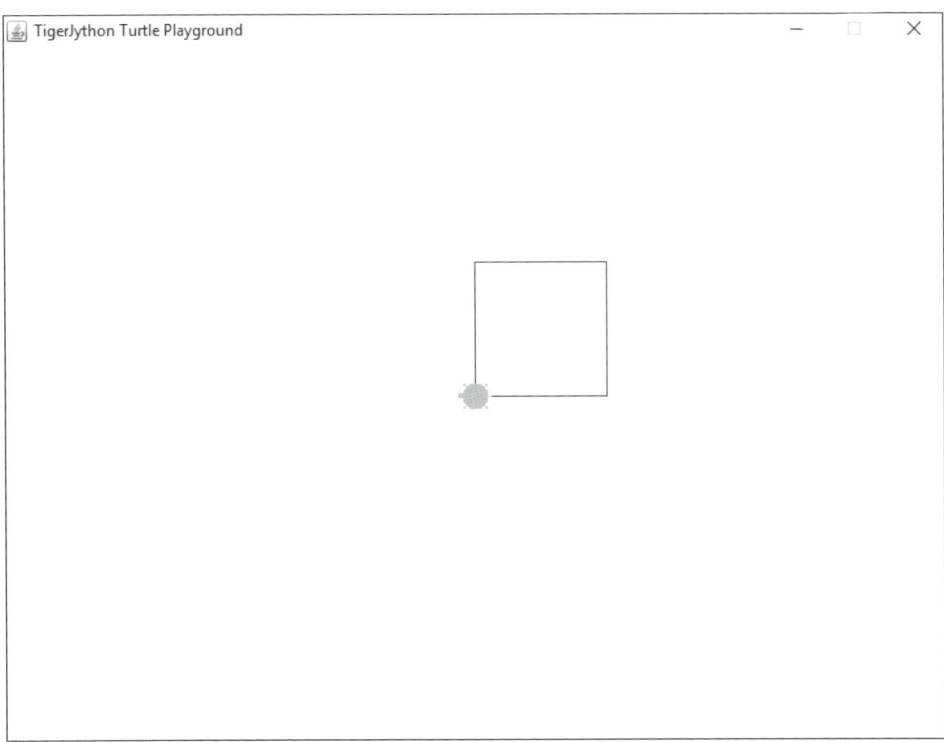

Abbildung 12.3 Vier mal 100 Pixel weit gelaufen und dann 90 Grad nach rechts gedreht. Fertig ist das Quadrat.

Aber halt! Du bist ja kein Python-Anfänger mehr. Dieses Programm macht vier Mal dasselbe – es schickt die Schildkröte 100 Pixel vorwärts und dreht sie dann 90 Grad nach rechts. Da verwenden wir doch ... natürlich ... eine Schleife.

```
from gturtle import *
makeTurtle("gray")
repeat 4:
    forward(100)
    right(90)
```

Und schon ist das Programm kürzer und macht dasselbe.

Und mit deinen Programmierkenntnissen steht dir jetzt schon eine Menge zur Verfügung, was du mit der Schildkröte machen kannst.

Probiere mal folgendes Programm aus:

```
from gturtle import *
makeTurtle("gray")
weite = 10
repeat 50:
    forward(weite)
    right(90)
    weite = weite + 10
```

Schau es dir zuerst genau an, und überlege, was es macht, bevor du es startest. weite wird auf 10 gesetzt. Dann macht die Turtle 50 Mal dasselbe: Geht vorwärts – und zwar so viele Pixel, wie in weite steht, also erst mal 10, dann biegt sie 90 Grad nach rechts ab, dann wird weite vergrößert, um zehn. Die nächste Linie ist also 20 Pixel lang, dann wieder abbiegen, dann 30 Pixel weit vorwärts ... was für ein Gebilde entsteht da?

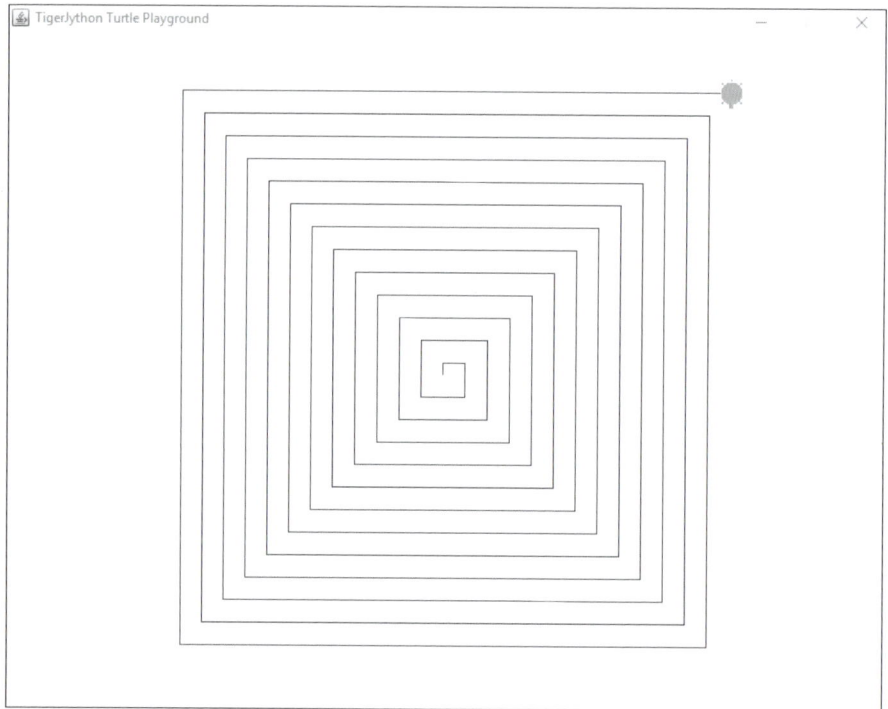

Abbildung 12.4 Eine coole rechteckige Spirale!

So kann man mit nur wenigen Zeilen Python-Code interessante Figuren zeichnen, alles durch vielfache Wiederholung, bei der sich jedes Mal ein Wert ändert.

Warum dauert das Zeichnen mit der Schildkröte eigentlich so lange? Ist Python wirklich so langsam? Natürlich nicht. Die Geschwindigkeit der Turtle ist als Standard auf *langsam* gestellt, damit man gut mitverfolgen kann, was passiert. Mit der Funktion speed(geschwindigkeit) kannst du die Geschwindigkeit der Turtle beim Vorwärtsgehen ändern. 1 ist extrem langsam (1 Pixel pro Sekunde), 1.000 wäre recht schnell.

Füge also mal

speed(1000)

vor der repeat-Schleife ein, dann wird die Turtle schneller.

Am schnellsten aber geht es, wenn die Turtle gar nicht mehr angezeigt wird. Mit dem Befehl

hideTurtle()

kannst du die Turtle unsichtbar machen, und das Zeichnen geht nun blitzschnell. Ersetze den speed(1000)-Befehl durch den Befehl hideTurtle().

Die Spirale erscheint jetzt sofort, in Sekundenbruchteilen.

Wieder sichtbar macht man die Schildkröte übrigens mit

showTurtle()

> **Aufgabe**
> Lass die Turtle ein Dreieck zeichnen.

Wie gehst du vor? Beim Quadrat musstest du vier Linien zeichnen und dazwischen jedes Mal 90 Grad nach rechts. Klar, 4 × 90 ergibt 360 – damit ist man einmal rum. Beim Dreieck ist es ähnlich. Nur musst du nur drei Linien zeichnen (zum Beispiel mit der Länge 200) und dazwischen jeweils 120 Grad drehen, denn 3 × 120 ist wieder 360 – und das muss für eine geschlossene Figur am Ende immer herauskommen.

```
from gturtle import *
makeTurtle("gray")
repeat 3:
    forward(200)
    right(120)
```

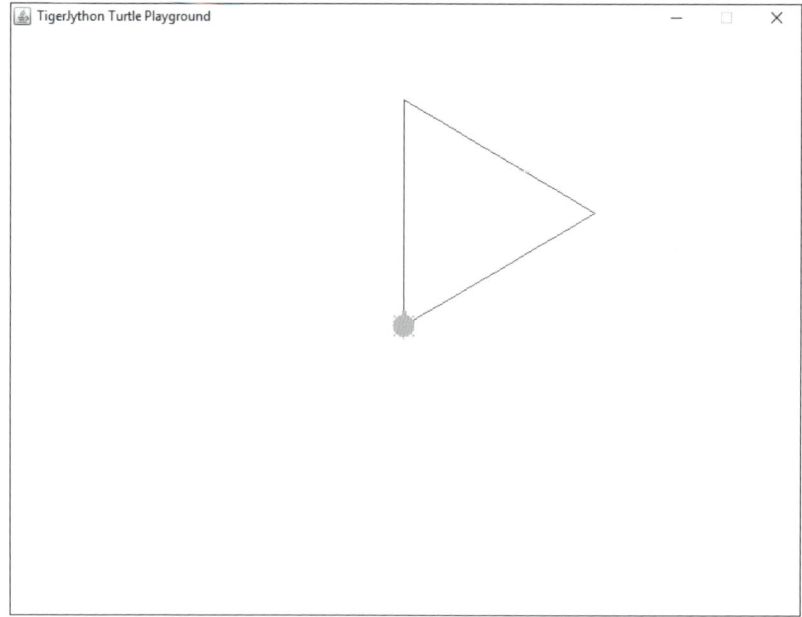

Abbildung 12.5 So geht ein Dreieck. Drei Linien und dazwischen um 120 Grad drehen.

Und ein Sechseck? Kannst du das Programm selbst so ändern, dass ein sauberes Sechseck entsteht? Logisch, oder?

```
from gturtle import *
makeTurtle("gray")
repeat 6:
    forward(100)
    right(60)
```

Statt drei Mal wird sechs Mal gezeichnet, die Länge dabei nur 100, damit die Figur nicht zu groß wird, und der Winkel natürlich 360 geteilt durch 6, also 60.

Daraus kannst du jetzt ein universelles Programm machen. Der Benutzer gibt ein, wie viele Ecken die Figur haben soll, und das Programm zeichnet darauf ein gleichseitiges 3-, 5-, 7-, 9-, 10- oder n-Eck.

Zu beachten ist dabei Folgendes: Die Schrittweite der Turtle muss umso kleiner sein, je mehr Ecken gewünscht sind. Am besten etwa 600 geteilt durch Eckenanzahl. Die Anzahl der Ecken entspricht natürlich der Anzahl der Linien. Der Winkel nach dem Zeichnen der Linie ist immer 360 geteilt durch Anzahl der Ecken.

Kriegst du so ein Programm hin? Versuche es einmal! Anschließend kannst du es mit der Version hier vergleichen:

```
from gturtle import *
makeTurtle("gray")
ecken = input("Wie viele Ecken?")
weite = 600 / ecken
repeat ecken:
    forward(weite)
    right(360 / ecken)
```

Teste das Programm mit verschiedenen Werten. Was beobachtest du?

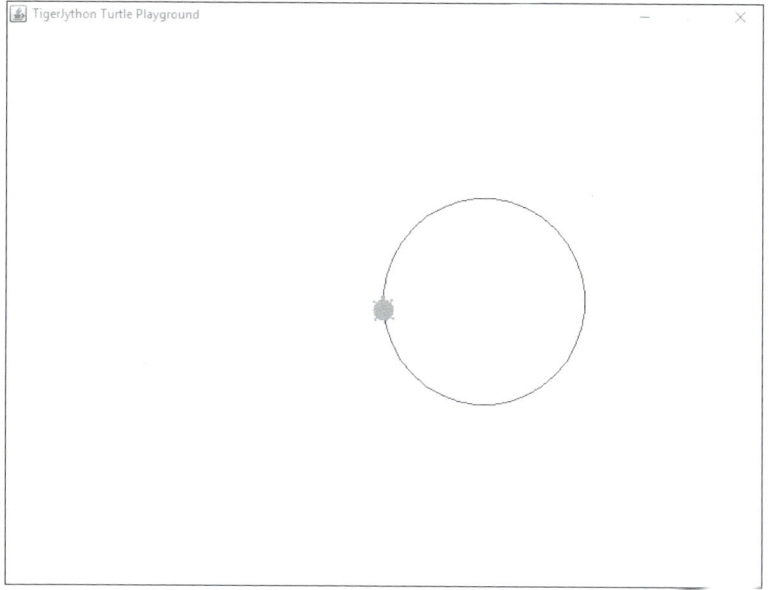

Abbildung 12.6 Ein 36-Eck sieht einem Kreis schon ganz schön ähnlich.

Genau: Je mehr Ecken du zeichnen lässt, desto mehr ähnelt das gleichseitige n-Eck einem Kreis. Der perfekte Kreis wäre somit ein gleichseitiges n-Eck mit unendlichen vielen Ecken ... aber aufgrund der begrenzten Auflösung eines Computerbildschirms reichen 36 Ecken fast aus, um einen schönen Kreis zu zeichnen.

> **Aufgabe**
> Schreibe ein Turtle-Programm, das ein Zickzackmuster und/oder eine Treppe zeichnet. Verwende dabei Wiederholungen (repeat).

Weitere Turtle-Befehle

Das Modul *gturtle* ist ganz schön mächtig. Es kann weit mehr als nur die *Turtle* vorwärtsbewegen und sich drehen lassen.

Wir kennen schon die Befehle `forward()`, `back()`, `right()`, `left()` sowie `hideTurtle()` und `speed()`. Jetzt kommen noch ein paar neue dazu:

`penUp()`	Hebt den Stift an = `Turtle` hinterlässt keine Linie mehr
`penDown()`	Setzt den Stift wieder herunter = `Turtle` hinterlässt beim Bewegen eine Linie
`setPenColor("farbe")`	Damit wird die Farbe der Linie gewählt, die die Turtle zeichnet.
`penWidth(dicke)`	Diese Funktion setzt die Breite der gezeichneten Linie (in Pixeln).
`dot(durchmesser)`	Zeichnet einen gefüllten Kreis an der Position der Turtle
`startPath()`	Beginnt, eine Figur zu zeichnen, die gefüllt werden soll
`fillPath()`	Beendet die Figur und füllt sie aus
`setFillColor("farbe")`	Wählt die Farbe der Füllung
`home()`	Setzt die Turtle auf die Ursprungsposition: Mitte des Fenster, Richtung nach oben
`setPos(x,y)`	Setzt die Turtle auf die Koordinaten x,y
`moveTo(x,y)`	Bewegt die Turtle zu den Koordinaten x,y
`setRandomPos(b,h)`	Setzt die Schildkröte an eine zufällige Position innerhalb von Breite (b) und Höhe (h)
`setRandomHeading()`	Setzt den Winkel der Schildkröte auf einen zufälligen Wert zwischen 0 und 360

Puh – das waren jetzt wirklich nur einige wenige der vielen Turtle-Befehle, die es insgesamt im Modul *gturtle* gibt. Eine Gesamtübersicht findest du in der Dokumentation zum Modul `gturtle`, die du auch direkt aus *TigerJython* aufrufen kannst. Wähle im Menü dazu Hilfe • APLU-Dokumentation.

Beginnen wir mit den ersten: Mit `penUp()` und `penDown()` kann man den Stift der Turtle absetzen oder wieder ansetzen. So kann die Turtle sich auch bewegen, ohne dabei eine Linie zu zeichnen.

Kleines lustiges Beispiel dafür:

```
from gturtle import *
makeTurtle("gray")
repeat 30:
    penDown()
    forward(10)
    right(6)
    penUp()
    forward(10)
    right(6)
```

Die Turtle zeichnet wieder einen »Kreis«, aber diesmal zeichnet sie immer die Hälfte jeder Strecke mit `penDown()` und die nächste Hälfte mit `penUp()`. So erhältst du einen gestrichelten Kreis.

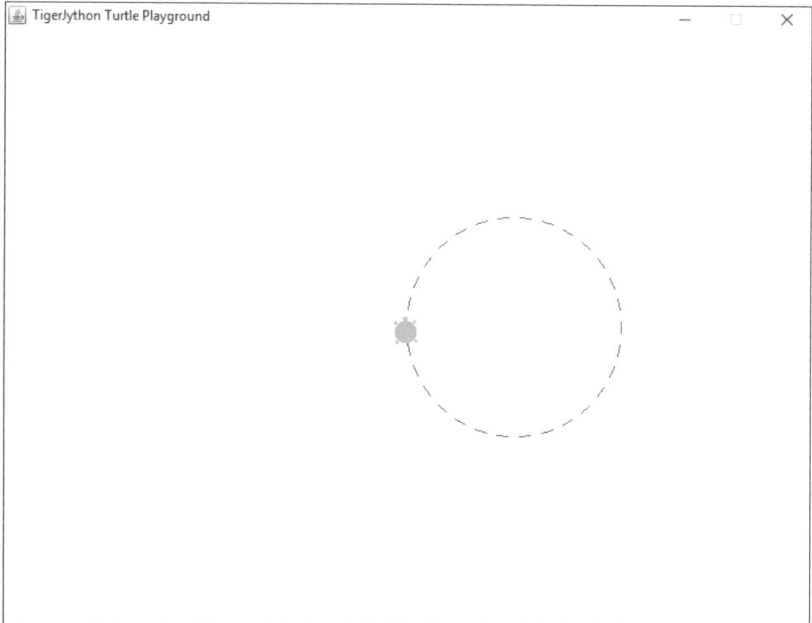

Abbildung 12.7 Ein gestrichelter Kreis mit »penDown()« und »penUp()«

Und natürlich malt die Turtle nicht nur in Blau – sie kann in jeder gewünschten Farbe malen. Dazu muss man ihr mit dem Befehl `setPenColor("farbe")` sagen, welche Farbe sie verwenden soll. Die Farbnamen müssen auf Englisch sein. Verwendet werden können alle Farben aus dem international definierten X11-Farbset.

Wer mehr wissen möchte, welche Farben alle zur Verfügung stehen, kann die X11-Tabelle hier im Web nachschlagen:

http://cng.seas.rochester.edu/CNG/docs/x11color.html

Wir beschränken uns erst einmal auf die klassischen englischen Farbnamen:

black, white, blue, red, yellow, green, brown, pink, purple, orange, gray

Die funktionieren alle problemlos.

Für Linien, die dicker sind als 1 Pixel, können wir mit dem Befehl

```
setLineWidth(breite)
```

einstellen, wie dick die Linie der Turtle sein soll.

Und dann gleich noch ein Befehl:

```
dot(d)
```

Das zeichnet einen schönen ausgefüllten Kreis mit dem Durchmesser d an die Position der Turtle.

Wenn du zum Beispiel eine kleine hübsche Kette mit Perlen in verschiedenen Farben zeichnen willst, dann kannst du das so machen:

```
from gturtle import *
makeTurtle("grey")
setLineWidth(3)
setPenColor("red")
right(45)
forward(40)
dot(25)
setPenColor("blue")
forward(40)
dot(25)
setPenColor("green")
forward(40)
dot(25)
```

Nach jeder Linie wird ein Kreis gezeichnet, dann die Farbe gewechselt.

Moment, könntest du jetzt sagen: Das sieht wieder sehr umständlich aus. Wenn ich jetzt statt 3 vielleicht 10 Perlen in 10 Farben machen möchte, muss ich 10 Mal nacheinander dasselbe schreiben, nur mit anderer Farbe? Das kann es doch nicht sein! Und du hast recht. Wir können hier natürlich auch wieder mit einer Schleife arbeiten – aber ... jedes Mal soll ja eine andere Farbe gewählt werden, und die Farben müssen mit Namen bezeichnet werden. Gibt es dafür eine Lösung?

Ja ... denke etwas zurück ... wie wäre es mit einer Liste, in der die Farbnamen drinstehen? Die könnte man mit einer for-Schleife durchlaufen ...

Wie wäre es damit?

```
from gturtle import *
farben = ["black", "blue", "red", "yellow", "green", "brown", "pink", "purple",
          "orange", "gray"]
makeTurtle("gray")
setLineWidth(3)
right(45)
for f in farben:
    setPenColor(f)
    forward(40)
    dot(25)
```

Jetzt sogar 10 verschiedene Farben und trotzdem ein kürzeres Programm. Wieder ein gutes Beispiel für eine Liste.

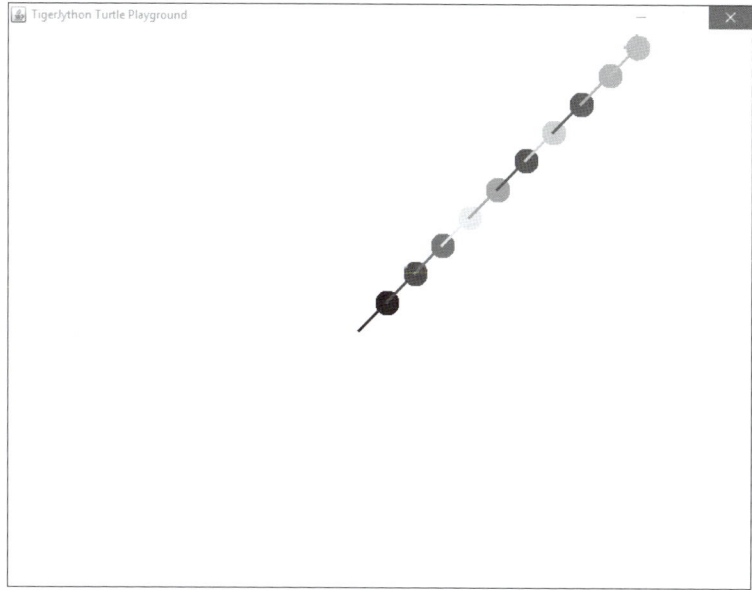

Abbildung 12.8 Bunte Perlenkette, mit einer Liste erstellt

Grafik mit Koordinaten

Und da wir schon bei Listen sind, kommen wir gleich mal zu den neuen Befehlen mit Koordinaten. Die Turtle kann sich nicht nur eine bestimmte Weite vorwärtsbewegen und drehen, sondern sie kann auch ganz gezielt auf bestimmte Punkte im Fenster gesetzt werden oder sich zu ihnen bewegen. Diese Punkte werden mit Koordinaten angegeben, also x-Position (horizontal) und y-Position (vertikal). Der Ursprung der Koordinaten (also die Koordinate 0,0) ist normalerweise genau in der Mitte des Fensters. Alles rechts davon hat einen positiven x-Wert, alles links davon einen negativen. Alles darüber hat einen positiven y-Wert, alles darunter einen negativen.

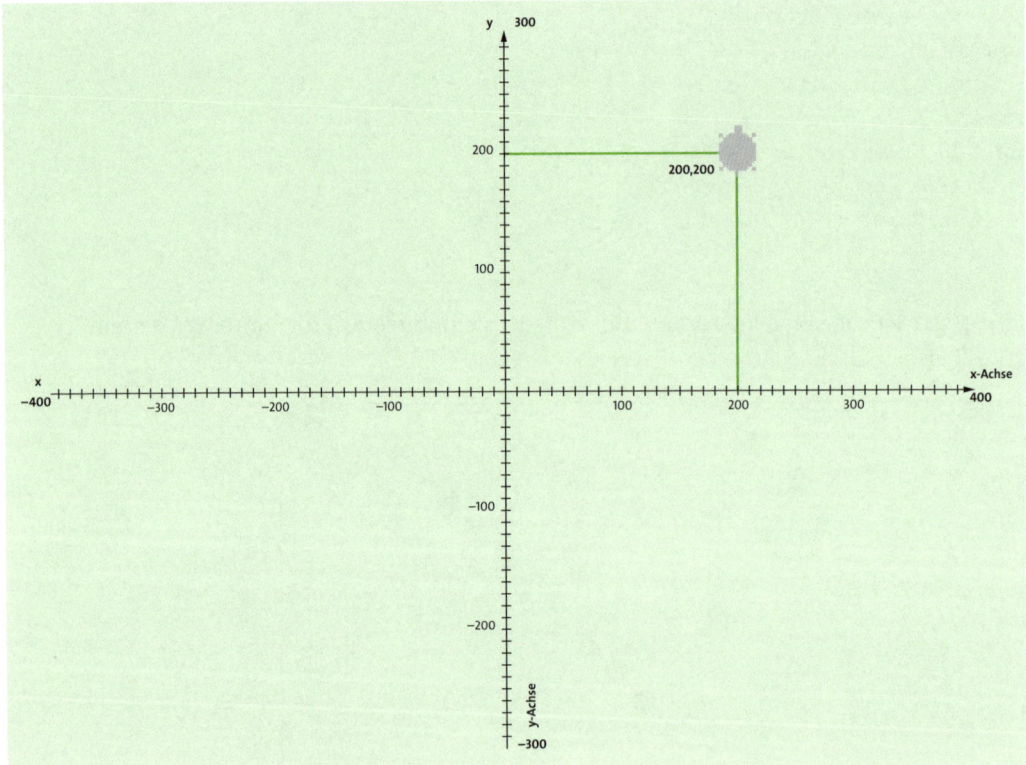

Abbildung 12.9 So muss man sich die Koordinaten im Turtle-Playground etwa vorstellen. Die Schildkröte steht hier auf 200,200.

Mit dem Befehl

```
setPos(0,0)
```

wird die Turtle also genau in die Mitte des Fensters gesetzt.

Mit `setPos(200,200)` geht sie in das rechte obere Viertel.

Beim Standardfenster des *Turtle Playground* ist die Zeichenfläche genau 800 Pixel breit und 600 Pixel hoch. Die Koordinaten des sichtbaren Bereichs gehen also von –400 bis 400 (x-Wert) und von –300 bis 300 (y-Wert).

Die x-Achse und y-Achse kann man schnell und gut per Python zeichnen:

```python
from gturtle import *
makeTurtle()
hideTurtle()
setPenColor("black")
setPos(-400,0)
moveTo(400,0)
setPos(0,-300)
moveTo(0,300)
```

Mit diesem kleinen Programm erscheint das Koordinatenkreuz blitzschnell in Schwarz im Fenster der Turtle.

Jetzt könnte man natürlich auch beliebige Figuren zeichnen, indem man nacheinander die Koordinaten eingibt, zu denen die Turtle wandern soll. Auch dafür ist eine Liste sehr praktisch, damit man nicht hundert Befehle untereinanderschreiben muss. Da wir aber für jeden Punkt zwei Koordinaten brauchen (x und y), empfiehlt sich hier eine Liste, die wiederum aus Minilisten (Koordinatenpaaren) besteht.

Probiere das mal aus:

```python
from gturtle import *
makeTurtle("grey")
setPos(-100,-200)
figur = [ [100,0],[-100,0],[100,-200],[-100,-200],[-100,0],[0,150],[100,0],[100,-200] ]
for koord in figur:
    moveTo(koord[0],koord[1])
```

Die Koordinaten der einzelnen Punkte stehen alle in der Liste, die dann einfach Element für Element mit der Variable `koord` abgearbeitet wird. Da jede Koordinate selbst wieder eine Liste ist, steht also die x-Position der Koordinate jeweils in `koord[0]` und die y-Position in `koord[1]`.

Und was kommt heraus? Eine wohlbekannte Figur:

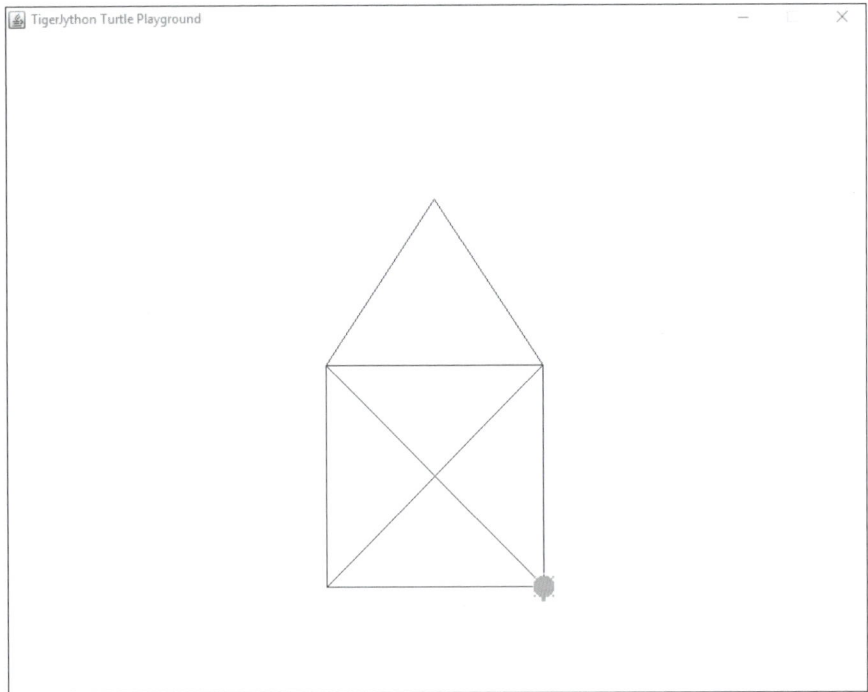

Abbildung 12.10 Malen nach Koordinaten – das ist das Haus ...

Du kannst gerne experimentieren und diesem Programm eine andere Stiftfarbe, Stiftgröße und was immer du möchtest hinzufügen.

Funktionsgraphen programmieren

Viele denken bei Koordinaten natürlich auch gleich wieder an den Matheunterricht. Oder an Physik. Klar – wenn man ein Koordinatensystem hat, kann man darauf Werte eintragen. Zum Beispiel die Auswertung einer Temperaturliste über die Zeit – oder den Graphen einer mathematischen Funktion. Und das kann Python natürlich ganz wunderbar automatisch machen.

Sehr cool sieht zum Beispiel immer eine Sinuskurve aus, und die ist recht einfach in Python zu erzeugen – selbst wenn man nicht mehr genau weiß, was der Sinuswert eigentlich ist.

Dazu zeichnen wir, wie eben schon probiert, zuerst einmal die x- und y-Achse in schwarzen Linien.

Nun wandern wir einmal durch die gesamte x-Achse, von links nach rechts. Das heißt von –400 bis +400. Jede dieser Zahlen ergibt einen Sinuswert in Form einer Kommazahl zwischen –1 und 1. Diesen müssen wir noch mit der gewünschten Höhe multiplizieren, damit die Kurve überhaupt richtig sichtbar wird. Um die Breite der Kurve zu verändern, teilen wir den x-Wert. Die Sinusformel für die Grafik sieht dann ungefähr so aus:

```
breite = 50
hoehe = 200
for x in range(-400,401):
    moveTo(x,sin(x/breite)*hoehe)
```

Und weil Sinus ja eine Funktion aus dem Mathe-Modul ist, muss der Befehl sin aus dem Modul *math* zuerst importiert werden. Insgesamt haben wir am Ende folgendes Programm:

```
from gturtle import *
from math import sin
makeTurtle()
hideTurtle()
setPenColor("black")
setPos(-400,0)
moveTo(400,0)
setPos(0,-300)
moveTo(0,300)
showTurtle()
setPenColor("blue")
setLineWidth(2)
speed(1000)
breite = 50
hoehe = 200
setPos(-400,sin(-400/breite)*hoehe)
for x in range(-400,401):
    moveTo(x,sin(x/breite)*hoehe)
```

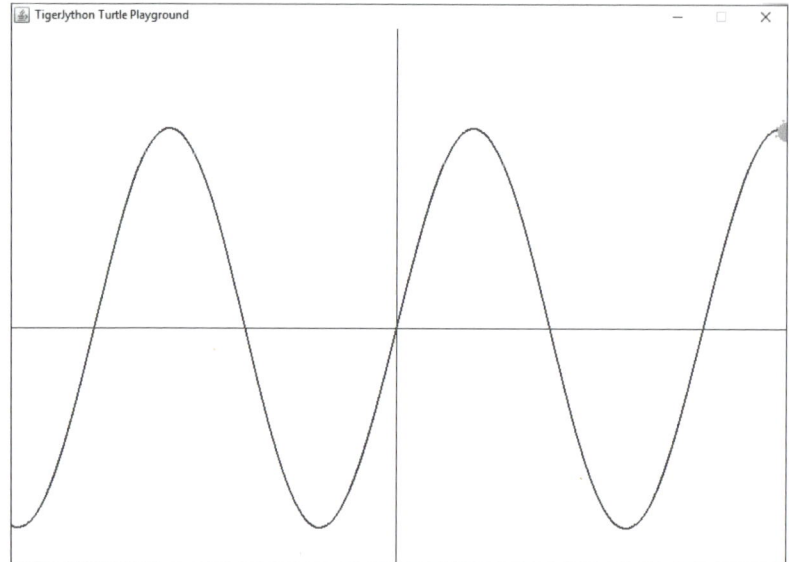

Abbildung 12.11 Das Ergebnis: Eine wunderschöne Sinuskurve, die natürlich immer genau durch den Ursprung (0,0) geht, denn sin(0) ist 0.

Du kannst gerne mit den Werten für hoehe und breite experimentieren und sehen, wie die Kurve sich verändert. Wenn du nicht immer abwarten willst, bis die ganze Kurve langsam gezeichnet wird, entfernst du einfach den Befehl showTurtle() und speed(1000), dann geht es immer blitzschnell.

Zufallsbilder erstellen

Mithilfe des Moduls random, das du ja schon ausführlich kennengelernt hast, kannst du natürlich auch zufällige Bilder erstellen. Das geht schon ganz simpel – erstelle ein Turtle-Fenster und zeichne 1.000 zufällige Punkte, irgendwo verteilt auf der Fläche. Wenn die von Python erzeugten Zufallszahlen einigermaßen gleichmäßig verteilt sind, sollte man das auch an dem Bild gut erkennen können.

Versuche mal, so ein Programm selbst zu schreiben. Tausend Mal wird eine Schleife durchlaufen, jedes Mal wird ein zufälliger Punkt auf dem Feld gezeichnet, das heißt ein Punkt mit einer Zufallszahl als x-Koordinate von –400 bis +400 – und einer Zufallszahl als y-Koordinate von –300 bis +300. Du brauchst dazu das Modul gturtle und den Befehl randint aus dem Modul random. Gelingt es dir?

Hier ein Vorschlag:

```
from gturtle import *
from random import randint
makeTurtle()
hideTurtle()
setPenColor("black")
repeat 1000:
    x = randint(-400,400)
    y = randint(-300,300)
    setPos(x,y)
    dot(3)
```

Nach dem Import der Befehle aus dem gturtle-Modul und des Befehls randint aus dem random-Modul wird ein Turtle-Fenster erzeugt, dann wird die Schildkröte unsichtbar gesetzt, damit das Zeichnen schnell geht, und die Stiftfarbe auf Schwarz gesetzt.

Nun kommt die repeat-Schleife, mit dem der Zeichenvorgang 1.000 Mal wiederholt wird: In die Variable x wird ein Zufallswert von –400 bis 400 geschrieben, in die Variable y wird ein Zufallswert zwischen –300 und 300 geschrieben. x und y zusammen ergeben einen zufälligen Punkt im Fenster. Dieser wird dann mit dem Befehl dot(3) gezeichnet (3 ist der Radius – er könnte auch 1 sein, aber dann werden die Punkte sehr winzig, und wir wollen sie ja auch deutlich sehen).

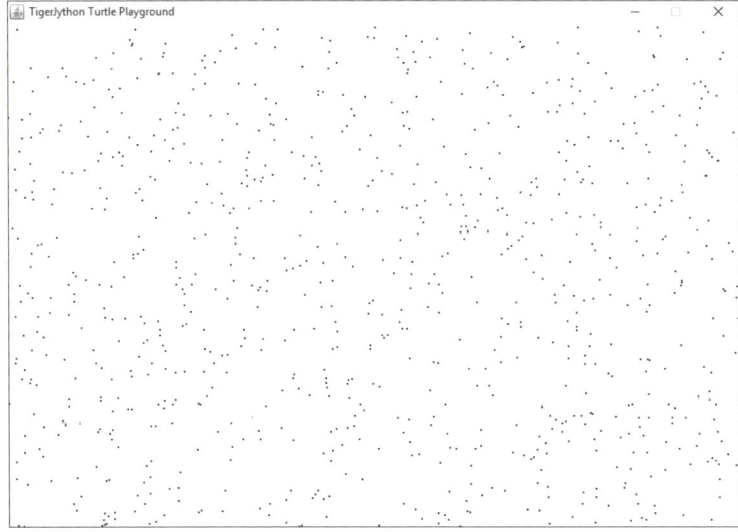

Abbildung 12.12 Tausend Punkte, jeder einzelne zufällig gesetzt und doch ganz gut über die ganze Fläche verteilt.

Probiere das Programm nun auch noch mal mit 10 und 100 Punkten aus und dann vielleicht mit 10.000 und 100.000 Punkten. Jetzt dauert das Zeichnen schon ein bisschen länger. Du kannst am Ergebnis anschaulich erkennen, dass sich die Zufallszahlen bei entsprechender Menge ziemlich gleichmäßig über die Fläche verteilen. Bei wenigen Punkten kann man nicht vorhersagen, wo sie auftauchen, aber je mehr es werden, desto regelmäßiger sind sie verteilt.

Abbildung 12.13 Bei 100.000 Punkten erinnert das Bild an das Rauschen eines alten Fernsehers.

Und bei einer Million Punkten (1.000.000) wird die Zeichenfläche in der Regel komplett schwarz.

Variationen: Zufallsmuster

Natürlich kann man mit einfachsten Mitteln jetzt völlig verschiedene Arten von Zufallsmustern herstellen.

Zum Beispiel könnte man auch die Größe der Punkte zufällig gestalten – zwischen 1 und 30. Wie müsstest du das Programm ändern?

Ganz klar: Statt der 3 müsste eine Zufallszahl im dot-Befehl verwendet werden.

```
dot(randint(1,30))
```

Das ergibt dann eine Art Kuhflecken-Muster bei 1.000 Durchläufen:

Abbildung 12.14 Interessantes Fleckenmuster bei zufälligen Kreisgrößen

Und nun könnte man natürlich, um das Bild hübscher und bunter zu machen, auch noch zufällige Farben für jeden Kreis wählen – wie macht man denn das? Wir erinnern uns: Farben haben wir bislang per Farbname gesetzt. Wie kann man denn so einen Namen zufällig wählen?

Ganz einfach: Mit einer Liste. Wie können dieselbe Liste verwenden, die wir auch schon bei der Perlenkette weiter vorne in diesem Kapitel angelegt haben:

```
farben = ["black", "blue", "red", "yellow", "green", "brown", "pink",
       "purple", "orange", "gray"]
```

Und wie wählt man eine zufällige Farbe aus der Liste? Klar – man muss den Index der Liste per Zufallszahl wählen. Die Liste hat 10 Elemente – also muss man einen Index von 0–9 wählen, um einen der Farbnamen zu bekommen.

```
farben[randint(0,9)]
```

Damit erhältst du eine zufällige Farbe aus der Liste der zehn Farbwerte.

Das Programm könnte jetzt also so aussehen:

```python
from gturtle import *
from random import randint
farben = ["black", "blue", "red", "yellow", "green", "brown", "pink",
        "purple", "orange", "gray"]
makeTurtle()
hideTurtle()
repeat 3000:
    setPenColor(farben[randint(0,9)])
    x = randint(-400,400)
    y = randint (-300,300)
    setPos (x,y)
    dot(randint(1,30))
```

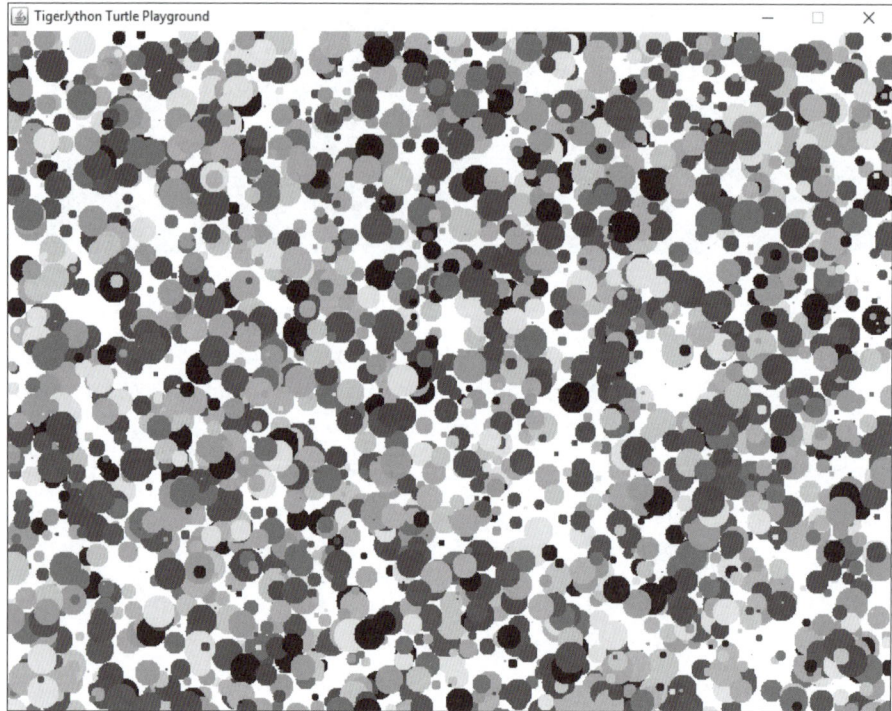

Abbildung 12.15 Das Ergebnis: Bunte Konfetti!

Eingebaute Funktionen nutzen

Das Tolle am Programmieren ist, dass es für ein Problem oft zahlreiche verschiedene Lösungswege gibt. Das ist kreativ: eine Methode zu finden, um eine Aufgabe per Programm zu lösen. In erster Linie ist dabei vor allem wichtig, dass es funktioniert. Wenn das Programm am Ende sicher und präzise das tut, was es soll, ist die Aufgabe gelöst. Bei schwierigeren oder zeitaufwendigen Berechnungen kann es aber auch eine Rolle spielen, dass ein Programm am Ende so simpel, kurz und effizient wie möglich aufgebaut ist. Denn dann ist es am übersichtlichsten und läuft am schnellsten.

Im letzten Programm hast du deine Kenntnisse mit einfachen Funktionen der Turtle-Grafik und deinem Wissen über Listen und das *random*-Modul kombiniert. Mit dieser cleveren Zusammenstellung mehrerer Techniken kann man ein buntes Konfetti-Bild herbeizaubern. Das ist vor allem für das Lernen sehr wichtig.

Manchmal geht es aber auch einfacher – in diesem Fall ist es nämlich so, dass uns das *gturtle*-Modul noch einfachere Befehle bereits zur Verfügung stellt, die wir nur nutzen müssen.

So gibt es einen eingebauten Befehl, um die Turtle an eine Zufallsposition zu setzen:

```
setRandomPos(breite, höhe)
```

Und darüber hinaus gibt es sogar eine Funktion, um einen völlig zufälligen Farbton zu erzeugen:

```
getRandomX11Color()
```

Mit diesen beiden Befehlen kannst du das Programm noch einmal erheblich vereinfachen, denn so brauchst du weder eine Liste zu verwenden noch das Modul *random* für Farbe und Position. Beides wird dir von den eingebauten Funktionen bereits zur Verfügung gestellt. So kurz wäre also das Programm dann, wenn es einfach nur 3.000 zufällige Punkte in zufälligen Farben zeichnen soll (die Kreisgröße ist hierbei auf den Radius 20 festgelegt):

```
from gturtle import *
makeTurtle()
hideTurtle()
repeat 3000:
    setPenColor(getRandomX11Color())
    setRandomPos(800, 600)
    dot(20)
```

Weitere Ideen

Probiere mit dem zufälligen Zeichnen gern weiter herum. Zeichne zufällige Linien (dafür brauchst du wieder das *random*-Modul) in zufälligen Farben, ändere die Dicke des Stifts, schalte die Schildkröte an und aus – es gibt eine Menge zu entdecken und auszuprobieren!

Kapitel 13
Funktionen selber schreiben

Du hast bereits eine Menge Funktionen in Python benutzt – sowohl solche, die fest eingebaut sind, als auch welche, die du vorher aus Modulen geladen hast. Funktionen machen das Programmieren übersichtlich. Jetzt ist es Zeit, eigene Funktionen zu basteln.

Was sind Funktionen noch mal genau?

Vielleicht kennst du Funktionen aus dem Matheunterricht, zum Beispiel *f(x) = x + 7*.

Für jedes x definiert die Funktion f(x) einen Wert, der mit x+7 berechnet wird. Das ist auch die Grundidee von Funktionen in Python – allerdings können Funktionen viel mehr tun als nur einen Wert berechnen.

Funktionen sind für den Programmierer wie Befehle, die etwas berechnen oder etwas ausführen. Selbstgeschriebene Funktionen sind Befehle, die über die Standardbefehle von Python hinausgehen und spezielle Dinge leisten können. Eine Funktion führt ein kleines Programm aus und liefert bei Bedarf dann einen berechneten Wert zurück. Es gibt Funktionen, die bereits in Python eingebaut sind, wie zum Beispiel `input("Text")` – und es gibt unzählige Funktionen, die man sich über Module hinzuladen kann – wie zum Beispiel `randint(x,y)` aus dem Modul *random* oder `sin(x)` aus dem Modul *math* oder `forward(x)` aus dem Modul *gturtle*. Unbegrenzt werden die Möglichkeiten dadurch, dass man auch jederzeit einfach eigene Funktionen definieren kann.

In manchen Programmiersprachen wird zwischen »Prozeduren« und Funktionen unterschieden. Prozeduren sind wie Befehle, die nur etwas ausführen. Sie können alleine aufgerufen werden:

```
msgDlg ("Hallo")
```

gibt ein Fenster mit dem Text »Hallo« aus.

»Echte« Funktionen werden hingegen wie Variablen verwendet, weil sie einen Wert zurückliefern:

```
x = input("Bitte Wert eingeben")
```

liefert den eingegebenen Wert zurück und schreibt ihn in die Variable x.

In Python unterscheidet man aber nicht zwei verschiedene Typen (Prozeduren und Funktionen) – beides sind dort einfach *Funktionen*, und man kann sie mit oder ohne Rückgabewert verwenden – sie führen entweder nur einfach etwas aus, oder sie liefern uns einen Wert zurück, den wir verwenden können. Zum Beispiel kann man die input-Funktion auch ohne Variable benutzen:

```
input("Das ist ein Eingabefenster")
```

Auch so öffnet sich ein Fenster – aber egal, was man darin eingibt, der Wert wird nicht gespeichert, weil er keiner Variablen zugewiesen wird.

> **Aufruf von Funktionen**
>
> Der Aufruf einer Funktion besteht immer aus dem *Funktionsnamen* mit einer darauffolgenden runden Klammer, in der die Werte stehen, die man der Funktion mitgibt (Parameter). Es kann ein Wert in der Klammer stehen – wie bei sin(0.8). Es können mehrere Werte in der Klammer übergeben werden, die man durch ein Komma voneinander trennt – wie bei randint (1,6). Oder die Klammer kann auch leer bleiben, wenn man der Funktion keinen Wert übergeben will, weil sie vielleicht ohnehin immer nur dasselbe macht oder keinen Wert braucht.

```
input()
```

ohne Zuweisung und ohne Parameter würde übrigens auch funktionieren. Dann öffnet sich eben ein Eingabefenster ohne Text, und der eingegebene Wert wird auch nicht gespeichert. Macht eigentlich keinen Sinn, aber ist erlaubt.

Eigene Funktionen schreiben

Es gibt unzählige Funktionen in den Python-Modulen, die du jederzeit verwenden kannst. Damit du aber richtig verstehst, was Funktionen genau sind, ist es sinnvoll, dass du eigene Funktionen schreibst, die du dann auch verwenden kannst. Später wird das ohnehin ein ganz selbstverständlicher Teil des Programmierens sein.

Fangen wir ganz einfach an: Wir möchten eine Funktion mit dem Namen »verdoppeln« schreiben, die einen Zahlenwert ganz einfach verdoppelt. Wie definieren wir nun diese Funktion?

Dazu gibt es einen Python-Befehl, der heißt

```
def Funktionsname(Variablen):
```

Mit `def` definiert man eine Funktion, der Doppelpunkt am Ende weist darauf hin, dass danach ein eingerückter Block steht, der zur Funktion gehört.

```
def verdoppeln(wert):
```

So definierst du eine neue Funktion mit dem Namen verdoppeln, die eine Variable mit den Namen wert erhält. Man nennt die Werte, die man einer Funktion übergibt, auch »Übergabeparameter« bzw. »Parameter« oder »Argument«. Hier haben wir also einen Parameter, der der Funktion als Variable »wert« übergeben wird.

Danach folgt das, was die Funktion macht. Was macht sie? Sie nimmt die Variable wert mal 2 und liefert diesen doppelten Wert dann zurück. Das war's.

So sieht das in Python zum Beispiel aus:

```
             def verdoppeln(wert):
Definiton

                 doppelwert = wert*2
Berechnung


Rückgabe         return doppelwert
des Ergeb-
nisses
```

Mit `def` wird die Funktion also definiert, mit `return` wird das Ergebnis der Funktion zurückgegeben.

Sobald du diese Funktionsdefinition eingegeben hast, kannst du die Funktion verdoppeln wie einen Befehl in Python verwenden. An jeder Stelle in deinem Programm und beliebig oft.

Das kann zum Beispiel so aussehen:

```
def verdoppeln(wert):
    doppelwert = wert*2
    return doppelwert
x = input("Bitte Wert eingeben")
msgDlg(verdoppeln(x))
```

Alles klar? Es wird ein Wert eingegeben und in x gespeichert, dann wird das Doppelte ausgegeben, indem die neue Funktion verdoppeln für x verwendet wird.

Wie gesagt kann eine Funktion auch mit mehreren Parametern (also übergebenen Werten) arbeiten, wenn sie so definiert wird. Schreibe eine Funktion summe, die zwei Werte erhält, die sie dann addiert und die Summe zurückgibt. Schaffst du das selber?

Hier der mögliche Code für die Funktion:

```
def summe(wert1,wert2):
    zusammen = wert1+wert2
    return zusammen
```

Und im ganzen Programm wäre es dann so verwendbar:

```
def summe(wert1,wert2):
    zusammen = wert1+wert2
    return zusammen
x = input("Bitte Wert 1 eingeben")
y = input("Bitte Wert 2 eingeben")
msgDlg(summe(x,y))
```

Das ist verständlich, oder?

Eine einfache Funktion, die keinen Wert braucht, könnte man zum Beispiel so schreiben:

```
def warnung():
    msgDlg("Achtung, hier ist ein falscher Wert eingegeben worden!")

x = input("Bitte Zahl unter 10 eingeben")
if x<10:
```

```
    print "Danke"
else:
    warnung()
```

In diesem Programm haben wir uns also am Anfang einen neuen Befehl definiert: die Funktion `warnung()`.

Diese Funktion braucht keinen Wert, und sie liefert auch keinen zurück. Alles, was sie macht, ist die Ausgabe eines Warntextes.

Wozu brauchen wir also Funktionen?

Funktionen sind aus mehreren Gründen sehr sinnvoll beim Programmieren. Zum einen machen sie Programme viel übersichtlicher. Eine Funktion kann viele Befehle und Berechnungen nacheinander enthalten – und sie wird im Programm dann nur mit einem einzigen Befehl aufgerufen. Wenn der Funktionsname deutlich genug ist, sind die Programme viel einfacher zu lesen.

Beispiel:

```
if antwort == richtig:
    zeige_smiley()
else:
    spiele_falschsound()
```

Dieses Programm versteht man sofort, weil es zwei klar benannte Funktionen enthält: `zeige_smiley()` und `spiele_falschsound()`

Jede dieser beiden Funktionsdefinitionen (die hier nicht mit aufgeführt sind) ist vielleicht selbst lang und kompliziert – es wird möglicherweise ein Smiley aus mehreren Elementen auf eine Fläche gezeichnet, es wird ein Klang berechnet und abgespielt – aber das braucht uns nicht mehr zu interessieren, wenn die Funktionen erst mal geschrieben sind. Danach werden sie nur noch wie *neue Befehle* verwendet, die genau das machen, was wir festgelegt haben.

Der andere große Vorteil von Funktionen ist, dass man sie in einem Programm immer wieder aufrufen kann, an unterschiedlichsten Stellen. Man muss also einen Programmcode für eine bestimmte Aufgabe nur einmal schreiben und kann ihn dann als Funktionsbefehl überall immer wieder einsetzen. Das macht Programme natürlich auch kürzer und viel einfacher.

> **Funktionen in eigenem Modul speichern**
>
> Jede selbst definierte Funktion (oder auch eine ganze Liste von definierten Funktionen) kann man selbst als Modul in einer Datei speichern. Diese Datei muss man dann nur noch mit dem `import`-Befehl in sein Programm laden und kann alle Funktionen, die darinstehen, dann sofort verwenden. Wir haben das ja schon öfter gemacht, indem wir die mitgelieferten Module `random`, `math` oder `gturtle` importiert haben. Ebenso geht es auch mit eigenen, selbst erfundenen Modulen.

Eigene Funktion »zahlwort«

Jetzt weißt du, wie Funktionen selbst geschrieben werden können. Die Beispiele waren natürlich sehr simpel und dienten nur dem Verständnis. Richtig nützliche Funktionen sind etwas länger und komplizierter – sonst bräuchte man sie nicht.

Daher nun eine kleine Herausforderung: Wir wollen eine Funktion schreiben, die eine Zahl in ein deutsches Zahlwort umwandelt. Also aus 1 wird »eins«, aus 2 wird »zwei« usw. bis 100.

Los geht's – wir definieren eine Funktion:

```
def zahlwort(zahl):
```

Die Funktion heißt also `zahlwort`, und sie erhält als Parameter eine Zahl in der Variable `zahl`, die zwischen 1 und 100 liegen muss.

Ups ... wie macht man das denn jetzt? Wie kann man eine Zahl zwischen 1 und 100 in ein deutsches Wort umwandeln?

Du kommst sicher nach etwas Überlegung von selbst drauf: Wir brauchen hier auch wieder Listen. Klar, am simpelsten wäre eine Liste, die alle Zahlen von 1 bis 100 als Wörter enthält. Aber das wäre eine sehr große Tipparbeit und würde eine sehr lange Liste ergeben.

Programmierer sind faul – ich meine effizient. Wir müssen uns das Ganze vereinfachen, um es kürzer zu machen.

Die Zahlen von 1 bis 19 brauchen wir als Liste – da kommen wir nicht drumherum, denn die sind nicht einfach zusammensetzbar.

Ab 20 brauchen wir nur noch die Zehner und die Einer und können die Zahl daraus zusammensetzen (also »fünf«+»dreißig« oder »neun«+»neunzig«).

Ich zeige hier mal eine Möglichkeit, wie die Listen aussehen könnten, mit denen wir dann arbeiten werden:

```
einer = ["null", "ein", "zwei", "drei", "vier", u"fünf", "sechs", "sieben",
        "acht", "neun", "zehn", "elf", u"zwölf", "dreizehn", "vierzehn", u"fünfzehn",
        "sechzehn", "siebzehn", "achtzehn", "neunzehn"]

zehner = ["null", "zehn", "zwanzig", u"dreißig", "vierzig", u"fünfzig", "sechzig",
        "siebzig", "achtzig", "neunzig", "hundert"]
```

> **Warum steht vor einigen Wörtern ein »u«?**
>
> Dir fällt in der Liste vielleicht auf, dass vor einigen Wörtern ein »u« steht? Zum Beispiel u"fünf" oder u"dreißig". Warum ist das so? Das »u« steht für die universelle Zeichenkodierung Unicode – es stellt sicher, dass Strings, die deutsche Umlaute oder Sonderzeichen enthalten, auch wirklich korrekt angezeigt werden. Normalerweise funktioniert die Anzeige auch ohne das »u« in Python, aber wenn du in *TigerJython* ein eigenes Modul erstellen und später wieder importieren willst (das werden wir nachher machen), dann sollte das »u« dabeistehen, damit die Anzeige von Sonderzeichen immer korrekt bleibt. Das aber nur am Rande – solltest du einmal Probleme mit der Anzeige von Umlauten haben, dann denk dran, die Variable mit u"Text" zu belegen.

Zurück zum Programm:

Wenn die Zahl unter 20 ist, wird das dazugehörige Wort einfach aus der »einer«-Liste genommen. Das ist simpel, nur einen Sonderfall gibt es – die eins, die lautet dann »eins« und nicht »ein«.

```
if zahl < 20:
    wort = einer[zahl]
    if zahl == 1:
        wort = "eins"

return wort
```

Alles klar?

Aber das reicht ja noch nicht. Was ist, wenn die Zahl größer als 19 ist? Sie muss dann in Zehner und Einer auseinandergenommen werden. Daraus setzt sich dann das Wort zusammen.

Wie nimmt man eine Zahl in Zehner und Einer auseinander?

Ganz einfach: Indem man sie mit einer Ganzzahldivision durch zehn teilt, das sind die Zehner, und dann noch einmal durch Modulo-Division den Rest ermittelt, das sind die Einer. Wir hatten so etwas Ähnliches schon ganz am Anfang in unserem Rechner mit Rest.

```
z = zahl // 10
e = zahl % 10
```

Die Variable z enthält jetzt also die Zehner der Zahl, die Variable e enthält die Einer. Damit können wir jetzt das Zahlwort zusammensetzen:

```
wort = einer[e]+"und"+zehner[z]
```

Das Einerwort – dann ein »und« und das Zehnerwort – so werden Zahlen auf Deutsch gebildet. Also »fünf« + »und« + »zwanzig« – oder »neun« + »und« + »neunzig«.

Nur eine Ausnahme gibt es hier auch wieder: Was, wenn die Einer null sind? »Nullundvierzig« ist kein korrektes Zahlwort.

Also muss dieser Fall jetzt auch noch geprüft und gesondert behandelt werden:

```
if e == 0:
    wort = zehner[z]
```

Ganz einfach: Wenn die Einer 0 sind, dann besteht das Zahlwort nur aus den Zehnern.

Am Schluss gibt unsere Funktion die zusammengebaute Variable wort zurück und ist fertig. So sieht die gesamte Funktion aus:

```
def zahlwort(zahl):

    einer = ["null", "ein", "zwei", "drei", "vier", u"fünf", "sechs", "sieben",
            "acht", "neun", "zehn", "elf", u"zwölf", "dreizehn", "vierzehn", u"fünfzehn",
            "sechzehn", "siebzehn", "achtzehn", "neunzehn"]
    zehner = ["null", "zehn", "zwanzig", u"dreißig", "vierzig", u"fünfzig", "sechzig",
            "siebzig", "achtzig", "neunzig", "hundert"]

    if zahl < 20:
        wort = einer[zahl]
```

```
        if zahl == 1:
            wort = "eins"
    else:
        z = zahl // 10
        e = zahl % 10
        wort = einer[e]+"und"+zehner[z]
        if e == 0:
            wort = zehner[z]
    return wort
```

Jetzt kannst du die Funktion benutzen. Schreibe unter die Funktion ein ganz kurzes Programm, in dem du eine Zahl x eingibst und als Ausgabe dann das zahlwort von x erhältst. Zum Beispiel so:

```
x = input("Zahl:")
msgDlg(str(x)+" ist in Worten: "+zahlwort(x))
```

Und jetzt geht's ans Testen: Gib verschiedene Zahlen zwischen 0 und 100 ein.

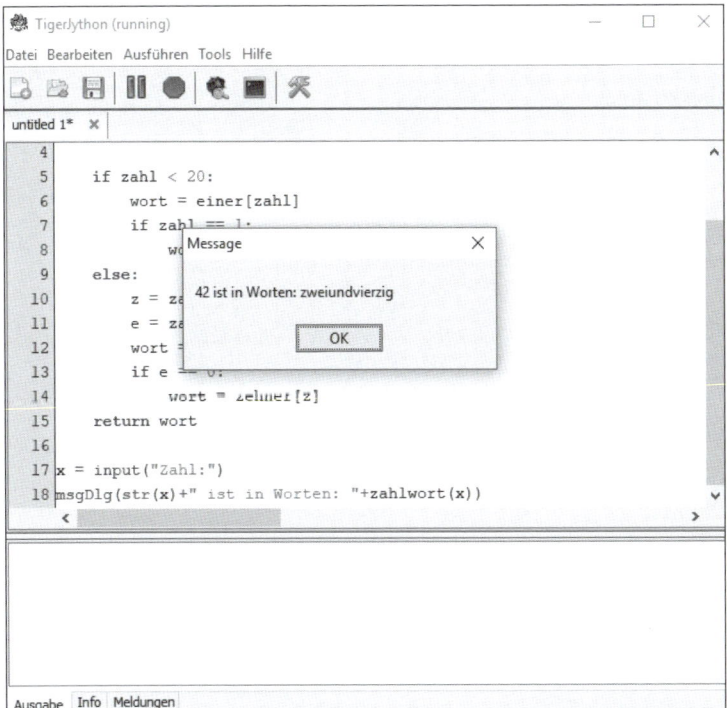

Abbildung 13.1 Zahlen in Wörter verwandeln mit der selbstgemachten Funktion zahlwort

Toll! Es funktioniert, solange man Zahlen zwischen 0 und 100 eingibt. Natürlich könnte man die Funktion jetzt erweitern. Zum Beispiel auf Zahlen bis 1.000 oder bis eine Million. Dann müsste man noch etwas mehr Aufwand betreiben, denn ab 100 werden die Zahlen wieder anders zusammengesetzt.

Man könnte die Funktion auch einfach absichern: Wenn die Zahl größer als 100 ist, liefert die Funktion »Zahl zu groß« zurück.

Man könnte auch prüfen, ob die Zahl kleiner als 0 ist – dann wird sie einfach in eine positive Zahl umgewandelt (mit −1 multipliziert) und ein »minus« dem Zahlwort vorangestellt. Du kannst hier frei experimentieren, wenn du möchtest.

Ein eigenes Modul erstellen

Wenn deine Funktion fertig ist und du sie vielleicht auch in anderen Programmen verwenden möchtest, kannst du dir ein eigenes Modul basteln. Das kannst du dann später in jedes beliebige Programm importieren und damit die Funktion daraus verwenden. Auf die Weise kannst du dir allmählich deinen eigenen »Baukasten« zusammensetzen, der für jedes neue Programm wieder einsetzbar ist. Wir probieren das hier einmal mit unserer zahlwort-Funktion aus.

Der Code sieht jetzt also so aus:

```python
def zahlwort(zahl):
    einer = ["null", "ein", "zwei", "drei", "vier", u"fünf", "sechs", "sieben",
             "acht", "neun", "zehn", "elf", u"zwölf", "dreizehn", "vierzehn",
             u"fünfzehn", "sechzehn", "siebzehn", "achtzehn", "neunzehn"]
    zehner = ["null", "zehn", "zwanzig", u"dreißig", "vierzig", u"fünfzig",
              "sechzig", "siebzig", "achtzig", "neunzig", "hundert"]
    
    if zahl < 20:
        wort = einer[zahl]
        if zahl == 1:
            wort = "eins"
    else:
        z = zahl // 10
        e = zahl % 10
        wort = einer[e]+"und"+zehner[z]
        if e == 0:
            wort = zehner[z]
    return wort
```

Ein eigenes Modul erstellen

Diesen Code speicherst du jetzt als Datei unter dem Namen *zwort.py* ab. *zwort* ist dabei der Name des Moduls. Die Endung *.py* kennzeichnet, dass es ein Python-Programm ist. Achte darauf, dass du die Datei im selben Verzeichnis speicherst wie alle deine anderen Python-Programme, insbesondere das, das dieses Modul importieren will.

Um dein eigenes Modul jetzt in einem neuen Programm zu verwenden, gehst du genauso vor wie bei der Verwendung von `random`, `math` oder `gturtle`. Zum Beispiel so:

```
import zwort
x = input("Zahl eingeben")
msgDlg(zwort.zahlwort(x))
```

oder so:

```
from zwort import *
x = input("Zahl eingeben")
msgDlg(zahlwort(x))
```

Bei der ersten Lösung wird dein Modul `zwort` Python als Bibliothek zur Verfügung gestellt, und um die Funktion `zahlwort()` zu verwenden, musst du immer zuerst den Modulnamen schreiben, dann einen Punkt, dann den Funktionsnamen, also

```
zwort.zahlwort(x)
```

Bei der zweiten Variante importierst du alle Funktionen aus dem Modul `zwort` direkt in dein Python-Programm (in diesem Fall ist es ja nur eine Funktion) – deswegen musst du den Modulnamen `zwort` nicht mehr voranstellen.

Also alles genauso, wie du es schon kennst – nur eben mit deinem eigenen Modul.

> **Achtung: Das Modul im selben Verzeichnis speichern**
>
> Damit Python das Modul wirklich findet, musst du das neue Programm vor dem Ausführen erst **einmal abspeichern** – im selben Verzeichnis wie die Moduldatei. Dann kann das Modul problemlos importiert werden, weil Python nun weiß, wo es gesucht werden muss.
>
> Falls das Modul beim Laden eine Fehlermeldung ausgibt, die etwa so aussieht: »Non ASCII character in file zwort.py but no encoding declared«, dann füge folgende Zeile als erste Zeile in das Modul zwort.py ein, die *TigerJython* mitteilt, welche Kodierung hier verwendet werden soll:
>
> ```
> # -*- coding: utf-8 -*-
> ```

> Damit wird die Zeichenkodierung für das Modul auf jeden Fall korrekt erkannt und verwendet. Dies ist nur wegen der Umlaute auf manchen Systemen notwendig. Bei Modulen, die keine deutschen Umlaute verwenden, gibt es so ein Problem nicht.

Zeichnen mit Funktionen

Zum Abschluss der Funktionen probieren wir noch einmal aus, wie man auch beim Zeichnen mit *gturtle* eigene Funktionen nutzen kann.

Erinnerst du dich, wie man ein Quadrat zeichnet? Es werden da einfach vier Linien von gleicher Länge gemalt, nach jeder Linie dreht sich die Schildkröte um 90 Grad nach rechts. Machen wir eine Funktion draus:

```
def quadrat(laenge):
    repeat 4:
        forward(laenge)
        right(90)
```

So – mit dieser Funktion kannst du jetzt jederzeit ein Quadrat mit beliebiger Seitenlänge zeichnen.

```
from gturtle import *
makeTurtle()
quadrat(100)
```

Das zeichnet ein Quadrat mit der Seitenlänge 100 Pixel von der Stelle an, wo die Schildkröte gerade steht.

Ein Dreieck könnte man ebenso als Funktion definieren.

```
def dreieck(laenge):
    repeat 3:
        forward(laenge)
        right(120)
```

Das macht genau dasselbe wie vorher, nur für ein Dreieck.

Wie wäre es jetzt mit einer universellen Funktion? Also einer Vieleckfunktion, die Dreiecke, Vierecke, Fünfecke, Sechsecke usw. zeichnen könnte? Das hatten wir in Kapitel 12 auch schon einmal – nur dass wir es jetzt als Funktion definieren.

Zeichnen mit Funktionen

Diesmal brauchen wir zwei Parameter, die wir der Funktion mitgeben – einmal die Anzahl der Ecken und einmal die Länge der Seiten.

```
def vieleck(ecken,laenge):
    winkel = 360/ecken
    repeat ecken:
        forward(laenge)
        right(winkel)
```

Der erforderliche Winkel wird berechnet, indem man eine ganze Umdrehung (360 Grad) durch die Anzahl der Ecken teilt, daraus ergibt sich der Rest.

Nun kannst du ein Programm schreiben, das 100 Zufallsobjekte zeichnet. Jedes Objekt hat zwischen 3 und 7 Ecken und eine Seitenlänge zwischen 10 und 100. Auch die Position und die Farbe können zufällig gesetzt werden (mit den Funktionen von gturtle). Und zum Zeichnen wird einfach immer nur die Funktion vieleck() verwendet. Versuche mal, so ein Programm zu schreiben. Erst mal nur in ganz einfacher Fassung, dann kannst du es weiter ausbauen.

```
from gturtle import *
from random import randint

def vieleck(ecken,laenge):
    winkel = 360/ecken
    repeat ecken:
        forward(laenge)
        right(winkel)

makeTurtle()
hideTurtle()
penWidth(3)

repeat 100:
    setPenColor(getRandomX11Color()) # Zufallsfarbe setzen
    setRandomHeading() # zufällige Startrichtung setzen
    setRandomPos(800, 600) # zufällige Startposition setzen
    laenge = randint(10,100)  # zufällige Kantenlänge setzen
    ecken = randint(3,7)   # zufällige Anzahl Ecken
    vieleck(ecken,laenge)
```

Diese Variante ist zum Beispiel eine Möglichkeit. Hier verwenden wir auch den Befehl `setRandomHeading()` = Zufallsrichtung setzen und `penWidth(3)` = Stiftdicke. Damit es schöner aussieht. Aber du kannst es selbst machen, wie du möchtest. Am Ende gibt es jedenfalls ein buntes Bild voll verschiedener Figuren.

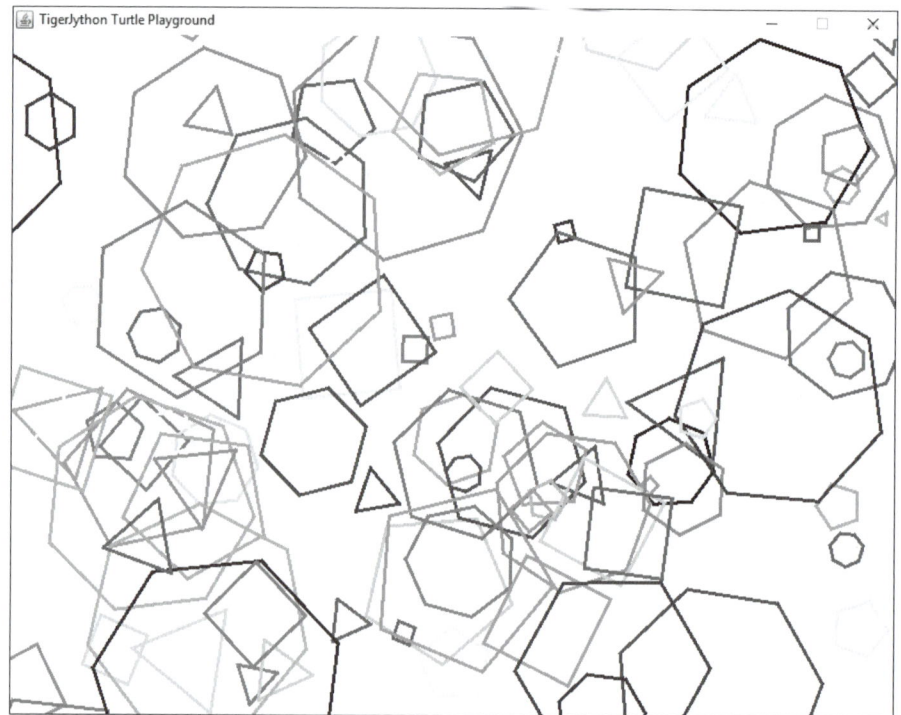

Abbildung 13.2 Moderne Kunst? Zufällige Vielecke in verschiedenen Farben, Positionen und Winkeln

Rekursive Funktionen

Zum Abschluss der Funktionen in Python noch eine Besonderheit, mit der professionelle Programmierer regelmäßig zu tun haben: sogenannte *rekursive Funktionen*. Was ist das?

Rekursive Funktionen sind Funktionen, die sich selbst aufrufen.

Wie? Sie rufen sich selbst auf? Wie soll denn das gehen?

Das geht sehr einfach – aber es gibt ein paar Dinge zu beachten –, und es ist nicht immer ganz leicht, sich klarzuwerden, was da genau passiert.

Hier ist eine einfache Funktion, die sich selbst aufruft:

Die Funktion **rekursiv** …

gibt **x** aus …

und ruft sich selbst mit **x+1** auf.

```
def rekursiv(x):
    print x
    rekursiv(x+1)
```

Die Funktion `rekursiv` wird mit dem Übergabewert `x` aufgerufen. Nehmen wir an, `x` ist beim Aufruf 1. Nun wird `x` ausgegeben (also 1), dann wird die Funktion selbst (`rekursiv(x+1)`) erneut aufgerufen, allerdings diesmal mit dem Wert 2. Die Funktion `rekursiv` ruft sich also selbst auf und ist damit nicht beendet, sondern der nächste Aufruf gibt eine 2 aus, ruft sich dann wieder selbst auf, diesmal mit dem Wert 3 usw. … usw. …

Die Funktion ist also ein Zähler, der immer eine Zahl höher zählt und sich selbst dann weiter aufruft … du siehst wahrscheinlich schon, was das Problem dabei ist. Die Funktion wird nie beendet – stattdessen ruft sie sich bis ins Unendliche immer wieder selbst auf …

Bis ins Unendliche? Wie oft kann eine Funktion sich selbst aufrufen, ohne dass die Programm-Engine ein Problem bekommt? Denn sie muss sich ja schließlich immer »merken«, wo sie gerade ist – welche Funktion gerade welche aufgerufen hat … und das kann nicht unendlich lange gut gehen.

Probiere es einmal aus: Gib die Funktion von oben ein, und füge am Ende noch einen Aufruf der Funktion hinzu:

```
def rekursiv(x):
    print x
    rekursiv(x+1)

rekursiv(1)
```

Was passiert? Der Zähler zählt hoch bis 1.000 – dann kann das Programm nicht mehr und bricht ab:

```
RuntimeError: maximum recursion depth exceeded
```

Also: *Laufzeitfehler. Die maximale Rekursionstiefe wurde überschritten.* Irgendwann reicht es dem Python-Interpreter, und er hat »keine Lust mehr«, sich ewig selbst aufzurufen und sich dabei stets zu merken, auf welcher Ebene er sich jetzt befindet – konkret gibt es irgendwann ernste Speicherprobleme, und der Computer würde »abstürzen«, wenn er nicht irgendwann abbricht.

Wie lösen wir das Problem?

Indem wir eine Bedingung einbauen, wann weiter aufgerufen und wann abgebrochen wird. Nehmen wir an, der Zähler soll bis 100 zählen – die Funktion soll sich also nur so lange selbst aufrufen, bis die 100 erreicht ist.

```
def rekursiv(x):
    print x
    if x<100:
        rekursiv(x+1)

rekursiv(1)
```

Schon besser: Jetzt läuft das Programm schnell durch und zählt von 1 bis 100.

Natürlich wollte ich mit diesem Programm nur zeigen, was Rekursion ist. In der Praxis würde man so einen Zähler wohl anders programmieren. Aber es gibt Aufgaben, bei denen Rekursion durchaus sinnvoll ist. Manche Probleme lassen sich sogar nur durch Rekursion angemessen lösen – oder zumindest viel einfacher.

> **Aufgabe**
>
> Eine neue Aufgabe: Schreibe eine rekursive Funktion, die die mathematische Fakultät einer Zahl berechnet.
>
> *Was ist die Fakultät?*
>
> Fakultät bedeutet, dass eine Zahl mit allen positiven ganzen Zahlen über 0, die kleiner sind als sie, multipliziert wird. Die Fakultät von 5 ist somit 5 × 4 × 3 × 2 × 1 = 120.

Klar, man könnte das in Python auch mit einer Zählerschleife lösen – aber die rekursive Version ist elegant und etwas raffinierter.

```
def fakultaet(x):
    if x == 1:
        return 1
    else:
        return (x * fakultaet(x-1))
```

Verstehst du, wie das funktioniert? Man muss sich beim Denken ein bisschen verrenken. Nehmen wir an, die Funktion wird mit dem Wert 3 aufgerufen. Da 3 nicht gleich 1 ist, wird das `if`-Kommando übersprungen. Jetzt liefert die Funktion mit `return` etwas zurück, aber sie endet noch nicht, denn für die Ermittlung des Rückgabewertes muss die Funktion sich erst einmal selbst aufrufen, diesmal mit der 2 als Wert. Dort passiert wieder dasselbe, die Funktion ruft sich beim `return` wiederum selbst auf, und dann startet sie mit der 1 als Wert. Hier liefert sie nun einfach die 1 zurück und ruft sich nicht mehr selbst auf. Damit wird der zweite Aufruf auch beendet (1 × 2) und der dritte ebenso (2 × 3) – und die Funktion kann endlich beendet werden, das Ergebnis 6 kommt zurück.

Um die Funktion mit verschiedenen Werten auszuprobieren, kannst du die folgenden Zeilen dazuschreiben:

```
f = input("Zahl eingeben:")
print "Die Fakultät von",f,"ist",fakultaet(f)
```

Vorsicht: Die Ergebnisse werden schnell sehr hoch.

> **Für Mathe-Profis: Wozu braucht man die Fakultätsberechnung eigentlich?**
> Die Fakultät spielt eine wichtige Rolle in der Wahrscheinlichkeitsrechnung. Man kann hiermit zum Beispiel die möglichen Anordnungen einer Anzahl von Dingen berechnen. Wenn ich 5 Personen habe, gibt es 120 (Fakultät von 5) Reihenfolgen, in denen sie sich auf eine Bank setzen können. 10 Personen haben bereits über dreieinhalb Millionen Möglichkeiten, wie sie sich auf der Bank anordnen können. Unglaublich – aber beweisbar wahr!

Kapitel 14
Sound programmieren

Bevor es an die Objektprogrammierung und dann an die ersten richtigen Spiele geht, wollen wir uns noch einmal mit Klang beschäftigen – denn durch Klänge werden Programme erst richtig lebendig!

Nicht nur Spiele – jedes Programm kann Klänge und Geräusche abspielen. Oder auch Musik – oder es kann sogar sprechen. Ein Programm, das nicht nur fürs Auge ist, sondern das man auch hören kann, macht einfach mehr her.

Sound in Python abspielen

Alles, was du dazu brauchst, ist eine Klangdatei mit dem Sound, den du haben willst – selbst aufgenommen geht auch! Die kannst du dann in dein eigenes Programm einbinden. Und schon kann dein Programm mithilfe des in *TigerJython* enthaltenen Moduls *soundsystem* jedes beliebige Geräusch oder Musik und Sprache abspielen.

Dazu solltest du am besten etwas mehr darüber wissen, was eine Klangdatei auf dem Computer ist. Wenn du das alles schon weißt, kannst du den nächsten Abschnitt gern überspringen.

Was sind denn eigentlich Klangdateien?

Klangdateien sind »digitalisierte Geräusche, die zu einer Einheit aus Amplitudenwerten zusammengefasst wurden«. Um Klänge zu erzeugen, muss ein Lautsprecher in einer bestimmten Geschwindigkeit (das ist die Frequenz) hin- und herschwingen (die Stärke der Schwingung nennt man Amplitude). Wenn du vor einer empfindlichen Membran singst, dann wird diese je nachdem, welche Töne du singst, anfangen zu schwingen, je lauter, desto stärker, je höher, desto schneller. Wenn diese Membran ihre Schwingungen in elektrische Spannungen umsetzt, die man messen und aufzeichnen kann, hast du ein Mikrofon. Wenn ein Lautsprecher nun diese Schwingungen genau so, wie das Mikrofon sie aufgezeichnet hat, wieder in seinen Membranen erzeugen kann, dann wird eine Aufnahme abgespielt. Das war früher analog: Auf Schallplatten hat eine Nadel während der Schwingungen mehr oder weniger tief in das Vinyl geritzt – auf Tonbändern werden die Schwingungen, während das Band vorbeiläuft, durch unterschiedlich starke Magnetisierung festgehalten.

Digital läuft das alles prinzipiell genauso – aber die Schwingungen des Mikrofons oder Aufnahmegeräts werden bei der Aufnahme in Zahlen umgesetzt, die in extrem schneller Folge, zum Beispiel 44.100 Mal pro Sekunde, gemessen und gespeichert werden (das entspricht dem Standard einer Musik-CD – 44.1 kHz). Das heißt: 1 Sekunde Klang besteht aus 44.100 Zahlen, die nacheinander genau beschreiben, wie weit die Membran in welche Richtung ausschlägt. Wenn der Computer diese 44.100 Zahlen nun in der gleichen Geschwindigkeit wieder an den Lautsprecher sendet und dieser die Zahlen wieder in Membranausschläge umsetzt, ertönt 1 Sekunde lang wieder exakt der aufgenommene Klang.

Das Datei-Format, bei dem jede Zahl genau einem Membranzustand entspricht, nennt man auch WAV-Format – das steht für Wave (Welle). Klangdateien im WAV-Format erkennst du in Windows an der Endung `.wav` – sie waren früher die Standarddateien, um Klänge zu speichern oder abzuspielen.

Da WAV-Dateien aber bei langen Musikstücken sehr viel Speicherplatz einnehmen (wie gesagt: für jede Sekunde 44.100 Zahlen und für Stereo genau doppelt so viel, denn da spielen ja zwei Lautsprecher unterschiedliche Versionen des Klangs ab), hat man zunächst vor allem für die Übertragung über das Internet irgendwann ein Format erfunden, das den (nahezu) gleichen Klang mit viel weniger Daten abspielen kann. Die Klangdaten werden komprimiert – wiederkehrende Muster in den Daten werden zusammengefasst gespeichert, und mit einem komplizierten Verfahren werden die Klangdaten intern genau so weit vereinfacht, dass das menschliche Ohr den Unterschied praktisch nicht wahrnimmt. Dieses Format wurde unter dem Namen *mp3* bekannt. Heute ist das längst der Standard für Audiodateien. Der Computer oder das Gerät, das diese Dateien abspielt, muss sie intern erst einmal wieder dekomprimieren, das heißt, aus einer mp3-Datei wird intern wieder eine WAV-Datei gemacht, die dann (über die Soundkarte) an den Lautsprecher gesendet wird.

Egal, ob du WAV-Dateien oder mp3-Dateien hast: Beides kannst du in *TigerJython* sehr leicht in deine Programme einbinden und abspielen.

WAV-Dateien abspielen

Um überhaupt Klangdateien in einem Programm verwenden zu können, musst du immer als Erstes das Modul `soundsystem` einbinden. Das geschieht am einfachsten über den folgenden Befehl:

```
from soundsystem import *
```

Das Abspielen ist nun ganz einfach. Als Erstes wird der Sound-Player aktiviert und es wird ihm eine Datei gegeben, die er zum Abspielen bereit macht. Danach wird der Player gestartet.

```
openSoundPlayer("klangdatei.wav")
play()
```

Das war's – damit kannst du die Datei namens *klangdatei.wav* abspielen.

Du hast gerade keine wav-Datei zur Hand? Zum Glück hat *TigerJython* schon ein paar kurze Dateien für Geräusche eingebaut. Mit denen kannst du es ganz einfach testen:

```
from soundsystem import *
openSoundPlayer("wav/bird.wav")
play()
```

Starte das Programm und höre hin: Ein kurzes Vogelgezwitscher ist (nach einer kurzen Initialisierungszeit) zu hören. Es hat geklappt.

Probiere noch ein paar andere eingebaute Klänge aus, die in *TigerJython* enthalten sind. Du musst nur den Namen der Klangdatei ändern.

`wav/boing.wav  wav/cat.wav  wav/click.wav  wav/explode.wav  wav/frog.wav  wav/mmm.wav  wav/notify.wav  wav/ping.wav`

Davon kann man vielleicht schon etwas für eigene Programme gebrauchen.

Wenn du deine eigenen WAV-Klangdateien verwenden willst, dann erstelle am besten einen Ordner namens *wav* dort, wo auch deine Programme gespeichert sind, und kopiere deine Klangdateien dort hinein. Nun kannst du sie auch wie oben gezeigt per `soundsystem` abspielen, indem du `"wav/DeinDateiname.wav"` einsetzt.

mp3-Dateien abspielen

Ich nehme an, du hast Musikdateien (wenn du welche hast) vielleicht eher im Format mp3 bei dir vorliegen? Das Abspielen von mp3-Dateien funktioniert prinzipiell genauso wie das Abspielen von wav-Dateien. Nur muss das Programm natürlich wissen, dass es eine Datei im mp3-Format erhält und diese erst einmal dekodieren muss. Deshalb werden mp3-Dateien mit einer anderen Funktion geöffnet:

14 Sound programmieren

```
from soundsystem import *
```

```
openSoundPlayerMP3("mp3/meinSong.mp3")
play()
```

Du brauchst dafür nur eine mp3-Datei – zum Beispiel deinen Lieblingssong – oder eine beliebige Datei, wie du sie massenweise legal aus dem Internet herunterladen kannst. Lege dir in deinem Python-Ordner ein Verzeichnis namens *mp3* an und kopiere deine Datei dorthin. Nun kannst du sie mit Python abspielen. Allerdings musst du das Programm zuvor erst einmal im Python-Ordner speichern, damit Python den mp3-Ordner findet.

Weitere Befehle für den Sound-Player

Neben der Funktion openSoundPlayer() und openSoundPlayerMP3() zum Laden der Datei und dem Befehl play() zum Abspielen der geladenen Datei gibt es noch zahlreiche weitere Befehle im soundsystem, die du später in deinen Programmen verwenden kannst. Hier nur als Einblick die drei wichtigsten:

- pause() – Setzt das Abspielen auf Pause, ein folgendes play() macht dort weiter, wo pausiert wurde.
- stop() – Beendet das Abspielen und setzt die Datei wieder auf Anfang.
- setVolume(v) – damit wird die Lautstärke des Players eingestellt: 0 ist stumm, 1.000 ist das Maximum.

Eigene Musik machen

Du kannst in *TigerJython* sogar ganz eigene Musik machen. Dafür brauchst du nicht einmal das Modul soundsystem, denn es gibt schon den eingebauten Befehl playTone(), der Noten spielen kann. Kannst du Noten?

Probiere mal das hier aus:

```
playTone("cdefgfedc",200, instrument="harp")
```

Wenn du das Programm startest, hörst du eine Tonleiter, die von C bis G hochgeht und dann wieder herunter.

Der erste Wert gibt die zu spielenden Noten an (Kleinbuchstaben: mittlere Oktave, Großbuchstaben: tiefere Oktave, mit Apostroph: höhere Oktave), der zweite Wert (200) die Dauer jedes Tons in Millisekunden, mit dem dritten Wert (den man auch weglassen kann) wird das Instrument gewählt. »harp« klingt auf den meisten Systemen ganz angenehm.

Die Klänge werden über den MIDI-Standard abgespielt, der im Betriebssystem des Computers enthalten ist. Dementsprechend ist die Qualität der Instrumente meist niedrig, aber trotzdem einigermaßen erkennbar. Als Namen der Instrumente kannst du die Standard-MIDI-Namen wie *piano, guitar, harp, trumpet, xylophone, organ, violin, panflute, bird* usw. einsetzen.

Du kannst sogar Töne in unterschiedlichen Längen in einer Liste zusammenfassen, die dann insgesamt abgespielt wird:

```
playTone([("cdeccdecef",300),("g",600),("ef",300),("g",600)], instrument = "harp")
```

Damit wird der Anfang des Kanons »Bruder Jakob« gespielt. Die Liste, die `playTone()` braucht, ist eine Tupel-Liste (wir haben dieses Format bisher nicht verwendet) – aber es geht ganz einfach:

```
playTone ( [("töne",dauer), ("töne",dauer) , (… usw. … , usw. …) ] , instrument="harp" )
```

Innerhalb der Funktionsklammern gibt es also zwei eckige Klammern, die die Ton-Dauer-Paare einschließen. Jede Tonfolge wird dann also mit einer runden Klammer begonnen, danach ein Komma, danach die Länge der Töne als Zahl, dann runde Klammer zu, wieder ein Komma – und die nächste Tonfolge samt Dauer in runden Klammern. Am Schluss eckige Klammer zu, Komma, `instrument = "instrument"` und die Funktionsklammer zu. Das Instrument muss hier also nur einmal ganz am Schluss deklariert werden und gilt für alle Töne in den eckigen Klammern zuvor.

So sieht das ganze Lied dann aus:

```
playTone([("cdeccdecef",300),("g",600),("ef",300),("g",600),("gagf",150),
("ec",300),("gagf",150),("ec",300),("cG",300),("c",600),("cG",300),("c",600)],
instrument = "harp")
```

Klar, anspruchsvolle Musiker kommen damit nicht weit. Dazu ist es zu unpräzise, und die Klänge sind qualitativ zu niedrig. Aber du kannst einfache Tonfolgen durchaus mal in einem Spiel oder Quiz oder einem anderen Programm einsetzen.

Zum Beispiel so:

```
print "du hast gewonnen!"
playTone ("cegc'",100,instrument="harp")
```

> **Aufgabe**
> Baue kleine Tonfolgen in Programme ein, die du schon geschrieben hast!

Sprachsynthese: Lass den Computer sprechen!

Jetzt wird es richtig cool! Mit der Bibliothek soundsystem und weiteren in *TigerJython* bereits eingebauten Komponenten kannst du den Computer auch richtig sprechen lassen! Und zwar jeden Text, den du möchtest!

Probiere mal das hier aus:

```
from soundsystem import *
initTTS() # Text To Speech starten
selectVoice("german-man") # Stimme wählen
voice = generateVoice("Hallo, ich kann sprechen!")
openSoundPlayer(voice)
play()
```

Nach kurzer Initialisierungszeit sagt der Computer deutlich: »Hallo, ich kann sprechen!«

Du brauchst dazu das Soundsystem, das ganz normal importiert wird, dann musst du das TTS (»Text To Speech«) System starten, das geht mit dem Befehl initTTS(). Anschließend muss eine Stimme gewählt werden, das geht mit selectVoice("stimme") – statt »german-man« kannst du gerne auch »german-woman« wählen. Jetzt musst du den Klang deines Textes erzeugen. Das machst du mit der Funktion generateVoice() – das Ergebnis davon öffnest du im Soundplayer und startest ihn, wie mit wav-Dateien auch, nur dass statt einer Datei eine selbst erzeugte Stimmausgabe gespielt wird.

Die ersten drei Befehle brauchen nur einmal am Anfang des Programms ausgeführt werden. Danach kannst du die Stimme mit beliebigen Inhalten immer wieder mit den drei Befehlen

```
voice = generateVoice("Text oder Variable")
openSoundPlayer (voice)
play()
```

abspielen.

Wie wäre es mit einem sprechenden Additionsrechner:

```
from soundsystem import *
initTTS()
selectVoice("german-man")
```

```
x = input("Gib eine Zahl ein:")
y = input("Jetzt die zweite:")
rechnung = str(x)+" plus "+str(y)+" = "+str(x+y)

voice = generateVoice(rechnung)
openSoundPlayer(voice)
play()
```

Du gibst nacheinander zwei Zahlen ein, und der Computer spricht die Additionsaufgabe samt Ergebnis!

Auch in anderen Programmen kann Sprache den Reiz deutlich erhöhen. Zum Beispiel das Zahlenratespiel: Wie wäre es, wenn der Computer dir nur sagt, ob die Zahl zu klein oder zu groß ist oder stimmt? Viel lustiger. So würde das Zahlenratespiel mit Stimmausgabe aussehen:

```
import random
from soundsystem import *
initTTS()
selectVoice("german-man")

zufallszahl = random.randint(1,100)
eingabe = 0
while eingabe != zufallszahl:
    eingabe = input("Rate die Zahl:")
    if eingabe > zufallszahl:
        voice = generateVoice(str(eingabe)+" ist zu groß.")
    if eingabe < zufallszahl:
        voice = generateVoice(str(eingabe)+" ist zu klein.")
    openSoundPlayer(voice)
    play()

voice = generateVoice("Glückwunsch, "+str(eingabe)+" ist die richtige Zahl!")
openSoundPlayer(voice)
play()
```

Kapitel 15

Objekte programmieren

Wir sind jetzt tatsächlich so weit, dass wir uns an den Heiligen Gral der Programmierung machen können: das objektorientierte Programmieren. Wer das beherrscht, kann sich gerne Profi nennen. Und es ist gar nicht schwer – im Gegenteil: Es vereinfacht enorm viel, wenn man erst mal damit umgehen kann. In diesem Kapitel wirst du viel mit einem Toaster zu tun haben und erfahren, warum er ein tolles Objekt ist.

Was wir bisher gelernt und angewandt haben, war das sogenannte »klassische Programmieren«: mit aneinandergereihten Befehlen, Abfragen, Schleifen und Funktionen. Man bezeichnet das auch als »lineares« oder »prozedurales Programmieren«. Mit diesen Techniken kann man im Prinzip jede Aufgabe lösen, und frühere Programmiersprachen haben sich damit auch begnügt. Man kann mit Python, wenn man möchte, ausschließlich »prozedural« programmieren und damit sehr weit kommen.

Heutzutage sind die Computerprogramme aber viel komplexer und umfangreicher als noch vor 30 Jahren, da sie auch anspruchsvollere Aufgaben erledigen. Mit Millionen Zeilen von Programmcode und tausenden von Funktionen und Programmteilen, die miteinander und mit dem Benutzer interagieren, aber alle von einem zentral durchlaufenden Programm gesteuert werden, verliert man als Programmierer irgendwann leicht den Überblick.

Deswegen wurde irgendwann ein Verfahren erfunden, mit dem man die Elemente eines Programms grundlegend anders strukturieren kann – sodass jeder Teil eines Programms sich wie eine unabhängige selbstständige Einheit verhält. Diese eigenständigen Elemente eines Programms nennt man auch Objekte. Die daraus folgende moderne Art zu programmieren ist die »objektorientierte Programmierung« – kurz OOP.

Das objektorientierte Programmieren ist eine spannende und sehr leistungsfähige Erweiterung gegenüber dem normalen Programmieren, und wenn man es einmal verstanden hat, wird klar, dass es viele Vorteile hat und viele neue Möglichkeiten bietet. Man braucht für kleine Prögrämmchen, die einem nur schnell etwas berechnen oder ausgeben, sicherlich nicht unbedingt Objekte zu definieren, aber sobald Programme größer werden und eine Oberfläche haben, die fortlaufend mit dem Nutzer kommuniziert, oder wenn man zum Beispiel Spiele programmieren will, hat es sehr große Vorteile, in Objekten zu denken und zu arbeiten.

Was sind Objekte?

In unserer Alltagswelt haben wir mit allen möglichen Dingen zu tun, die wir verwenden. Das ist ganz banal. Im Grunde kannst du alle Dinge, mit denen du umgehst und die bestimmte Eigenschaften haben, als Objekte betrachten. Beginnen wir beim Frühstück: Der Toaster, in den du dein Toast schiebst und vor dem du wartest, bis er das Brot getoastet hat, ist ein praktisches Objekt. Es ist ein Ding, mit dem du interagierst. Es hat Eigenschaften und Fähigkeiten, die du nutzen kannst.

Nicht nur elektrische Geräte sind Objekte – sondern alles, womit du zu tun hast: Das Glas, in das du dein Getränk füllst, der Teller, der Tisch, der Kochtopf, der Herd ... und überhaupt alles.

Aber der Toaster ist ein gutes Beispiel, weil er in typischer Weise zeigt, was an einem Objekt im richtigen Leben wichtig ist für uns: Ein nutzbares Objekt hat nämlich zahlreiche Eigenschaften – sowohl solche, die feststehen (Farbe, Form, Größe, Stromverbrauch, Anzahl Toastschächte) als auch solche, die der Benutzer selbst verändern kann (Zeitregler, Starthebel). Nachdem der Benutzer (in dem Fall du) die Einstellungen gesetzt hat, wie die Toastzeit, kann er das Objekt benutzen, denn das Objekt hat auch noch ganz spezielle eingebaute Fähigkeiten – nämlich in diesem Fall das Rösten von Brot, das beginnt, sobald das Toastprogramm in ihm durch einen Knopf oder Hebel gestartet wird.

Wie der Toaster genau von innen funktioniert, musst du nicht unbedingt wissen, denn du willst ihn nicht bauen, sondern nur benutzen. Du wirfst die Scheibe Toast hinein, stellst die Dauer ein, startest, und der Toaster tut, was du erwartest.

Objekte in Python

In der objektorientierten Programmierung versucht man, Eigenschaften und Verhalten von Objekten, wie es sie in der wirklichen Welt gibt, in Programmobjekten nachzubilden oder zu simulieren.

Man kann in Python Objekte, die andere programmiert haben, oder die schon enthalten sind, benutzen, wie man im wirklichen Leben einen Toaster benutzt. Man muss dazu nicht mal wissen, wie sie intern funktionieren, sondern nur, wie sie bedient werden. Man stellt Eigenschaften ein, gibt Daten hinein und startet die Funktion des Objekts – am Ende erhält man ein entsprechendes Ergebnis zurück. Um den Toaster sinnvoll zu verwenden, muss man nicht seine eingebaute Elektronik steuern – das tut der Toaster von selber.

Angenommen, es gibt ein Objekt »Toaster« in Python, das irgendjemand für uns als Modell programmiert hat (in diesem Fall war ich das) und das wir unter dem Objekt-Namen `mein_toaster` konkret verwenden.

Das Programmobjekt `mein_toaster` hat *Eigenschaften*, die man auch als *Attribute* oder englisch *Properties* bezeichnet. Es sind die Variablen des Objekts. Weil sie fest zum Objekt gehören, werden sie mit einem Punkt hinter den Objektnamen geschrieben. Zum Beispiel:

```
mein_toaster.farbe
```

Das ist die Farbe unseres Toasters. Nehmen wir an, die Farbe ist nicht jederzeit änderbar – wie bei einem echten Toaster auch. Man muss ihn in der Farbe akzeptieren, die er hatte, als er gekauft wurde. Die Farbe wird also nur beim Herstellen des Toasters bestimmt, später kann man sie nur noch abfragen, nicht aber setzen. Dasselbe gilt für die Anzahl der Schächte im Toaster. Manche haben einen, manche zwei Schächte, manche sogar 4. `mein_toaster.schaechte` enthält die Anzahl der Toastschächte, die man abfragen, nicht aber verändern kann.

`mein_toaster.toast_zeit` gibt die eingestellte Toastdauer an. Diese kannst du hingegen jederzeit auch von außen selbst setzen, wie im echten Toaster, wo es ein Einstellrad gibt. `mein_toaster.toast_zeit = 20` stellt die Toastdauer von meinem Toaster auf 20 Sekunden. Willst du die eingestellte Toastzeit erfragen, fragst du sie zum Beispiel mit `print mein_toaster.toast_zeit` ab.

Zusätzlich dazu könnte unser Toasterobjekt noch ein paar mehr Variablen besitzen. Zum Beispiel `mein_toaster.anzahl_toasts` – das wäre die Anzahl der Toastscheiben, die sich darin befinden. Und `mein_toaster.brot_zustand` – das wäre der Zustand des Brots, das darin liegt (0 = ungetoastet, 1 – leicht getoastet, 2 = stark getoastet, 3 = verbrannt). Auch diese Variablen kann man nur abfragen. Sie verändern sich nur intern – dazu gleich noch.

Objekte in Python enthalten also eigene Variablen, die speziell zu diesem Objekt gehören (genannt Eigenschaften oder Properties). Manche davon kann man von außen verändern, indem man sie einfach auf einen anderen Wert setzt, andere kann man nur abfragen, und nur das Objekt selbst kann sie verändern. Objektvariablen werden immer verwendet, indem man zuerst den Objektnamen schreibt, dann einen Punkt, dann die Objektvariable.

Neben Eigenschaften haben Objekte in der Regel auch spezielle *Fähigkeiten*, sie können etwas machen. In Python bedeutet das: Objekte bestehen nicht nur aus einem Objektnamen und dazugehörigen Variablen, sondern sie können auch *Funktionen* besitzen, die speziell zu diesem Objekt gehören. Funktionen eines Objekts nennt man auch »Methoden des Objekts«.

Die Funktionen eines Objekts legen fest, was das Objekt machen kann. Zum Beispiel kann es eine Funktion `toastReintun(x)` geben. `x` gibt an, wie viele Scheiben Toast reingesteckt werden.

Will man also 2 Scheiben Toast in den Toaster stecken, ruft man die Funktion so auf:

`mein_toaster.toastReintun(2)`

Die Funktion würde zurückmelden: Okay! Oder sie würde melden, »Nicht genug Platz«, weil der Toaster voll ist oder nicht genügend Schächte hat für die Anzahl von Toasts. Nehmen wir an, es ist alles okay. Die Methode `toastReintun(2)` würde bewirken, dass anschließend die Eigenschaft `mein_toaster.anzahl_toasts` gleich `2` ist, und die Eigenschaft `mein_toaster.brot_zustand` wäre gleich `0` (ungetoastet).

Nun gibt es natürlich auch noch die Methode (= Objektfunktion) `toasten()`. Vorher kann man die Toastzeit setzen, zum Beispiel 30 Sekunden: `mein_toaster.toast_zeit = 30`

Danach wird getoastet: `mein_toaster.toasten()`

Wenn gar kein Toast drin ist, wird die Funktion zurückmelden: »Geht nicht, kein Toast drin.« Ansonsten ist alles okay, und der Toaster ist 30 Sekunden beschäftigt, meldet dann: »Fertig.« Nun kann man wieder den Zustand abfragen: Der Toaster enthält 2 Toasts, und sie sind stark getoastet.

Fehlt nur noch die Methode `toastAuswerfen()`. Wenn du die startest, sagt der Toaster: »2 Toasts ausgeworfen. Toaster ist leer.« Wenn du jetzt `mein_toaster.anzahl_toasts` abfragst, erhältst du eine Null.

Wenn du so weit alles verstanden hast, weißt du jetzt, was ein Objekt beim Programmieren ist.

> **Zusammenfassung: Was ist ein Objekt?**
>
> Ein Objekt ist wie eine Simulation von einem eigenständigen Gegenstand in einem Programm: Es ist eine zusammengehörige Einheit von einem Objektnamen, Objektvariablen (Eigenschaften), die man entweder abfragen oder auch verändern kann, sowie Objektfunktionen (Methoden), mit denen das Objekt passende Aktionen durchführen kann. Objekte können sich in gewisser Weise selbstständig verhalten wie kleine unabhängige Geräte, mit denen man kommuniziert. Sie können per Programm eingebaute Aktionen ausführen, oder man kann den Zustand ihrer Attribute abfragen.

Um Objekte, die andere erstellt haben, zu benutzen, musst du im Grunde nicht wissen, wie man sie selbst erstellt. Wie gesagt: Au musst ja auch nicht wissen, wie man einen Toaster baut, wenn du ihn nur verwenden willst, um damit dein Brot zu rösten.

Trotzdem besteht die hohe Kunst des Programmierens später auch darin, sich eigene Objekte zu definieren und diese dann zu verwenden. Wir kommen dazu bald. Erst einmal wirst du lernen, mit Objekten, die es schon gibt, zu arbeiten.

Was du wissen musst, ist, wie du ein vorhandenes Objekt verwendest. Damit du ein Objekt verwenden kannst, musst du es erst einmal erstellen.

Klassen und Instanzen

Klassen? Was soll das denn heißen? *Klassen* kennst du sicherlich aus der Schule – aber das hat mit Objektklassen nichts zu tun.

Klasse oder »*class*« nennt man die *Definition eines Objekts*. Man kann auch sagen, in der *Klassendefinition* wird der Objekttyp beschrieben, die *Objektklasse*. Darin steht alles, was zum Objekt gehört: Sein Name, seine Eigenschaften (Objektvariablen) und seine Methoden (Objektfunktionen).

Nur wenn es eine genaue Beschreibung der Objektklasse gibt, kann man daraus ein konkretes Objekt erstellen und dann damit arbeiten. Das Objekt selber ist nun eine *Instanz der Objektklasse*.

> **Kuchen und Rezept**
>
> Klingt kompliziert? Noch mal einfacher ausgedrückt: Wenn du einen Kuchen backen willst, brauchst du ein Rezept. Das Rezept ist sozusagen die Definition des Kuchens, die *Kuchenklasse*, darin steht genau, welche Zutaten du brauchst und wie du daraus den Kuchen backen musst.
>
> Das Rezept ist aber nicht der Kuchen. Das Rezept kannst du nicht essen. Erst wenn du auf der Grundlage des Rezepts einen Kuchen bäckst – oder zwei oder drei –, hast du die eigentlichen Objekte erstellt. Ohne Rezept kannst du keinen Kuchen backen, das ist die Grundlage. Aber um den Kuchen zu bekommen, musst du ihn erst mit dem Rezept herstellen.
>
> Das Rezept ist hier die Objektdefinition (die Klasse), das Objekt (die Instanz) ist der Kuchen, den du damit herstellst. Aus einem Rezept kannst du beliebig viele Kuchen backen, und du kannst sie später auch verschieden verzieren, schneiden, verändern.

> Jeder Kuchen ist ein ganz eigenes Objekt, mit dem du hinterher ganz unterschiedliche Sachen machen kannst. Aber alle kommen aus derselben Klasse (sind mit demselben Rezept gebacken worden), der Klasse »Kuchen«. Verstanden?

Mit unserem Toasterobjekt ist es ganz ähnlich. Du kannst nur dann ein Toaster-Objekt erstellen, wenn es eine Definition gibt, woraus so ein Toaster genau besteht, welche Eigenschaften und welche Methoden er hat – das ist die Klasse `Toaster`, die dein Programm braucht, um zum Beispiel das Objekt `mein_toaster` zu erstellen, die Klassendefinition ist sozusagen die »Bauanleitung für einen Toaster«.

> **Zusammenfassung: Was ist eine Klasse?**
> Klassen sind Objektdefinitionen. In ihnen steht, wie das Objekt heißt, welche Eigenschaften (Objektvariablen) es hat und welche Fähigkeiten (Objektfunktionen oder Methoden). Die Objekte selber (die »Instanzen« einer Klasse) werden immer aus Klassen erstellt. Wenn ich ein Objekt aus einer Klasse erstelle, hat mein Objekt alle Eigenschaften und Fähigkeiten, die in der Klasse definiert worden sind.

Wie man so eine Klasse in Python selbst definiert, lernen wir sehr bald. Jetzt wollen wir aber erst einmal eine fertige Klasse benutzen und daraus ein Objekt machen.

Die Klasse `Toaster` habe ich bereits beschrieben. Die Attribute können genauso verwendet werden wie vorher im Text beschrieben. Die Klassendefinition muss allerdings vorhanden sein. Dafür habe ich das Modul `toaster_class.py` erstellt (ist bereits in TigerJython eingebaut), das du jetzt verwenden wirst.

Beginne also mit

```
from toaster_class import *
```

Dann startest du das Programm einmal mit dem grünen Pfeil. Es passiert natürlich nichts – aber Python hat jetzt die Objektdefinition (also die Klasse) für den Toaster importiert und kann sie verwenden.

Um jetzt ein eigenes Toaster-Objekt zu erstellen, musst du wissen, wie die Klasse heißt, mit der dein Objekt erstellt werden soll. In diesem Fall heißt sie einfach `Toaster` mit großem T.

> **Schreibweisen: Klassennamen, Methoden und Eigenschaften**
> Klassennamen sollten in Python immer mit einem Großbuchstaben beginnen. Eigenschaften (Objektvariablen) werden hingegen immer klein und bei mehreren Wörtern

> gerne mit Unterstrich geschrieben (*snake_case*), genauso wie normale Variablen. *camelCase* ist aber auch möglich. Objektmethoden (= Funktionen eines Objekts) schreiben wir hier in *TigerJython* immer in *camelCase*, also klein, aber bei mehreren Wörtern beginnen die folgenden Wörter mit einem großen Buchstaben. Diese Schreibweisen sind keine Pflicht, aber sie entsprechen den üblichen Python- und *TigerJython*-Konventionen – es wird dadurch für andere leichter, den Code schnell zu verstehen.

```
mein_toaster = Toaster(schachtanzahl, farbe)
```

So erstellt man also ein Toaster-Objekt in Python.

Allgemein ausgedrückt:

```
objektname = Klassenname(evtl. Startwerte)
```

Als Startwerte braucht dieser Toaster zum einen die Anzahl der Toastschächte (wie viele Toasts passen rein) und außerdem die Farbe. Andere Objekte können oft auch ohne Startwerte erstellt werden, da würde die Klammer einfach leer bleiben.

Also gut: Öffne die Konsole, und schreibe folgenden Befehl hinein:

```
mein_toaster = Toaster(2,"rot")
```

Fertig. Jetzt hast du ein Objekt der Klasse Toaster erstellt. Dein Objekt heißt mein_toaster. Seine Startwerte der Eigenschaften sind: 2 Schächte, Farbe; »rot«.

Jetzt kannst du damit etwas machen. Zum Beispiel den Zeitregler auf 30 Sekunden stellen. Gib alle folgenden Befehle zum Testen einfach in der Konsole ein:

```
mein_toaster.toast_zeit = 20
```

Willst du wissen, wie der aktuelle Zustand deines Toasters ist? Dafür hat unser Objekt auch eine eigene eingebaute Funktion (Methode). Die wird automatisch ausgeführt, wenn du einfach das Objekt mit dem print-Befehl ausgibst.

```
print mein_toaster
```

Das führt zu folgender Ausgabe:

```
Farbe des Toasters: rot
Toastschächte: 2
Eingestellte Zeit: 20 Sekunden
Toasts im Toaster: 0
Zustand der Toasts: ungetoastet
```

Nun kannst du deinen Toaster in Gang setzen, erstmal 2 Toasts rein:

`mein_toaster.toastReintun(2)`

Wenn du denselben Befehl danach noch einmal versuchst, kommt folgende Ausgabe:

`Es ist nicht mehr genügend Platz dafür!`

Klar, denn der Toaster ist voll, wenn schon 2 Toasts drin sind. Das Objekt denkt mit!

Nun wird getoastet:

`print mein_toaster.toasten()`

Der `print`-Befehl steht dabei, weil wir die Rückmeldung der Toastfunktion auch gleich mit anzeigen wollen:

`20 Sekunden vergangen, Toasten erledigt, das Brot ist stark getoastet.`

Nun noch mal den Zustand des Toasters ausgeben:

`print mein_toaster`

Die Ausgabe lautet jetzt so:

```
Farbe des Toasters: rot
Toastschächte: 2
Eingestellte Zeit: 20 Sekunden
Toasts im Toaster: 2
Zustand der Toasts: stark getoastet
```

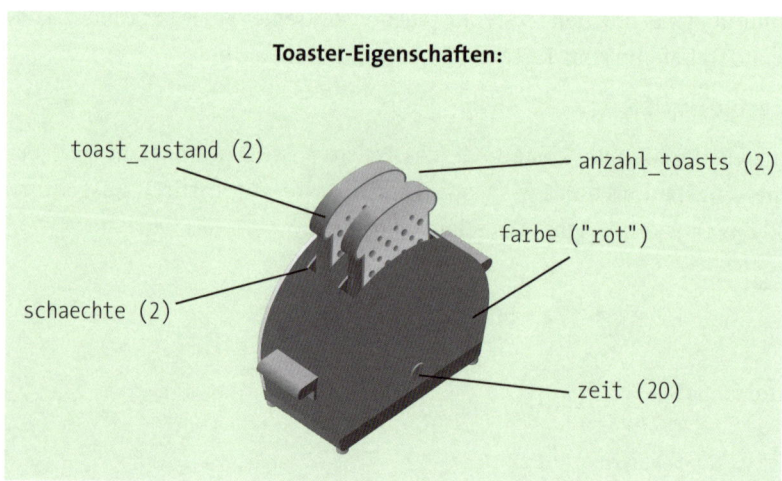

Abbildung 15.1 Der Zustand unseres Toaster-Objekts

Okay – fertig getoastet. Jetzt können die Toastscheiben raus:

```
print mein_toaster.toastAuswerfen()
```

Das ergibt:

```
2 mal Toast ausgeworfen. Zustand: stark getoastet
```

Toll! Jetzt hast du also ein eigenes Toasterobjekt ins Leben gerufen und sinnvoll verwendet! Natürlich muss es nicht bei einem bleiben. Du kannst jetzt jederzeit auch weitere Toasterobjekte erstellen, die ihr ganz eigenes Leben haben.

Mit

```
grosser_toaster = Toaster(4,"schwarz")
```

erstellst du ganz einfach ein zweites Toaster-Objekt. Das ist vollkommen unabhängig vom ersten, auf das du nach wie vor auch noch zugreifen kannst. Weil es ein großer Toaster sein soll, setzt du einfach die Anzahl seiner Schächte bei der Erstellung auf 4. Seine Farbe soll schwarz sein.

In diesen Toaster kannst du jetzt 2 Brote hineinstecken und danach noch mal 2, ohne dass er sich beschwert, denn er hat ja mehr Platz.

```
print grosser_toaster

Farbe des Toasters: schwarz
Toastschächte: 4
Eingestellte Zeit: 10 Sekunden
Toasts im Toaster: 0
Zustand der Toasts: ungetoastet
```

> **Zusammenfassung: mit Objekten arbeiten**
>
> Du hast jetzt gelernt, wie man in Python mit Objekten arbeiten kann. Um ein bereits bestehendes Objekt zu verwenden, muss zuerst die Objektdefinition (die Objektklasse) importiert werden. Anschließend brauchst du alle wichtigen Informationen über das Objekt, um es richtig einsetzen zu können:
>
> 1. den Namen der Objektklasse, um ein neues Objekt zu erzeugen
> 2. die Namen und Typen der Eigenschaften (Variablen) des Objekts, damit du die Eigenschaften eines Objekts richtig setzen kannst
> 3. die Funktionen (Methoden) des Objekts mit Namen und Beschreibung der Parameter, damit du das Objekt aktiv werden lassen kannst.

> Deswegen gibt es zu allen Objektklassen, die du in Python verwenden kannst, seien sie schon eingebaut, oder aus Modulen, die du herunterladen kannst, immer eine Dokumentation, in der klar beschrieben wird, wie die Klasse heißt und wie man sie neu anlegt, dann gibt es eine Liste aller Attribute und was sie bedeuten, und darauf folgt eine Liste aller Methoden mit Namen und Parametern, die sie benötigen, sowie eine Beschreibung, was diese Methoden bewirken. Weiß man das alles, kann man das Objekt mit Python ganz einfach erzeugen, anpassen und steuern. Alles Weitere macht das Objekt mit seinen integrierten Methoden ganz alleine!

Objekte für alles

Nahezu alle professionelle Software, mit der wir heutzutage auf dem PC (oder Smartphone oder Tablet) arbeiten, ist mit Objekten programmiert. Wenn du ein Spiel spielst, kannst du davon ausgehen, dass jede einzelne Spielfigur ein Objekt ist. Die Spielfigur, die du steuerst, ist ein Objekt, das auf deine Tastatur- oder Mauseingaben reagieren und sich dann mithilfe ihrer Methoden bewegen kann, und die Spielfiguren, die der Computer steuert, haben Methoden, mit denen sie sich nach vorgegebenen Regeln ununterbrochen selbst bewegen. Spielfigur-Objekte haben Funktionen, die automatisch gestartet werden, sobald sie mit einer anderen Figur kollidieren oder wenn sie ein vorgegebenes Ziel erreicht haben.

Aber nicht nur Spiele bestehen aus Objekten. Auch so gut wie jede Alltagsanwendung, sei es ein Office-Programm, ein E-Mail-Client, ein Webbrowser, ein Bildeditor oder ein Verwaltungsprogramm, verwendet massenweise Objekte, die das Betriebssystem Windows oder macOS, Linux, iOS oder Android als fertige Klassen zur Verfügung stellt. Jedes Fenster ist ein Objekt, jeder Button, jedes Bild, jedes Textfeld – alles das sind Objekte mit ganz bestimmten Eigenschaften (Position, Größe, Farbe, Text usw.) und mit Methoden (Objektfunktionen, die regeln, was passiert, wenn der Button geklickt wird, Funktionen für das Öffnen, Schließen, Anzeigen, Bewegen des Objekts). Deswegen haben Fenster, Buttons, Scrollbalken, Listen usw. in einem Betriebssystem meist das genau gleiche Layout: Sie werden alle immer aus den vorgegebenen Klassen des Betriebssystems erzeugt – denn Programmierer wollen ja nicht jeden Button neu erfinden, sondern sie verwenden den, den es schon gibt.

Welche Vorteile hat es, wenn man alles mit Objekten programmiert?

Die Vorteile sind für alle Programme, die mehr machen, als nur eine Berechnung durchzuführen, sehr groß. Man kann sogar sagen, ein Spiel oder überhaupt jede App mit grafischer Oberfläche, mit der der Benutzer kommuniziert, wäre ohne Objektprogrammierung kaum noch umsetzbar. Ohne Objekte müsste ein gigantisches Hauptprogramm, das in einer Schleife wieder und wieder durchlaufen werden muss, sich um jedes einzelne Element der Anwendung kümmern – wobei die Anzahl der Elemente sich ja auch noch ständig ändern kann. Hunderte bzw. Tausende von Elementen müssten mithilfe von massenweise Unterprogrammen und Steuerungscode permanent zentral überwacht, aktualisiert und geändert werden.

Verwendet man Objekte, ist der Ansatz ein ganz anderer. Jedes Objekt ist wie ein eigenes unabhängiges Programm, das sich nur um sich selbst und seine Interaktionen kümmert. Programmiert wird nicht mehr der Gesamtablauf des Programms von Anfang bis Ende, sondern es werden Objekte erstellt, und jedes Objekt erhält genau den Programmcode, der für das Objekt notwendig ist – in Form von Objektfunktionen (also Methoden). Jedes Objekt erhält also seine eigene kleine Intelligenz und kann mit seinem Umfeld und dem Gesamtsystem interagieren.

Es ist ein bisschen so, als würde man eine Menge kleiner Roboter bauen und jedem von ihnen Eigenschaften und Verhaltensanweisungen mitgeben. Danach setzt man sie alle zusammen in ein Spielfeld und schaut, wie sie miteinander umgehen. Man kann jeden einzelnen stoppen oder ihm klare Kommandos geben, sie können aber auch ihre eingebauten Programme verwenden und selbstständig handeln. Man kann sie aus dem Spiel nehmen oder jederzeit neue hinzufügen, man kann Kommandos an alle schicken, die befolgt werden müssen, man kann das ganze Spiel starten oder beenden.

> Beim objektorientierten Programmieren baust du dir alle Mitspieler selbst – entweder nach vorgegebenen Plänen oder nach eigenen –, und anschließend lässt du sie miteinander spielen und bleibst selbst der Dirigent.

Die meisten heutigen Programmiersprachen sind in erster Linie für objektorientiertes Arbeiten geschaffen. Java zum Beispiel erlaubt ausschließlich das Programmieren von Objekten, aber auch *C++, C#, Objective-C, Swift* und *VisualBasic* sind speziell für objektorientierte Programmierung entwickelt worden. Es gibt Baukastensysteme zum Lernen wie *Scratch*, wo man durchgehend mit vorgegebenen grafischen Objekten arbeitet, denen man Eigenschaften und Methoden hinzufügen kann, oder sehr einfach bedienbare Komplettsysteme wie *LiveCode*, in denen man sich alle Arten von Programmen aufgrund hunderter bereits eingebauter Objekttypen zusammenbauen kann. Sprachen für die Webprogrammierung wie JavaScript und PHP erlauben das lineare Programmieren für einfache Aufgaben ebenso wie das Erstellen und Verwenden von Objekten – und Python ist ebenfalls universell angelegt, aber von Anfang an vor allem als objektorientierte Sprache geschaffen.

Übrigens: Du hast in Python auch vorher schon sehr häufig mit internen Objekten gearbeitet – nur wusstest du es nicht: So sind in Python Variablen Objekte, Strings sind Objekte, Listen sind Objekte, der `input`-Befehl ruft ein Objekt auf, die Schildkröte ist ein Objekt usw. ...

Kapitel 16

Eigene Objekte definieren

Mit fertigen Objekten arbeiten ist eine tolle Sache. Eigene Objekte zu erstellen, ist die hohe Kunst. Aber auch um sinnvoll mit vorhandenen Objekten umgehen zu können, solltest du verstanden haben, wie Objekte aufgebaut sind und hergestellt werden.

Nun endlich wollen wir unseren Toaster doch einmal in seine Bestandteile zerlegen und sein Innenleben erforschen, denn zum einen sind Objekte viel besser zu verstehen und zu verwenden, wenn man weiß, wie sie in Python aufgebaut werden, zum anderen kommt man in späteren Programmprojekten nicht umhin, sich auch einmal eigene Objekte zu definieren oder zumindest umzuschreiben.

Nehmen wir jetzt also einmal an, es gibt unser Toaster-Objekt noch gar nicht. Wir haben nur eine Idee und wollen uns so ein Objekt erschaffen. Das heißt, wir müssen eine eigene *Klassendefinition* für einen Toaster erstellen.

Um eine neue Objektklasse zu erstellen, beginnen wir in Python immer mit dem Wörtchen

```
class
```

Um jetzt eine Objektklasse mit dem Namen »Toaster« zu definieren, lautet die erste Zeile ganz einfach:

```
class Toaster:
```

Danach folgt eingerückt alles, was zu dieser Klasse gehört. Das sind die Methoden und Funktionen des Objekts. Wenn du Eigenschaften des Toasters definieren willst (also Objektvariablen), geht das zum Beispiel einfach so:

```
class Toaster:
    schaechte = 2
    farbe = "grün"
    anzahl_toasts = 0
    toast_zeit = 10
```

Diese Eigenschaften kannst du jederzeit ändern, nachdem du ein Objekt der Klasse Toaster erzeugt hast.

Zum Beispiel so:

```
mein_toaster = Toaster()
mein_toaster.farbe = "rot"
mein_toaster.schaechte = 5
```

Beachte die unterschiedlichen Schreibweisen für Klassennamen, Eigenschaftsnamen und Methodennamen (Groß- Kleinschreibung, *camelCase* und *snake_case*), wie im letzten Kapitel beschrieben.

Meistens werden die Startwerte eines Objekts aber bei seiner Erzeugung gesetzt. Und das geht am einfachsten mit der Startfunktion, der __init__-Methode.

Die Funktion »__init__«

Als Erstes wird in einer neu erstellten Objektklasse in der Regel die __init__-Funktion definiert. Das ist eine Funktion, die die meisten Objekte haben sollten – eine Spezialfunktion, die intern zum Objekt gehört. Gekennzeichnet werden interne Funktionen (die ein Programm auch nicht von außen aufrufen kann, sondern die automatisch starten) immer durch zwei Unterstriche vor und nach dem Schlüsselwort.

Wozu ist die »__init__«-Funktion gut?

init ist eine Abkürzung für *initialization* – also Initialisierung, Setzen der Grundeinstellungen für das Objekt. Die __init__-Funktion (die auch Konstruktor genannt wird) wird automatisch immer dann ausgeführt, sobald ein neues konkretes Objekt aus der Klasse erzeugt wird. Es ist quasi die Einrichtungsfunktion bei der Erstellung des Objekts.

Wenn ein Programm also ein Objekt mit `mein_toaster = Toaster()` erstellt, dann wird ein Objekt namens `mein_toaster` erzeugt – basierend auf der Klasse Toaster –, und sofort wird automatisch die __init__-Funktion von Toaster gestartet, damit das Objekt seine Grundeinstellungen erhält.

Die __init__-Funktion erhält als Parameter auch die Werte, die bei der Erstellung eines Objekts in Klammern übergeben werden. Sie kann diese dann benutzen, um damit die Objektvariablen zu setzen.

Konkret: Wenn ein neuer Toaster erstellt wird, soll er gleich die Werte für die Anzahl der Schächte und die Farbe mit erhalten, so wie wir es schon gemacht haben.

Das Objekt wird in Python etwa so erstellt:

```
mein_toaster = Toaster(2,"rot")
```

Die `__init__`-Funktion erhält diese beiden Werte und setzt sie entsprechend im Objekt.

```
def __init__(self,schaechte,farbe):
    self.farbe = farbe
    self.schaechte = schaechte
```

Weiterhin setzt die `__init__`-Funktion nun noch alle anderen Attribute (also die Objektvariablen), damit das Objekt grundlegende Eigenschaften hat, wenn es neu entsteht.

```
    self.anzahl_toasts = 0
    self.brot_zustand = 0
    self.toast_zeit = 10
```

Was bedeutet dieses »self«?

`self` steht in der Klassendefinition immer für den Bezeichner des konkreten Objekts. `self` ist immer der erste Parameter, den eine Funktion in einem Objekt erhält. Dieser Parameter wird aber beim Aufrufen nicht in der Klammer mit übergeben, sondern er wird automatisch erzeugt und enthält immer das Objekt, das die Funktion aufruft.

Wenn ich also `mein_toaster = Toaster(2,"rot")` ausführe, dann wird ein Objekt namens `mein_toaster` erstellt. Für dieses Objekt mit dem Namen `mein_toaster` steht das `self` dann quasi als Platzhalter. Überall, wo `self` steht, kann man sich dann `mein_toaster` denken.

`self.anzahl_toasts = 0` bedeutet für das Objekt namens `mein_toaster` also das gleiche wie `mein_toaster.anzahl_toasts = 0`

Es ist wichtig, dieses `self` zu verstehen, denn nur so kann man in einer Klassendefinition Funktionen schreiben, die etwas am Objekt selbst verändern. Die Objektdefinition (also die Klasse) weiß schließlich noch nicht, welches die Objekte sind, die man mit ihr anlegt, und soll für jedes Objekt gelten, das mit ihr erstellt wird. Daher steht überall dort, wo eigentlich der Objektbezeichner hingehört, ein `self`. Wenn dann ein Objekt erstellt wurde und für dieses Objekt Methoden aufgerufen werden, erhält jede Funktion immer als ersten Wert das Objekt selbst (`self`). Dieses wird nicht beim Aufruf übergeben, es kommt quasi beim Aufruf durch ein Objekt automatisch hinein und enthält das Objekt, das die Funktion aufruft. Auch eine Funktion ohne Parameter hat in der Definition immer genau einen Parameter – das `self`.

`self` könnte man also übersetzen mit »das Objekt selber«.

So sieht unsere Klassendefinition für den Toaster jetzt also aus:

```
class Toaster:
    def __init__(self,schaechte,farbe):
        self.schaechte = schaechte
        self.farbe = farbe
        self.anzahl_toasts = 0
        self.brot_zustand = 0
        self.toast_zeit = 10
```

Es wird eine Klasse definiert, die `Toaster` heißt. Beim Erstellen eines Objekts der Klasse »Toaster« werden die zwei Variablen `schaechte` und `farbe` mit übergeben – ein neues Objekt wird hier also immer mit diesen beiden Werten erstellt.

Beim Erstellen des Objekts wird die `__init__`-Funktion automatisch ausgeführt. Sie nimmt die zwei übergebenen Werte und schreibt sie in die beiden Objektvariablen `schaechte` und `farbe`. Außerdem definiert sie die weiteren Objektvariablen (Eigenschaften des Objekts) und gibt ihnen Anfangswerte. `anzahl_toasts` wird auf 0 gesetzt (klar, am Anfang ist der Toaster leer), `brot_zustand` wird auf 0 gesetzt (noch kein getoastetes Brot vorhanden), `toast_zeit` wird auf 10 gesetzt. Die Voreinstellung des Timers ist also 10 Sekunden.

Mit dieser Definition alleine kann man schon ein Objekt erstellen, das Eigenschaften hat.

Mit `toasty = Toaster(4,"blau")` könntest du ein Toaster-Objekt namens `toasty` anlegen, das 4 Schächte hat, das die Farbe Blau hat, das 0 Toasts drin hat und dessen Timer auf 10 Sekunden gestellt ist.

Du kannst dann auch schon alle Eigenschaften abfragen und ändern. `toasty.toast_zeit = 20` würde den Timer auf 20 Sekunden setzen, mit `f = toasty.farbe` kannst du seine Farbe abfragen usw. ...

Und es muss nicht bei einem bleiben – selbstverständlich kannst du jederzeit mehrere Toaster-Objekte mit verschiedenen Namen erstellen – so viele du möchtest, und jedes hat seine eigenen Eigenschaften und Zustände.

Eigene Methoden definieren

Das einzige, was dem Toaster noch fehlt, sind seine spezifischen Fähigkeiten, zum Beispiel das Hinzufügen von Toasts. Er hat jetzt *Eigenschaften*, aber noch keine nutzbaren *Methoden* (außer der automatischen Startmethode).

Eigene Methoden definieren

Die *Methoden* werden innerhalb der Klasse als ganz normale Funktionen definiert – mit der einen Besonderheit, dass eben ihr erster Parameter in der Definition immer self ist und für das aufrufende Objekt steht.

Die erste Methode wird das Einlegen von Toast sein. Sie heißt toastReintun(x) – wobei x die Anzahl der Toasts ist. Ganz simpel würde das so aussehen:

```
def toastReintun(self,anzahl):
    self.anzahl_toasts = self.anzahl_toasts + anzahl
```

Es wird eine Anzahl übergeben. Die Anzahl Toasts, die reingesteckt wird, wird zu den vorhandenen dazugezählt.

Aufgerufen wird die Methode für das Objekt toasty dann zum Beispiel so:

toasty.toastReintun(2)

Die Abfrage

print toasty.anzahl_toasts

ergibt jetzt

```
2
```

Nun könnte man die Funktion noch etwas erweitern, denn wenn man zum Beispiel 5 Toasts reinstecken will, geht das natürlich nicht, da es nur zwei Schächte gibt. Und wenn bereits eins drinsteckt, gehen nicht einmal mehr zwei rein.

```
def toastReintun(self,anzahl):
    if (self.anzahl_toasts + anzahl) > self.schaechte:
        return "Es ist nicht mehr genügend Platz dafür!"
    else:
        self.anzahl_toasts += anzahl
        return (str(anzahl)+" Toasts reingetan.")
```

So wäre die Funktion etwas erweitert. Jetzt kann man nur die Anzahl Toasts reinstecken, die noch reinpassen, sonst gibt die Funktion eine Fehlermeldung zurück.

Wenn du jetzt eingibst,

print toasty.toastReintun(2)

erhältst du die Ausgabe:

```
2 Toasts reingetan.
```

Wenn du dann noch einmal eingibst:

```
print toasty.toastReintun(3)
```

kommt folgende Meldung zurück, wenn `toasty` 4 Schächte hat:

```
  Es ist nicht mehr genügend Platz dafür!
```

Denn weitere drei Toasts passen nicht hinein.

Die Funktion »__str__«

Neben der `__init__`-Funktion gibt es in Klassendefinitionen noch eine weitere interne Funktion, die sehr praktisch ist.

Nehmen wir an, du hast wie zuvor beschrieben ein Objekt der Klasse Toaster namens `toasty` erzeugt. Jetzt möchtest du eine Beschreibung des Objekts ausgeben. Also schreibst du:

```
print toasty
```

Was kommt heraus?

```
<__main__.Toaster object at 0x2>
```

Das sagt zwar korrekt aus, dass `toasty` ein Objekt der Klasse `Toaster` ist, und gibt noch einen dazugehörigen Speicherwert an – aber weitere Informationen erhalten wir nicht. Um das zu ändern, gibt es die `__str__`-Funktion. Die wird nämlich immer dann ausgeführt, wenn das Objekt als Text ausgegeben werden soll. Sie verwandelt das Objekt in einen String (= Text), den man anzeigen kann. (Du hast diese Funktion im vorherigen Kapitel ja schon verwendet.) Wie sie das macht und welche Informationen sie dabei herausgibt, liegt ganz an dir und daran, wie du die `__str__`-Funktion definierst.

Zum Beispiel so:

```python
def __str__(self):
    antwort = "Das Objekt ist ein Toaster. "
    antwort += "Die Farbe ist "+self.Farbe+". "
    antwort += "Er hat "+str(self.Schaechte)+" Schächte. "
    antwort += "Im Moment sind "+str(self.anzahl_toasts)+" Toasts drin. "
    return antwort
```

Die Funktion »__str__«

Hiermit wird also definiert, was passiert, wenn das Programm das Objekt als Text ausgibt.

Gibst du nun ein

`toasty = Toaster(3,"rot")`

`print toasty`

dann kommt folgende Meldung zurück:

```
Das Objekt ist ein Toaster. Die Farbe ist rot. Er hat 3 Schächte. Im Moment
sind 0 Toasts drin.
```

Weil das Objekt `toasty` mit dem `print`-Befehl ausgegeben wird, wird die `__str__`-Funktion (wenn eine vorhanden ist) automatisch ausgeführt, und es kommen die gewünschten Informationen (natürlich könntest du in der Funktion auch noch den Zustand des Brots und die Timer-Einstellung ausgeben – ganz wie gewünscht).

Wenn du willst, kannst du jetzt noch beliebige weitere eigene Methoden definieren. Zum Beispiel die Methode `toasten`.

```python
def toasten(self):
    if self.anzahl_toasts > 0:
        zeit = self.toast_zeit
        if zeit<=15:
            self.brot_zustand +=1
        if zeit >15:
            self.brot_zustand +=2
        if self.brot_zustand >3:
            self.brot_zustand = 3
     zustand = ["ungetoastet", "leicht getoastet", "stark getoastet","verbrannt"]
        return (str(zeit)+" Sekunden vergangen, Toasten erledigt, das Brot ist "+ ↩
zustand[self.brot_zustand])
    else:
        return ("Kein Toast im Toaster!")
```

Alles klar? Es wird geprüft, ob überhaupt Toast im Toaster ist, dann wird der Zustand des Brotes entsprechend der Eigenschaft `toast_zeit` verändert. Der Zustand des Brotes wird anhand der Liste `zustand` ausgegeben. Natürlich kannst du diese Methode auch ganz anders definieren – es liegt an dir.

Nun soll man das Toast auch noch auswerfen können, das kann man zum Beispiel so realisieren:

```
def toastAuswerfen(self):
    zustand = ["ungetoastet", "leicht getoastet", "stark getoastet","verbrannt"]
    info = str(self.anzahl_toasts)+" Mal Toast ausgeworfen. Zustand: ↩
"+self.zustand[self.brot_zustand]
    self.anzahl_toasts = 0
    self.brot_zustand = 0
    return info
```

Mit diesen Klassendefinitionen zusammen erhältst du ein Toaster-Objekt, das mehr oder weniger genau so ist wie das fertige, mit dem du anfangs geübt hast. Nur dass du jetzt weißt, wie man es selber erzeugt.

> **Zusammenfassung: Klassen**
> - Um eine eigene Objektklasse zu erzeugen, schreibst du in Python eine Definition, die immer mit `class Name:` beginnt. `Name` steht dabei für den Namen, den deine Klasse haben soll, und beginnt mit einem Großbuchstaben.
> - Anschließend folgen eingerückt die Variablen (Eigenschaften), die das Objekt besitzen soll, sowie die Funktionen (Methoden), die das Objekt ausführen kann.
> - Variablen können einfach mit `variablenname = wert` innerhalb der Klassendefinition angegeben werden. Sie sind dann Objektvariablen, also Eigenschaften des Objekts, und können später mit `objektname.eigenschaftsname` verwendet werden.
> - Objektfunktionen (Methoden) werden in der Klassendefinition wie normale Funktionen mit `def funktionsname (parameter)` erzeugt, wobei der erste Parameter einer Funktion immer das `self` sein muss, danach können weitere Werte folgen, die der Funktion übergeben werden.
> - In Python gibt es bei Klassendefinitionen Spezialfunktionen wie die `__init__`-Funktion, die automatisch aufgerufen wird, wenn ein Objekt erzeugt wird, und die `__str__`-Funktion, die automatisch aufgerufen wird, wenn der Objektname als String verwendet werden soll.
> - Klassennamen werden immer mit großen Anfangsbuchstaben geschrieben. Alle anderen Variablen und Funktionen (Objektnamen, Eigenschaften, Methoden) werden wie alles andere auch in Python mit kleinen Anfangsbuchstaben begonnen, wobei ich für Methoden in *TigerJython* die Schreibweise *camelCase* empfehle.

Ableitung und Vererbung – ein Supertoaster

Zuletzt noch eine ganz wichtige Eigenschaft von Klassen und Objektdefinitionen. Vielleicht findest du den Toaster ganz nett und erstellst dir in einem Programm mehrere Toaster-Objekte, zum Beispiel toasty, toasty2, toastmaster usw. ... Als Nächstes willst du aber einen zusätzlichen Toaster erschaffen, der noch mehr kann. Einen, bei dem man die Temperatur einstellen kann und der einen Alarm ausgibt, wenn er zu heiß wird. Alle anderen Eigenschaften, die der normale Toaster hat, soll er ebenfalls haben.

Klar – man könnte jetzt einfach eine neue Objektklasse definieren, die mehr Variablen und Funktionen enthält als die bisherige Klasse Toaster. Aber warum das Rad neu erfinden, wenn schon die Grundeigenschaften einmal da sind? Was wir eigentlich brauchen, ist eine *Erweiterung* der Klasse Toaster. Das geht so:

```
class SuperToaster(Toaster):
```

Wieder die Definition einer Klasse, diesmal mit dem Namen SuperToaster, aber in Klammern wird bei der Klassendefinition eine bereits vorhandene Klasse angegeben, nämlich Toaster.

Das bedeutet, dass diese neue Klasse automatisch alle Variablen und Methoden der Klasse »Toaster« übernimmt. Man sagt auch, die eine Klasse »erbt« alles von der anderen Klasse. Die Klasse, von der geerbt wird, nennt man die »Basisklasse«. Oder man sagt auch: SuperToaster ist von der Klasse Toaster *abgeleitet* und erbt ihre Eigenschaften und Methoden.

Die Klasse SuperToaster ist damit in ihrer Definition erst mal identisch mit der Klasse Toaster.

Wenn man das so definieren würde:

```
class SuperToaster(Toaster):
    pass
```

hätte man damit eine neue Klasse definiert, die genau gleich ist wie die Klasse Toaster. (pass bedeutet so viel wie »nichts weiteres hinzufügen«, es ist ein leerer Befehl und kennzeichnet, dass hier nichts mehr hinzugefügt wird und die Klassendefinition damit vollständig ist).

Man könnte jetzt also auch eingeben:

```
toasty = SuperToaster(3,"rot")
print toasty
```

Das Ergebnis wäre genau dasselbe wie vorher bei Toaster. Die Eigenschaften und Methoden von Toaster sind auf SuperToaster übergegangen, sie wurden vererbt. Man kann in diesen Toaster Toast hineintun und es auch toasten.

Aber natürlich ist es nicht sonderlich sinnvoll, eine neue Klasse zu definieren, die genau gleich ist wie die vorherige. Daher kann man die neue Klasse jetzt erweitern.

```python
class SuperToaster(Toaster):
    temperatur = 300
```

Nun haben wir einen Toaster, der sich gleich verhält wie der normale, der aber zusätzlich noch eine Eigenschaft temperatur hat, die am Anfang auf 300 Grad steht. Wir können sie jederzeit verändern:

```python
toasty = SuperToaster(3,"rot")
toasty.temperatur = 250
```

Aber wir können dem neuen Supertoaster jetzt auch noch eigene Methoden hinzufügen, die er dann zusätzlich zu den vorhandenen von Toaster hat. Zum Beispiel das Temperaturtoasten, das Toasten mit der eingestellten Temperatur:

```python
def temptoasten(self):
    if self.temperatur > 500:
        return "Alarm: Der Toaster ist zu heiß!"
    elif self.temperatur < 100:
        return "Das Brot wird nicht getoastet - zu kalt."
    else:
        return self.toasten()
```

Hier wird zuerst geprüft, ob die Temperatur zu hoch ist, dann meldet der Toaster, dass er zu heiß ist, oder zu niedrig, dann meldet er, dass er zu kalt ist. Nur wenn die Temperatur stimmt, wird der normale Toastvorgang aufgerufen – und der steht der Klasse ja dank der Vererbung aller Methoden von Toaster zur Verfügung.

Was ist, wenn wir in der Klasse SuperToaster eine neue Funktion definieren, die aber denselben Namen hat wie die Funktion in der Basisklasse (Toaster)? Zum Beispiel:

```python
class SuperToaster(Toaster):
    def toasten(self):
```

usw ...

Ganz einfach: Dann wird die geerbte Funktion toasten() von der neu definierten Funktion mit dem gleichen Namen überschrieben. Wenn wir in der Klasse SuperToaster eine eigene Funktion `toasten()` definieren, dann gilt nur für die damit erzeugten Objekte noch diese neue Funktion – und nicht mehr die geerbte aus der Basisklasse.

Auf die Weise kann man also neue Klassen definieren, die auf vorhandenen Klassen basieren, aber Teile davon durch andere Funktionen ersetzen. So baut man die *Variation einer Klasse* – zum Beispiel einen Toaster, der im Wesentlichen gleich ist, aber einen ganz anderen Toastmechanismus hat.

Puh … eine ganze Menge war das. Viel, viel Toaster – ich kann verstehen, dass du auf Toast jetzt vielleicht keine Lust mehr hast.

Es ist aber ganz wichtig, dass du die Grundlagen der Objektprogrammierung verstanden hast, denn du wirst später alles mit Objekten programmieren – und wenn du erst einmal verinnerlicht hast, wie es funktioniert, wird es dir ganz natürlich erscheinen und das Programmieren sehr vereinfachen. Zur Praxis geht es dann endlich im nächsten Kapitel mit Objektspielen – da kommt der Spaß dann wieder richtig auf!

> ### Zusammenfassung: Objektprogrammierung
> ▶ *Objekte* sind unter einem bestimmten Namen zusammengefasste Bündel von Variablen (Eigenschaften) und Funktionen (Methoden).
> ▶ Ein Python-Objekt kann wie Objekte in der Wirklichkeit Eigenschaften und Fähigkeiten haben.
> ▶ Die Beschreibung eines Objekts ist die *Klasse* des Objekts. Sie wird in der *Klassendefinition* genau festgelegt. Die Klassendefinition enthält alle Variablen und Funktionen, die dem Objekt zur Verfügung stehen.
> ▶ Die Klasse ist aber nicht das Objekt, so wie das Rezept nicht der Kuchen ist. Aus einer Klasse kann jederzeit ein Objekt erstellt werden (oder mehrere), das dann alle in der Klasse definierten Fähigkeiten hat.
> ▶ Gut programmierte Objekte sind wie eigenständige Elemente eines Programms, denen man Eigenschaften zuweisen und Befehle geben kann, die sie selbstständig ausführen.
> ▶ Objektklassen können entweder von Grund auf neu programmiert werden, oder sie basieren auf einer schon vorhandenen Klasse und erweitern oder verändern diese (Vererbung von Klassen).
> ▶ Für Python gibt es unzählige vordefinierte Objekte, die du einfach importieren und benutzen kannst. Du musst dazu nur wissen, wie die Eigenschaften und Methoden des Objekts heißen, wie sie angesprochen werden und was sie bewirken. Das Arbeiten mit vordefinierten Objekten bietet sehr umfangreiche Möglichkeiten beim Programmieren, die vergleichsweise wenig Aufwand bedeuten.

Kapitel 17

gamegrid – Spiele bauen mit Objekten

Nach der Pflicht jetzt endlich die Kür: Du weißt, was Objekte sind – jetzt lernst du, mit einer sehr mächtigen Objektbibliothek umzugehen. Schritt für Schritt geht es an das Programmieren richtiger Spiele.

Wir haben in den vorangegangenen Kapiteln ja schon so einige praktische Bibliotheken verwendet. Die umfangreichste war die *gturtle*-Bibliothek, mit der man eine zeichnende Schildkröte sowie allerlei bunte Grafiken erzeugen konnte. Auch dies war eine Objektbibliothek – nur haben wir sie noch nicht so richtig objektorientiert genutzt. Man kann damit noch weit mehr machen – zum Beispiel mehrere Schildkröten oder andere Figuren erzeugen, die miteinander kommunizieren ... Aber das darfst du am Ende des Buches, wenn du möchtest, gerne selbst ausprobieren.

Wir wenden uns jetzt einem anderen Modul zu, das ebenso wie *gturtle* im *TigerJython*-Paket bereits enthalten ist. Es heißt *gamegrid*. Das bedeutet übersetzt so viel wie »Spiele-Raster«. Klingt harmlos – aber hinter diesem Namen verbirgt sich eine extrem umfangreiche und sehr leistungsfähige Sammlung von Objektklassen und Funktionen, die alles zur Verfügung stellt, was wir brauchen, um die verschiedenartigsten Spiele zu programmieren: Ein Spielfeld, beliebig bewegbare Figuren, einen Spielablauf, Abfragen von Maus und Tastatur usw. ... *gamegrid* heißt eigentlich *JGameGrid* und wurde ursprünglich als didaktische Spiele-Engine für Java programmiert, also zum Lernen. Da ja *TigerJython* auch auf Java basiert, ist es möglich, die *gamegrid*-Bibliothek komplett in Python zu verwenden und zu steuern.

Du kannst alle diese Funktionen benutzen und ansprechen, indem du einfach die *gamegrid*-Bibliothek importierst und anschließend aus ihren vorgegebenen Klassen Objekte erzeugst, deren Eigenschaften und Methoden du dann mit eigenen Programmen anpasst und steuerst. Wie du ja gelernt hast, ist es dabei wichtig, genau zu wissen, wie die Klassen, Eigenschaften und Methoden heißen, mit welchen Werten sie aufgerufen werden und was sie genau bewirken. Das wollen wir jetzt Schritt für Schritt erkunden und kennenlernen.

Wie gesagt: Um die Bibliothek benutzen zu können, muss sie natürlich zuerst importiert werden. Am Anfang jedes Programms, das mit *gamegrid* arbeitet, steht also immer der folgende Befehl:

```
from gamegrid import *
```

Damit werden unserem Programm einfach alle Funktionen und Klassen aus der Bibliothek *gamegrid* zur Verfügung gestellt.

In der *gamegrid*-Bibliothek gibt es zwei Hauptklassen, aus denen du deine Objekte erzeugen kannst. Nämlich die Klasse mit dem Namen `GameGrid` – das ist das Spielfeld bzw. das Fenster, in dem dein Programm sich abspielt, und die Klasse `Actor` (das bedeutet Darsteller oder Schauspieler) – das sind die »Spielfiguren« – die grafischen Objekte, die sich auf dem Spielfeld bewegen können. (Daneben gibt es noch eine Menge kleinerer Klassen, die später noch zur Verwendung kommen werden).

Ein Spielfeld erzeugen

Um ein Spielfeld zu bekommen, also ein Fenster, in dem unser Spiel stattfindet, musst du zuerst ein `GameGrid`-Objekt erzeugen und anschließend dieses Objekt mit der Methode `show()` anzeigen.

Mit dem Befehl

```
feld = GameGrid()
```

hättest du bereits ein Spielfeldobjekt mit dem Namen `feld` hergestellt – aber wie es bei Objekten üblich ist (erinnere dich an den Toaster), werden bei der Erstellung sinnvollerweise gleich einige grundlegende Eigenschaften des Objekts gesetzt. Zum Beispiel ist die Größe des Spielfensters sehr wichtig, sonst wäre diese nämlich 0. Man kann ein GameGrid-Objekt mit verschiedenen Parametern erzeugen – die `__init__`-Funktion der GameGrid-Klasse ist flexibel und kümmert sich darum, es richtig zu verstehen.

Sehr einfach zum Beispiel ist die Erzeugung mit den Parametern `breite,höhe`:

```
feld = GameGrid(400,400)
```

Damit erzeugst du ein Spielfeld mit einer Breite und Höhe von jeweils 400 Pixel.

Das Erzeugen des Objekts allein genügt aber nicht – man möchte es auch noch sehen. Dafür gibt es in `GameGrid` die Methode `show()`. Jetzt also das erste komplette Programm:

```
from gamegrid import *
feld = GameGrid(400,400)
feld.show()
```

Starte das Programm – und du wirst sehen, was passiert.

Abbildung 17.1 Ein Spielfenster wurde erzeugt. Größe: 400 × 400 Pixel, Inhalt leer und schwarz.

Du hast dein erstes Spielfeld erzeugt. Der Hintergrund ist schwarz, weil keine andere Farbe definiert wurde. Im Titel steht »Jython Game Frame« – auch da kann man natürlich etwas anderes hineinschreiben.

Mit dem Schließsymbol rechts oben (links oben beim Mac) kannst du das Fenster wieder schließen. Das löscht das Objekt und beendet somit dein Programm.

Wir können jetzt die Eigenschaften »Hintergrundfarbe« und »Titelzeile« gleich mal ändern. In *gamegrid* sind für Änderungen von Eigenschaften Methoden definiert. Man kann sie also nicht direkt als Objektvariablen ändern (wie zum Beispiel `feld.titel = "Mein Titel"`), sondern man macht das immer über die eingebauten Objektfunktionen, hier zum Beispiel: `feld.setTitle("Mein Titel")`

Die Hintergrundfarbe ändert man mit der Methode:

`setBgColor(Farbe)`

Dabei kann die Farbe hier auf verschiedene Weisen angegeben werden: zum Beispiel als RGB-Wert (drei Zahlen, die den Rot-, Grün- und Blauanteil der Farbe bestimmen).

`feld.setBgColor(255,255,255)` würde die Hintergrundfarbe auf Weiß setzen (RGB 255,255,255 ist weiß). `BgColor` steht dabei für das englische »background color« = Hintergrundfarbe.

Dasselbe ginge aber auch so:

`feld.setBgColor(Color.WHITE)`

Hier wird ein Objekt `Color` mit einer Eigenschaft `WHITE` verwendet (das ist auch Bestandteil der *gamegrid*-Bibliothek).

Und es ginge auch noch so:

`feld.setBgColor(makeColor("white"))`

Hier wird die Funktion `makeColor()` eingesetzt, die ein englisches Standard-Farbwort in ein Farbobjekt umwandelt.

Du kannst es machen, wie du willst – in diesem Beispiel verwende ich die RGB-Werte, weil man damit über 16 Millionen unterschiedliche Farben erzeugen kann, ganz nach Geschmack.

> **Wie findet man heraus, welche RGB-Werte eine Farbe hat?**
>
> Dank Internet ist das sehr einfach. Suche in deiner Suchmaschine einfach mal nach »Color Picker« – dann erhältst du zahlreiche Tools, mit denen du in einem Farbwähler den gewünschten Farbton heraussuchen kannst und sofort die drei Werte für R, G und B angezeigt bekommst. Geht in Sekundenschnelle.

Nun zur Titelzeile deines Spielfensters: Die änderst du ganz einfach über die Methode: `setTitle("Text")`

So sieht das jetzt im Ganzen aus:

```python
from gamegrid import *
feld = GameGrid(400,400)
feld.setBgColor(255,255,255)
feld.setTitle("Mein Spielfeld")
feld.show()
```

Abbildung 17.2 Das Ergebnis: Ein weißes Spielfenster mit eigener Titelbeschriftung

Du kannst dem `GameGrid`-Spielfeld noch viel mehr Eigenschaften hinzufügen, auch schon beim Erzeugen. Es kann nicht nur Hintergrundfarben, sondern auch ein Hintergrundbild erhalten, das du selbst in einem Grafikprogramm erstellen kannst oder dir anderweitig besorgst (einige Bilder sind in *TigerJython* auch schon eingebaut und verfügbar).

Ändere die Zeile zum Erzeugen des Feldes mal folgendermaßen:

```
feld = GameGrid(600,600,1,None,"sprites/reef.gif",False)
```

Damit erzeugst du ein Spielfeld, das 600 × 600 Pixel groß ist, dessen Zellengröße 1 Pixel groß ist, das kein Raster anzeigt (dafür steht das `None`), das das eingebaute Bild `reef.gif` als Hintergrundbild verwendet und das keine Steuerungsleiste anzeigt (`False`). Teste es mal und sieh dir das Ergebnis an:

Abbildung 17.3 Toll, ein Korallenriff!

Wie man an dem Befehl sieht, kann man bei der Erzeugung des Objekts auch das sogenannte Raster des Spielfelds festlegen. Zum Beispiel kann das Spielfeld eine Zellengröße von 10 Pixel haben und aus 40 × 40 Zellen bestehen. Dann wäre es ebenfalls 400 × 400 Pixel groß, aber die Spielfiguren könnten sich nur von Zelle zu Zelle bewegen, also immer 10 Pixel. Dazu kommen wir später noch ausführlicher – es ist zum Beispiel für Brettspiele sehr praktisch. Zunächst einmal begnügen wir uns aber mit einem Pixel pro Zelle, wie gehabt.

> **Zusammenfassung**
> ▶ Die Klasse, mit der du ein Spielfenster erzeugst, in dem sich dein Programm abspielen wird, heißt GameGrid.
> ▶ Du erstellst ein Spielfenster, indem du ein Objekt der Klasse GameGrid erzeugst, wie zum Beispiel feld = GameGrid().
> ▶ Du kannst dem Objekt bei der Erzeugung gleich grundlegende Eigenschaften wie Größe, Hintergrundfarbe, Hintergrundbild usw. als Parameter in Klammern mitgeben.
> ▶ Diese Eigenschaften lassen sich aber auch nachträglich anpassen, indem du die entsprechenden Eigenschaften und Methoden deines Objekts mit passenden Werten aufrufst.
> ▶ Damit das Spielfeld nicht nur als Objekt existiert, sondern auch auf dem Bildschirm zu sehen ist, musst du es am Ende mit der Methode show() sichtbar machen.

Actor – jetzt kommen die Figuren ins Spiel

Das Spielfeld ist schön und gut – aber damit etwas passiert, brauchen wir dringend Spielfiguren, die sich darauf bewegen.

Für Spielfiguren stellt uns die Bibliothek die ganz wichtige Klasse Actor zur Verfügung. Um eine Spielfigur auf unser Spielfeld zu bringen, sind zwei Schritte nötig:

1. Erzeuge ein Objekt der Klasse Actor.
2. Füge es mit der Methode addActor() dem Spielfeld hinzu.

Eine Spielfigur ist schnell erzeugt. Für unser Korallenriff wollen wir einen Fisch als Figur haben. Das geht so:

```
fisch = Actor("sprites/babelfish.gif")
```

Beim Erzeugen wird also nur der Name der verwendeten Bilddatei angegeben. Hier verwenden wir wieder ein mitgeliefertes Bild.

Nun muss der Fisch noch ins Spielfenster. Das geht so:

```
feld.addActor(fisch,Location(300,300))
```

Die Position des Actors (also die x- und y-Koordinaten) ist bei *gamegrid* ein eigenes Objekt. Wir müssen sie daher mit Location(x-Position, y-Position) einfügen. Hier wird der Fisch an Position x:300, y:300 gesetzt – das ist genau die Mitte des Spielfelds.

Insgesamt sieht das Programm also zum Beispiel so aus:

```
from gamegrid import *
feld = GameGrid(600,600,1,None,"sprites/reef.gif",False)
feld.setTitle("Korallenriff")
fisch = Actor("sprites/babelfish.gif")
feld.addActor(fisch,Location(300,300))
feld.show()
```

Abbildung 17.4 Hurra, der Fisch ist da!

Das wäre jetzt also geschafft: Es ist ein Spielfenster erstellt, und eine Spielfigur (der Fisch) ist darin platziert.

> **Achtung: Der Nullpunkt liegt links oben**
>
> Die Koordinaten im Spielfeld von gamegrid funktionieren anders als bei gturtle. In gamegrid wird immer von links oben gezählt. Das heißt, die Koordinate x:0, y:0 ist ganz links oben. Nach rechts und nach unten werden die Zahlen dann größer. Ganz rechts unten wäre also x:600, y:600.

Der Fisch soll leben

Nun soll das Ganze natürlich lebendig werden. Der Fisch soll sich bewegen. Für Bewegungen hat Actor eingebaute Methoden zur Verfügung. So kann man mit der Methode move(Schritte) den Fisch um eine angegebene Anzahl von Zellen bewegen, und zwar in die Richtung, die der Fisch als Eigenschaft eingestellt hat (zu Beginn ist seine Richtung auf rechts eingestellt). Die Richtung kann man ebenfalls wechseln, zum Beispiel durch turn(grad).

Mit deinen Python-Kenntnissen kannst du jetzt natürlich ein kleines Programm schreiben, das den Fisch automatisch bewegt. Mit der Methode move(1) kannst du das Fischobjekt eine Zelle (hier: 1 Pixel) weiterbewegen, und zwar in die Richtung, in der er sich gerade befindet (das ist am Anfang immer nach rechts). Immer wenn ein Actor seine Position im Spielfeld ändert, musst du außerdem die Methode refresh() des Spielfelds aufrufen, damit es mit den neuen Positionen der Figuren gezeichnet wird – sonst würdest du die Änderung nicht sehen.

Du könntest also an das Ende des Programmes eine Schleife anhängen, in dem der Fisch immer wieder eine Position weiter verschoben wird:

```
repeat 500:
    fisch.move(1)
    feld.refresh()
```

Probiere es mal aus. Was bemerkst du?

Eventuell siehst du den Fisch kurz aufblitzen, aber dann ist er weg.

Wenn er sich nämlich 500 Pixel nach rechts bewegt hat, ist er aus dem Spielfeld verschwunden. Und das Ganze geht so schnell, dass du ihn kaum zu Gesicht bekommst.

Damit ein Spiel spielbar wird, braucht es eine »Taktung« – oder anders gesagt: Es muss eine Verzögerung eingebaut werden, sodass das Spiel im passenden Tempo abläuft.

Dafür gibt es in der *gamegrid*-Bibliothek bereits eine praktische Funktion, die du nutzen kannst: `delay(ms)` – *delay* bedeutet so viel wie »Verzögerung« oder einfach »Pause«, und als Wert wird die Zeit in Millisekunden angegeben, die gewartet werden soll.

```
repeat 500:
    fisch.move(1)
    feld.refresh()
    delay(50)
```

Wenn du es so probierst, mit 50 Millisekunden Pause nach jeder Bewegung, wirst du den Fisch gemütlich nach rechts aus dem Bild schwimmen sehen. So war es gedacht. Das Spiel läuft jetzt im 50-Millisekunden-Takt, also 20 Bilder pro Sekunde, ab.

Dieses Programm läuft übrigens noch so lange weiter, bis der Fisch 500 Pixel nach rechts geschwommen ist. Dem `GameGrid` ist es egal, auf welcher Position der Fisch sich befindet und ob das noch im Bereich des Spielfelds ist. Wenn er außerhalb ist, ist er eben nicht mehr sichtbar.

Mit dem Schließen des Spielfensters ist das Programm also nicht beendet, sondern erst dann, wenn die `repeat`-Schleife abgelaufen ist. Du kannst das Programm aber auch immer vorzeitig beenden, indem du auf den roten Stopp-Button oben im Programmfenster klickst.

Wenn der Fisch nicht einfach verschwinden soll, kannst du sein Bewegungsprogramm natürlich auch etwas erweitern. Sobald er rechts aus dem Fenster ist, wird seine Position wieder nach ganz links gesetzt.

Dafür musst du die x-Position des Fisches abfragen. Dies geschieht in *gamegrid* mit der Funktion `fisch.getX()`. Um die x-Position auf einen neuen Wert zu setzen, verwendest du die Methode `fisch.setX(wert)`.

Also zum Beispiel so, diesmal mit einer `repeat`-Dauerschleife (du erinnerst dich: `repeat` ohne Wert erzeugt eine Endlosschleife), diesmal ist der Fisch etwas schneller:

Endlosschleife	`repeat:`
Fisch bewegen	`    fisch.move(1)`
Bild aktualisieren	`    feld.refresh()`

20 Millisek. warten	`delay(20)`
Von ganz rechts ggf. ...	`if fisch.getX() > 630:`
... nach ganz links setzen	`    fisch.setX(-30)`

Bei x-Position 630 ist der Fisch in etwa rechts aus dem Bild geschwommen. Dann wird er also auf Position −30 gesetzt – das ist genau links vom linken Rand. Anschließend schwimmt er wieder ins Bild hinein.

> **Zusammenfassung**
>
> Um ein Spiel mit der *gamegrid*-Bibliothek zu programmieren, wird erst einmal ein Objekt der Klasse GameGrid erstellt. Das ist das Spielfenster. Es wird auf die gewünschte Größe gesetzt, der Titel kann gesetzt werden, das Raster und der Hintergrund.
>
> Anschließend werden die Spielfiguren als Objekte der Klasse Actor erstellt, und zwar, indem man bei der Erstellung eine Grafikdatei übergibt, die das Aussehen des Spielers bestimmt. Über die Methode addActor() wird die Figur anschließend dem Spielfeld an einer bestimmten Position Location(x,y) hinzugefügt.
>
> Um das Spiel lebendig werden zu lassen, wird im Hauptteil des Programms eine Dauerschleife benötigt, die mit der delay()-Funktion eine Verzögerung eingebaut hat (den Takt des Spiels) und in jedem Durchlauf bei Bedarf die Positionen der Spieler ändern kann. Dazu kann zum Beispiel die x-Position oder die y-Position jedes Spielerobjekts verändert oder die Figur mit der move() oder turn() Methode bewegt werden. In jedem Takt muss die refresh()-Methode des Spielfensters aufgerufen werden, damit die Änderungen sichtbar werden.

Spielfiguren mit Eigenleben

Das funktioniert so alles wunderbar. Aber sobald wir mehrere Spielfigur-Objekte haben, die sich allesamt auf dem Spielfeld tummeln, müsste unser Hauptprogramm nacheinander jede Spielfigur mit ihren Positionen abfragen und sie entsprechend bewegen. Wenn das Spiel dann umfangreicher wird, kommt noch viel mehr hinzu, und schon ist die Gefahr, dass man den Überblick verliert, wieder sehr groß, und das Hauptprogramm wird sehr lang und kompliziert.

Nun ist aber gerade das Großartige an der objektorientierten Programmierung, dass unsere Objekte völlig eigenständig sein können. Wenn der Fisch sich sowieso immer nur nach rechts bewegen soll und dann wieder von links anfängt, dann gehört diese Bewegung als »seine Bewegungsmethode« zum Fisch dazu – und muss nicht von außen in einem separaten Programm gesteuert werden.

Objekte können bekanntlich Eigenschaften und Fähigkeiten haben. Wie wäre es, wenn wir dem Fisch als Fähigkeit das Schwimmen in einer eigenen Methode mitgeben?

Dazu müssen wir am Anfang des Programms eine eigene Fisch-Klasse erzeugen, die von der Klasse Actor abgeleitet ist und der wir eine eigene Fähigkeit mitgeben, das Schwimmen.

```
class Fisch(Actor):
    def schwimmen(self):
        self.move(1)
        if self.getX() > 630:
            self.setX(-30)
```

Wir haben also eine neue Objektklasse mit dem Namen Fisch definiert, die von Actor abgeleitet ist, also alles kann, was Actor kann. Zusätzlich bekommt sie aber jetzt auch noch die Methode schwimmen().

Das Fischobjekt wird jetzt so erstellt und auf das Spielfeld gebracht:

```
fisch = Fisch("sprites/babelfish.gif")

feld.addActor(fisch,Location(200,200))
```

Und die Schleife im Hauptprogramm wird viel einfacher:

```
repeat:
    fisch.schwimmen()
    feld.refresh()
    delay(20)
```

Wenn wir jetzt einen zweiten Fisch hinzufügen wollen, dann ist es noch deutlicher. Erzeugt und aufs Spielfeld gebracht wird er so:

```
fisch2 = Fisch("sprites/babelfish.gif")
feld.addActor(fisch2,Location(200,200))
```

Und die Hauptschleife bekommt nur einen zusätzlichen Befehl:

```
repeat:
    fisch.schwimmen()
    fisch2.schwimmen()
    feld.refresh()
    delay(20)
```

Das gesamte Programm sieht dann zum Beispiel so aus:

```
from gamegrid import *
feld = GameGrid(600,600,1,None,"sprites/reef.gif",False)
feld.setTitle("Korallenriff")
class Fisch(Actor):
    def schwimmen(self):
        self.move(1)
        if self.getX() > 630:
            self.setX(-30)

fisch = Fisch("sprites/babelfish.gif")
feld.addActor(fisch,Location(200,200))
fisch2 = Fisch("sprites/babelfish.gif")
feld.addActor(fisch2,Location(300,300))
feld.show()
repeat:
    fisch.schwimmen()
    fisch2.schwimmen()
    feld.refresh()
    delay(20)
```

Auf die Weise tummeln sich zwei Fische im Wasser, beide schwimmen nach rechts und beginnen dann wieder links, aber die Bewegung musste nur einmal in der Fisch-Klasse definiert werden und ist auf jedes neue Objekt anwendbar, das mit dieser Klasse erzeugt wurde.

Aber es geht sogar noch einfacher und besser mit unserem *gamegrid*.

Das Spielfeld kontrolliert den Takt

Weil *gamegrid* speziell für die Programmierung von Spielen erstellt wurde, hat es auch bereits einen Mechanismus eingebaut, mit dem automatisch in einem vorgegebenen Takt alle Spielfiguren angesprochen werden, ihre Bewegungen oder sonstigen Handlungen durchgeführt werden und dann das Spielfeld neu gezeichnet wird. Wie bei einem Film wird also 50 Mal pro Sekunde ein neues Spielfeld angezeigt, und dazwischen werden die Änderungen vorgenommen. Damit ersparen wir uns die `repeat`-Schleife, die das alles macht. Wie praktisch das ist, werden wir noch sehen. Erst einmal musst du erfahren, wie es genau geht:

Das Spielfeld-Objekt `GameGrid` hat eine Methode, die sich `doRun()` nennt.

Wenn man die aufruft, läuft automatisch intern im Spielfeldobjekt eine Dauerschleife, die exakt im vorgegebenem Zeittakt immer wieder alle auf dem Spielfeld befindlichen Spielfiguren durchgeht und ihre Hauptaktion ausführt. Danach wird jedes Mal ein `refresh()` durchgeführt und das Spielfeld neu gezeichnet. Also läuft alles, was benötigt wird, ganz automatisch, egal wie viele Spielfiguren sich gerade auf dem Spielfeld befinden.

Woher weiß das Spielfeld-Objekt, welche Aktion es bei einer Spielfigur zwischen den Takten ausführen soll?

Das ist in *gamegrid* genau festgelegt. Die Aktion, die ausgeführt werden soll, steht immer in der Methode der Spielfigur, die den Namen `act()` trägt. Standardmäßig ist diese Funktion in der Klasse `Actor` leer. Daher müssen wir für jeden Typ Spielfigur, den wir erstellen wollen, eine abgeleitete Klasse definieren, die auf `Actor` basiert und die eine eigene Funktion `act()` bekommt, in der steht, was diese Figur in jedem Spieltakt machen soll.

Die Dauer eines Spieltaktes wird dem Spielfeld mit der Methode

```
feld.setSimulationPeriod(millisekunden)
```

mitgeteilt, bevor es losgeht.

Kompliziert? Es wird dir bald alles ganz natürlich vorkommen, wenn du dich in *gamegrid* eingearbeitet hast. Das Fischprogramm sieht dann so aus:

```python
from gamegrid import *

class Fisch(Actor):
    def act(self):
        self.move(1)
```

```
            if self.getX() > 630:
                self.setX(-30)

feld = GameGrid(600,600,1,None,"sprites/reef.gif",False)
feld.setTitle("Korallenriff")
fisch = Fisch("sprites/babelfish.gif")
feld.addActor(fisch,Location(300,300))
feld.setSimulationPeriod(20)
feld.show()
feld.doRun()
```

Alles klar? Wenn du das Programm startest, passiert das Gleiche wie vorher: Der Fisch bewegt sich durch das Wasser, immer wieder von links nach rechts. Aber diesmal wird er nicht von einer repeat-Schleife im Programm gesteuert. Das Programm erstellt die Objekte und ist dann beendet. Der Fisch ist jetzt ein ganz eigenständiges Objekt, das sich selber bewegt. Er tut dies, weil das *gamegrid* mit seiner doRun()-Methode dafür sorgt, dass alle 20 Millisekunden die act()-Methode des Fisches aufgerufen wird. Das Fisch-Objekt ist also »lebendig geworden« – es muss nicht mehr von einem Hauptprogramm, also »von außen«, gesteuert werden. Das Spielfeld hat sozusagen seinen eingebauten Filmprojektor angeworfen und läuft jetzt automatisch weiter durch, startet alle 20 Millisekunden die act()-Methoden aller Figuren und erneuert sein Bild dann wieder ... endlos, bis es geschlossen wird.

Was das bedeutet, merkst du vor allem, wenn du mehrere gleiche Objekte brauchst. Wie wäre es, wenn du jetzt einfach mal zehn von diesen Fisch-Objekten erzeugst und dem Spielfeld hinzufügst, an verschiedenen Startpositionen?

Die kannst du auch in einer Schleife erzeugen. Hier ist eine Möglichkeit:

```
x = 50
y = 50
repeat 10:
    fisch = Fisch("sprites/babelfish.gif")
    feld.addActor(fisch,Location(x,y))
    x += 50
    y += 50
```

Die Schleife erzeugt nacheinander zehn Fischobjekte. Damit diese nicht alle an der gleichen Position starten, gibt es die Variablen x und y, die nach jedem Objekt um 50 erhöht werden. Schreibe diese Zeilen dorthin, wo vorher der eine Fisch erzeugt und dem Feld hinzugefügt wurde.

Probiere das mal aus.

Abbildung 17.5 Zehn Fische schwimmen aktiv durch das Bild, und du musst dich nicht um die Steuerung von jedem kümmern. Das tun sie selber im Zusammenwirken mit der Methode doRun() des Feldes.

Das ginge genauso gut mit hundert Fischen, und natürlich könnten die Fische nicht nur unterschiedliche Positionen haben, sondern sie könnten sich mit unterschiedlichen Geschwindigkeiten bewegen, sodass es ein buntes Gewusel gäbe. Das alles würde ganz von selbst funktionieren, wenn man die Aktion für die Fischklasse einmal definiert hat. Jeder der Fische ist ganz eigenständig und hält sich an seine Eigenschaften und Fähigkeiten, ohne von außen gesteuert zu werden.

> **Die Liste mit den Fischen**
>
> Eine Frage könnte dabei noch aufkommen: Wieso werden die zehn Fische auf diese Weise in einer Schleife erstellt – sie haben ja dann alle denselben Namen? Das stimmt im Grunde. Normalerweise kann man nicht zwei unabhängige Objekte nacheinander definieren, die den gleichen Namen haben. Das zweite Objekt würde das erste über-

> schreiben. Hier geht es aber. Da man das Objekt dem GameGrid zufügt, wird es dort unter einem internen Namen und Index eingefügt. GameGrid arbeitet intern mit einer Objektliste, und da ist jedes Objekt separat ansprechbar, auch wenn es bei der Erstellung den gleichen Ursprungsnamen hatte wie die anderen.

Wie müsste man das Programm ändern, damit jeder der Fische eine eigene Geschwindigkeit hat? Wenn du willst, kannst du dich selbst daran machen. Du müsstest die Klasse Fisch noch ein wenig umschreiben und erweitern.

Zum Beispiel so:

```python
class Fisch(Actor):
    speed = 1
    def act(self):
        self.move(self.speed)
        if self.getX() > 630:
            self.setX(-30)
```

Die Variable speed gehört damit zu jedem Fisch als seine Eigenschaft. Am Anfang ist sie 1. Aber für jedes Objekt kann sie auch von außen gesetzt werden – mit einer ganzen Zahl zwischen 1 und 10 zum Beispiel.

Wie wäre es mit einer Zufallszahl? Dann muss allerdings der Befehl randint (erzeugt eine Zufallszahl) noch importiert werden.

Jeder Fisch wird dann so gesetzt:

```python
fisch = Fisch("sprites/babelfish.gif")
    fisch.speed = randint(1,10)
    feld.addActor(fisch,Location(x,y))
```

Insgesamt würde das Programm etwa so aussehen:

```python
from gamegrid import *
from random import randint

class Fisch(Actor):
    speed = 1
    def act(self):
        self.move(self.speed)
        if self.getX() > 630:
            self.setX(-30)
```

```
feld = GameGrid(600,600,1,None,"sprites/reef.gif",False)
feld.setTitle("Korallenriff")

x = 50
y = 50
repeat 10:
    fisch = Fisch("sprites/babelfish.gif")
    fisch.speed = randint(1,5)
    feld.addActor(fisch,Location(x,y))
    x += 50
    y += 50

feld.setSimulationPeriod(20)
feld.show()
feld.doRun()
```

Und das Ergebnis:

Abbildung 17.6 Durch die unterschiedlichen Geschwindigkeiten wuselt es schon fast wie in einem echten Aquarium und sieht richtig plastisch aus.

> **Zusammenfassung**
>
> Die Klasse GameGrid hat eine eingebaute Spielsteuerung, mit der die Objekte stetig agieren können, ohne dass sie von außen gesteuert werden müssen.
>
> Mit setSimulationPeriod(millisekunden) wird die Dauer eines Spieltakts festgelegt, mit doRun() wird die interne Schleife für alle Objekte gestartet. Damit wird in jedem Takt automatisch jede Spielfigur des Spielfeldes durchgegangen und seine Methode act() ausgeführt. Danach wird das Spielfeld aktualisiert, und es wird der nächste Takt gestartet. Es lassen sich beliebig viele neue Objekte dem Spielfeld hinzufügen – wenn sie eine Methode namens act() besitzen, werden sie automatisch in jedem Takt ebenfalls aktiv.

Die Steuerungsleiste in gamegrid

Noch eine sehr praktische Eigenschaft, die in *gamegrid* enthalten ist: Du kannst während der Entwicklung jederzeit die Ausführung der doRun()-Schleife verlangsamen, verschnellern, anhalten, und bei Bedarf kannst du auch Schritt für Schritt weitergehen. Dazu musst du bei der Erstellung des Spielfeldes nur den Parameter True (steht für *Controls = True*) an der letzten Stelle übergeben.

Nimm also noch einmal das Programm von eben und ändere die Zeile

```
feld = GameGrid(600,600,1,None,"sprites/reef.gif",False)
```

in

```
feld = GameGrid(600,600,1,None,"sprites/reef.gif",True)
```

also True statt False als letzten Parameter.

Das Programm läuft genauso – aber jetzt gibt es noch eine Steuerungsleiste unter dem Bild, die für dich noch sehr hilfreich sein kann.

Klicke mal auf PAUSE, danach wieder auf RUN. Du kannst die Hauptschleife also an jedem Punkt anhalten. Wenn du auf PAUSE klickst und dann auf STEP, dann kannst du Takt für Takt immer einzelne Schritte in der Ausführung weitergehen. Mit dem rechten Regler kannst du die Geschwindigkeit gleichzeitig anpassen und ausprobieren, welche Geschwindigkeit für das Spiel ideal ist. Ein Klick auf RESET setzt das Spiel an den Anfangspunkt zurück.

Abbildung 17.7 Volle Kontrolle mit der Steuerungsleiste

Diese Steuerungsleiste ist enorm hilfreich, wenn du selber programmierst und testen musst, ob alles korrekt funktioniert oder wo es noch Probleme gibt. Du siehst vor allem mit der *Step*-Methode exakt, wo sich die Figuren befinden, wie sie sich verhalten, an welcher Stelle es eventuell noch kritisch ist. Beim Entwickeln von Spielen mit *gamegrid* ist es empfehlenswert, die Steuerungsleiste immer einzublenden und zu verwenden. Erst wenn das Spiel fertig ist, kannst du den Parameter wieder auf False setzen.

In den folgenden Beispielen wird die Steuerungsleiste nicht automatisch eingeblendet. Aber du weißt ja, wie du es machen kannst. Wenn du die Beispiele nachbaust oder auch selbst veränderst und erweiterst, solltest du die Steuerungsleiste immer dazunehmen. Das kann dir sehr viel Zeit und Probleme ersparen.

Mehr über gamegrid erfahren

gamegrid stellt sehr viele Klassen, Funktionen und Eigenschaften zur Verfügung. Mehr als wir in diesem Buch überhaupt verwenden können. Um einen guten Überblick zu bekommen, was es eigentlich alles gibt, empfehle ich, im Menü von *TigerJython* auf HILFE zu gehen. Unter APLU-DOKUMENTATION findest du eine Menge hilfreicher Links und Verweise – unter anderem auch zum Modul *gamegrid*, das die wichtigsten Methoden und Eigenschaften der enthaltenen Klassen aufzählt. Das kann oft weiterhelfen.

Kapitel 18
Steuerung und Ereignisse in gamegrid

Im vorigen Kapitel hast du die Bibliothek gamegrid kennengelernt und erfahren, wie du damit ein Spielfeld erstellst und Spielfiguren, die sich darauf selbstständig bewegen können. Jetzt kommt der Rest, den du noch brauchst, um daraus ein echtes Spiel zu machen!

Was wir im letzten Kapitel gemacht haben, war wie ein kleines Aquarium zum Anschauen. Lebendig und hübsch, und es läuft ganz von selbst, wenn die Objekte einmal ins Leben gerufen wurden.

Aber was fehlt noch, um daraus ein Spiel zu machen?

Klar: Bei einem Spiel kann man nicht nur zugucken, sondern man kann selbst etwas steuern. Und es gibt *Ereignisse*, die eintreten können, wie zum Beispiel, dass zwei Figuren sich berühren und dann entweder etwas Gutes oder etwas Schlechtes passiert, je nachdem.

Was wir also noch brauchen, ist die Möglichkeit, eine Figur zu steuern und eine Möglichkeit, dass die Figuren auf Ereignisse reagieren können. Beides hängt direkt miteinander zusammen, denn das Drücken einer Taste auf der Maus oder der Tastatur ist ja auch ein *Ereignis* – und wenn eine Figur darauf reagieren kann, dann lässt sie sich damit steuern.

Es muss also irgendwie gehen, dem Spielobjekt zu sagen, dass es auf Ereignisse reagieren soll. Und die gibt es auch: Man kann einem `GameGrid`-Objekt (also dem Spielfeld) nämlich einen *Event-Listener* hinzufügen. Das heißt übersetzt so viel wie »Ereignis-Abhörer«. Für jede Art von Ereignis gibt es eine spezielle Methode, um sie dem Objekt hinzuzufügen.

Wir probieren das am besten an einem Beispiel aus.

Als Erstes erstellen wir ein ganz einfaches Spielfeld mit weißem Hintergrund und setzen als Figur einen Krebs unten in der Mitte hinein:

```python
from gamegrid import *

class Krebs(Actor):
    pass
```

```
feld = GameGrid(800,600)
feld.setTitle("Krebsspiel")
feld.setBgColor(255,255,255)
krebs = Krebs("sprites/crab.png")
feld.addActor(krebs,Location(400,550))
feld.show()
```

Abbildung 18.1 Hübsch, aber noch nichts Besonderes

Den Krebs haben wir als eigene Klasse definiert, obwohl er noch keine eigenen Funktionen oder Eigenschaften hat. Das folgt. Nehmen wir an, wir wollen diesen Krebs jetzt mit der Tastatur nach links und rechts bewegen können. Es gibt verschiedene Möglichkeiten – eine bewährte probieren wir jetzt aus. Wir geben dem Spielfeld einen *Event-Listener* mit, das heißt, wir sagen ihm, welche Funktion es aufrufen soll, wenn ein Ereignis eintritt – und zwar das Ereignis *Taste gedrückt*.

```
feld.addKeyRepeatListener(tasteGedrueckt)
```

Das bedeutet so viel wie: Füge dem Spielfeld `feld` eine Tastatur-Ereignisfunktion hinzu. Immer wenn das Spielfeld-Objekt aktiv ist und eine beliebige Taste auf der Tastatur gedrückt wird, wird das Objekt `feld` dafür sorgen, dass genau die Funktion ausgeführt wird, die wir ihm angeben. In diesem Fall nennen wir die Funktion tasteGedrueckt(). Die müssen wir natürlich noch schreiben, denn es gibt sie ja noch nicht.

Als Nächstes definieren wir also die Funktion tasteGedrueckt(). Da sie ja durch den Event-Listener dem keyRepeat-Ereignis (= »Taste gedrückt gehalten«) zugeordnet ist, erhält sie als Parameter automatisch den Tastencode der gedrückten Taste.

Dafür müssen wir natürlich wissen, welcher Code welcher Taste entspricht. Finden wir es doch einfach selbst heraus!

```
def tasteGedrueckt(tastencode):
    print tastencode
```

Das wäre jetzt unsere Funktion tasteGedrueckt(), die automatisch ausgeführt wird, wenn eine Taste gedrückt wird – dafür sorgt das Objekt feld, weil es den *Event-Listener* bekommen hat. In diesem Fall wird also der Tastencode einfach nur ausgegeben. Das ganze Programm sieht jetzt so aus:

```
from gamegrid import *
class Krebs(Actor):
    pass

def tasteGedrueckt(tastencode):
    print tastencode

feld = GameGrid(800,600)
feld.setTitle("Krebsspiel")
feld.setBgColor(255,255,255)
krebs = Krebs("sprites/crab.png")
feld.addActor(krebs,Location(400,550))
feld.addKeyRepeatListener(tasteGedrueckt)
feld.show()
```

Starte es mal. Was passiert? Der Krebs erscheint wie immer – aber das interessiert uns gerade nicht. Sobald du eine Taste auf der Tastatur drückst, wird deren Code im Ausgabefenster angezeigt. Wenn du sie gedrückt hältst, dann sogar mehrfach. Jetzt kannst du also ablesen, welche Taste welchen Code hat.

Mit welchen Tasten sollen wir den Krebs nach links und rechts bewegen?

Am besten sind zur Steuerung wahrscheinlich die Pfeiltasten – Pfeil nach links, Pfeil nach rechts. Mit dem Programm kannst du sofort herausfinden, welchen Code diese beiden Tasten haben: nämlich 37 und 39. Also kannst du die Funktion tasteGedrueckt()

jetzt umschreiben. Wenn linker Pfeil gedrückt, bewege den Krebs 5 Pixel nach links, wenn rechter Pfeil gedrückt, bewege den Krebs 5 Pixel nach rechts. Die Bewegungen kannst du entweder mit move und turn machen – einfacher ist es hier aber, die x-Position des Krebses abzufragen und entweder plus 5 oder minus 5 zu rechnen und sie neu zu setzen.

```
def tasteGedrueckt(tastencode):
    xpos = krebs.getX()
    if tastencode == 37:
        krebs.setX(xpos - 5)
    elif tastencode == 39:
        krebs.setX(xpos + 5)
    feld.refresh()
```

Am Schluss steht natürlich feld.refresh(), weil wir in diesem Programm noch keine doRun()-Schleife haben, die das automatisch macht. Das kommt später dazu, dann brauchen wir das refresh() nicht mehr selbst aufzurufen.

Teste mal!

Abbildung 18.2 Hurra, der Krebs lässt sich steuern!

Ein kleiner Schönheitsfehler, der sich leicht beheben lässt, ist, dass man den Krebs auch links und rechts aus dem Spielfeld herausbewegen kann, sodass er nicht mehr sichtbar ist und man nicht mehr weiß, wie weit er eigentlich entfernt ist. Kannst du das selbst beheben?

Lösen kann man das zum Beispiel so:

Vor dem Bewegen nach links wird geprüft, ob der Krebs weit genug rechts steht (also mindestens 30 Pixel von linken Rand), und vor dem Bewegen nach rechts wird geprüft, ob der Krebs weit genug links ist.

```
def tasteGedrueckt(tastencode):
    xpos = krebs.getX()
    if tastencode == 37: # links
        if xpos > 30:
            krebs.setX(xpos - 5)
    elif tastencode == 39: # rechts
        if xpos < 770:
            krebs.setX(xpos + 5)
    feld.refresh()
```

Und schon bleibt der Krebs im Spielfeld und lässt sich nicht mehr herausbewegen.

Super! Das Ganze geht allmählich in Richtung echtes Spiel! Nächster Schritt: Es kommen Figuren hinzu, mit denen der Krebs zu tun bekommt.

> **Zusammenfassung**
>
> Um in einem Spiel die Maus oder die Tastatur zur Steuerung verwenden zu können, müssen die Objekte in *gamegrid* in der Lage sein, Maus- und Tastaturereignisse »abzuhören« und auf sie jeweils reagieren zu können. Zu diesem Zweck fügt man den Objekten einen *Event-Listener* hinzu – das ist eine Definition, auf welches Ereignis das Programm mit welcher Funktion reagieren soll. Mit feld.addKeyRepeatListener(tasteGedrueckt) sagen wir dem Spielfeld-Objekt, dass es auf Tastendrücke der Tastatur achten soll und, sobald eine Taste gedrückt wird, die Funktion tasteGedrueckt() aufrufen soll. Diese Funktion musst du natürlich selbst schreiben. Sie hat als Parameter automatisch den Code der gedrückten Taste und kann dann auswerten, welche Taste gedrückt wurde, und legt fest, wie darauf zu reagieren ist.

Erweiterung der Spielidee

Das Ziel: Es sollen Luftblasen von oben herunterkommen. Erst mal nur eine, dann machen wir mehrere draus. Die Luftblasen sollen jeweils eine eigene Geschwindigkeit haben. Dazu brauchen wir nun wieder die doRun()-Methode des Spielfelds, damit das Spiel einen Takt bekommt, und eine eigene Luftblasenklasse, die eine act()-Methode enthält – genau wie bei den sich bewegenden Fischen vorher, nur dass die Bewegung von oben nach unten geht.

Definieren wir also die Luftblase. Sie soll sich von oben nach unten bewegen – also etwa von y-Position 600 bis y-Position 0. Danach soll sie automatisch wieder ganz oben anfangen und neu ins Bild kommen. Die vertikale Position setzen wir ähnlich wie die horizontale, nur jetzt mit getY() und setY().

```python
class Luftblase(Actor):
    def act(self):
        ypos = self.getY()+3
        self.setY(ypos)
        if ypos>600:
            self.setY(-10)
```

Das ist die Grundidee für die Luftblasenklasse, die wir bald noch erweitern werden. Die vertikale Position (ypos) wird ermittelt, und es werden 3 dazugezählt, dann wird die Blase auf die neue Position gesetzt, bis sie größer als 600 ist (ganz unten am Rand – danach geht es wieder nach oben).

Um das zu testen, musst du aus der Klasse Luftblase natürlich noch ein Objekt erzeugen – und damit die act()-Methode in jedem Takt regelmäßig ausgeführt wird, muss auch die automatische Schleife des Feldes doRun() aktiviert werden.

```python
blase = Luftblase("sprites/bubble1.png")
feld.addActor(blase,Location(400,-10))
feld.setSimulationPeriod(20)
feld.show()
feld.doRun()
```

Wenn das alles klar ist, hast du jetzt folgendes Programm – beachte, dass nun das refresh() nach der Positionsänderung entfällt, denn aktualisieren wird die doRun()-Methode das Feld alle 20 Millisekunden sowieso schon automatisch:

```python
from gamegrid import *

class Krebs(Actor):
```

```
        pass

class Luftblase(Actor):
    def act(self):
        ypos = self.getY()+3
        self.setY(ypos)
        if ypos>600:
            self.setY(-10)


def tasteGedrueckt(tastencode):
        xpos = krebs.getX()
        if tastencode == 37:
            if xpos > 30:
                krebs.setX(xpos - 5)
        elif tastencode == 39:
            if xpos < 770:
                krebs.setX(xpos + 5)

feld = GameGrid(800,600)
feld.setTitle("Krebsspiel")
feld.setBgColor(255,255,255)
krebs = Krebs("sprites/crab.png")
blase = Luftblase("sprites/bubble1.png")
feld.addActor(krebs,Location(400,550))
feld.addActor(blase,Location(400,-10))
feld.setSimulationPeriod(20)
feld.addKeyRepeatListener(tasteGedrueckt)
feld.show()
feld.doRun()
```

Wenn du es startest, erscheint der Krebs, den du nach wie vor hin und her bewegen kannst – und es erscheint gleichzeitig eine Luftblase, die von oben nach unten fällt, und dann wieder oben beginnt.

Cool – aber nun die spannendste Frage: Wie macht man es, dass etwas passiert, wenn der Krebs die Luftblase berührt?

Kollision: Interaktion zwischen Spielfiguren

Bei den meisten Spielen geht es darum, dass Figuren sich gegenseitig berühren oder auch vermeiden müssen. Es muss hier also auf ein Ereignis reagiert werden, das eintritt, wenn zwei Figuren sich überlappen. Dieses Ereignis nennt sich *Kollisionsereignis*. Und natürlich hat *gamegrid* auch ein klar definiertes Verfahren, wie damit umgegangen wird. Um Kollisionen in einem Programm verarbeiten zu können, sind im *gamegrid*-System zwei Dinge erforderlich:

1. Das Objekt (die Spielfigur), mit dem die Hauptfigur kollidieren kann, muss mit der Methode addCollisionActor() der Hauptfigur hinzugefügt werden und ist dann in dessen Liste der Kollisionsobjekte.
2. In der Hauptfigur, die vom Spieler gesteuert wird, muss eine Methode collide() definiert werden, die automatisch ausgelöst wird, wenn sie mit einem Kollisionsobjekt aus der Liste zusammenstößt. Die Methode erhält als Parameter automatisch zwei Werte, nämlich die zwei Objekte, die miteinander kollidiert sind.

Also konkret: Der Krebs braucht eine Funktion mit dem Namen collide(), die alle Aktionen enthält, die bei einer Kollision ausgeführt werden sollen. Diese Funktion wird aber nur aufgerufen, wenn der Krebs mit einem Objekt kollidiert, das in seiner Kollisionsliste steht.

Also muss jede Luftblase, die erstellt wird, gleich nach der Erstellung dem Krebs in die Kollisionsliste geschrieben werden. Das geschieht mit krebs.addCollisionActor(blase)

Die Erstellung des Luftblase-Objekts ändert sich also folgendermaßen:

```python
blase = Luftblase("sprites/bubble1.png")
krebs.addCollisionActor(blase)
feld.addActor(blase,Location(400,-10))
```

Die Zeile in der Mitte ist neu – damit wird das Luftblasenobjekt in die Liste der Kollisionsobjekte für den Krebs eingetragen. Damit ist der Krebs bereit für die Kollision mit der Luftblase. Nun müssen wir ihm nur noch sagen, was er im Fall eines Zusammenstoßes machen soll.

Also legen wir in der Klassendefinition für Krebs (die bisher ja noch leer ist) die Funktion collide() an, das sieht zum Beispiel so aus:

```python
class Krebs(Actor):
    def collide(self,actor1,actor2):
        feld.removeActor(actor2)
        return 0
```

Hier fallen mehrere Dinge auf, die erläutert werden müssen. Die Funktion, die ausgeführt wird, wenn zwei Objekte sich berühren, heißt immer collide() (das schreibt *gamegrid* so vor) – und wie schon erwähnt, bringt diese gleich zwei Parameter mit, nämlich zwei

Objekte, die unter dem Namen `actor1` und `actor2` zur Verfügung gestellt werden. `actor1` ist das erste Objekt, das kollidiert ist (in diesem Fall der Krebs), und `actor2` ist das Objekt, mit dem der Krebs kollidiert ist (also die Luftblase).

Was tut die Funktion nun? Sie löscht die Luftblase aus dem Spielfeld. Dazu dient der Befehl `feld.removeActor(actor2)`.

`removeActor()` ist also das Gegenteil von `addActor()` – anstatt eine Spielfigur hinzuzufügen, wird sie gelöscht. Und somit verschwindet die Luftblase, wenn sie den Krebs berührt, und ist nach dem nächsten Refresh auch nicht mehr zu sehen (Refresh geschieht ja mit `doRun()` automatisch alle 20 Millisekunden).

Als Letztes steht noch `return 0` in der Funktion. Die Funktion `collide` muss nämlich immer einen ganzzahligen Wert mit `return` zurückgeben. Der wird zwar hier nicht benutzt – aber wir müssen ihn anlegen, sonst funktioniert es nicht, und das Programm würde abbrechen.

So – damit ist die Kollisionsfunktion geschrieben, und es kann einen Test geben. Probiere das Programm mal mit den Erweiterungen aus:

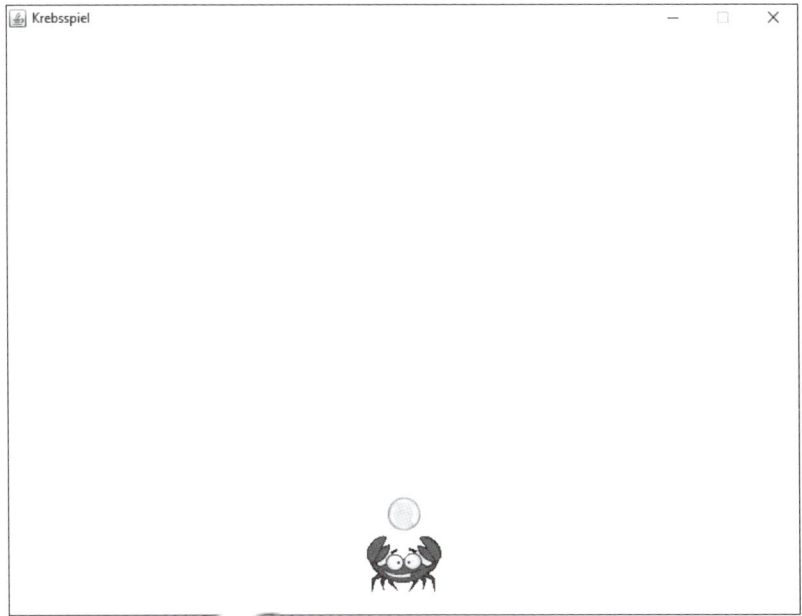

Abbildung 18.3 Unmittelbar vor dem Aufprall: Danach verschwindet die Luftblase.

Es funktioniert! Jetzt kannst du es ganz einfach erweitern. Eine Luftblase reicht natürlich nicht – sondern jetzt sollen es viele werden. Das ist gar kein Problem. Du erstellst einfach 100 Luftblasenobjekte. Die kann der Krebs dann einsammeln.

Wo sollen die 100 Blasen platziert werden? Sie müssen ja logischerweise alle an verschiedenen Stellen sein, sonst wären sie alle übereinander. Ich würde empfehlen, sie einfach mal zufällig zu platzieren, das heißt: x-Position zwischen 30 und 770 und y-Position zwischen –30 und –570. Dann kommen sie alle mit der Zeit von oben ins Bild herunter.

Probieren wir es mal! Wir müssen für die Zufallszahlen am Anfang wieder den Befehl randint von *random* importieren, und dann kann es losgehen.

Am Anfang hinzu:

```
from random import randint
```

Und statt nur eine Luftblase zu erstellen und hinzuzufügen, kommt eine Schleife mit 100 Blasen:

```
repeat 100:
    blase = Luftblase("sprites/bubble1.png")
    krebs.addCollisionActor(blase)
    feld.addActor(blase,Location(randint(30,770),randint(-570,-30)))
```

Das war's schon. Starte das Programm!

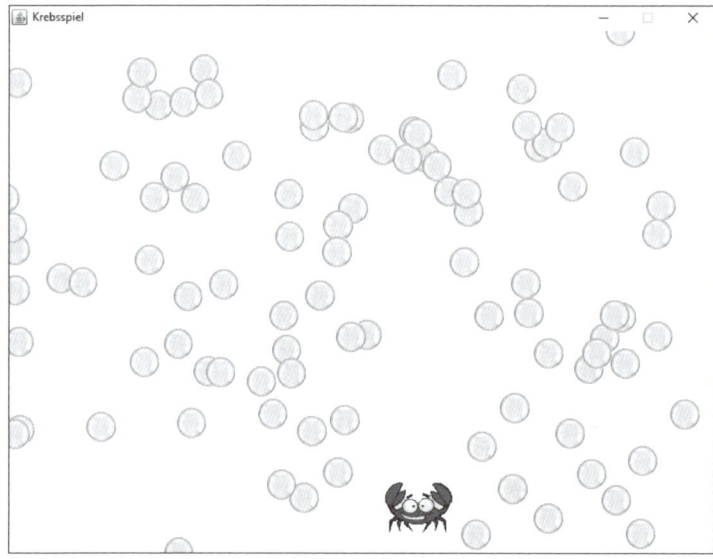

Abbildung 18.4 Cool, der Krebs kann sich durch eine ganze Flut von Luftblasen bewegen und sie auslöschen.

Schon mal sehr schön. Um es lebendiger und plastischer zu machen, könnten die Luftblasen jetzt auch noch mit verschiedenen Geschwindigkeiten herunterfallen.

Wie kann man das lösen?

Nun, die Klasse Luftblase muss etwas erweitert werden. Das Ganze haben wir sehr ähnlich schon einmal vorher mit den Fischen gemacht. Für die Blasen funktioniert es genauso. Wir brauchen wieder eine Eigenschaft speed (also »Geschwindigkeit«, nur das Wort ist mir zu lang), und die act()-Methode, bei der die Blase herunterkommt, muss diese Geschwindigkeit einbeziehen. Und um es wirklich lebendig zu machen, kann man die Geschwindigkeit auch jedes Mal zufällig ändern, sobald die Blase unten verschwunden ist und wieder nach oben gesetzt wird.

Also könnte die neue Klasse »Luftblase« so aussehen:

```
class Luftblase(Actor):
    speed = 3
    def act(self):
        ypos = self.getY()+self.speed
        self.setY(ypos)
        if ypos>600:
            self.setY(-10)
            self.speed = randint(2,6)
```

Am Anfang der Klasse wird die Eigenschaft speed eingeführt und erst mal auf 3 gesetzt. Aber sie kann natürlich für jedes Objekt dann noch separat auf einen anderen Wert gesetzt werden.

In der act-Methode wird die ypos nicht mehr +3 gesetzt, sondern +speed. Je nach Wert kann sie also schneller oder langsamer herunterfallen. Wenn die ypos größer als 600 ist, also die Blase von ganz unten wieder nach ganz oben gesetzt wird, ändert sich auch ihr speed, und sie wird möglicherweise schneller oder langsamer – ganz zufällig (Werte zwischen 2 und 6 sehen recht gut aus, aber du kannst natürlich auch andere probieren).

Dementsprechend muss jetzt auch die Erstellung der Luftblasenobjekte angepasst werden, denn jede Luftblase soll zu Beginn einen unterschiedlichen zufälligen Wert für speed erhalten:

```
repeat 100:
    blase = Luftblase("sprites/bubble1.png")
    blase.speed = randint(2,6)
    krebs.addCollisionActor(blase)
    feld.addActor(blase,Location(randint(30,770),randint(-570,-30)))
```

Probiere das Programm mit diesen Änderungen aus: Merkst du? Die Blasen wirken jetzt viel realistischer und organischer, und durch die unterschiedlichen Geschwindigkeiten entsteht sogar ein etwas plastischer Eindruck – als wären einige Blasen weiter vorne, andere weiter hinten. Mit dem Krebs kannst du die Blasen nach wie vor abfangen und verschwinden lassen.

> **Zusammenfassung**
>
> In vielen Spielen muss damit umgegangen werden, was passiert, wenn zwei Spielfiguren miteinander kollidieren (Geschoss mit Raumschiff, Spieler mit Feind, Krebs mit Blase usw. ...). Dafür hat *gamegrid* ein ganz klares Verfahren. Als Erstes musst du einem `Actor`-Objekt mitteilen, welches Objekt sein Kollisionspartner ist. Das kann eines sein, oder du kannst ihm auch nacheinander viele Kollisionspartner hinzufügen. Du machst das mit dem Befehl `objekt1.addCollisionActor(objekt2)`
>
> Sobald das Objekt fortan mit einem seiner Kollisionspartner zusammenstößt, wird es automatisch seine eigene Methode `collide()` aufrufen, in der steht, was bei einer Kollision passieren soll. Diese Methode musst du für das Objekt schreiben – und darin wird dann entweder das Spiel beendet, ein Punkt gezählt, eine Explosion ausgelöst oder was auch immer passieren soll.

Klang hinzufügen

Nun sollten wir beginnen, ein richtiges Spiel aus diesem Testprogramm zu machen. Als Erstes fügen wir ein bisschen Klang hinzu. Immer wenn eine Luftblase zerplatzt, soll es ein Geräusch geben. Du kannst ein eigenes »Plopp«-Geräusch aufnehmen, wenn du willst. Das muss dann in den Ordner *wav* in deinem Python-Ordner. Oder du verwendest eines der wenigen mitgelieferten Geräusche. Da ist die Auswahl nicht sehr groß, aber wir können einfach den Klang `click.wav` verwenden.

Erinnere dich an das Kapitel über Sound. Wir müssen dem Programm jetzt ein paar Zeilen hinzufügen, damit es Geräusche macht. Als Erstes fügen wir den import-Befehl für das Soundsystem am Anfang ein:

```
from soundsystem import *
```

Nun müssen wir nur noch das Abspielen des Sounds in die `collide`-Methode des Krebses einbauen. Die sieht danach so aus:

```
def collide(self,actor1,actor2):
    feld.removeActor(actor2)
    openSoundPlayer("wav/click.wav")
    play()
    return 0
```

Teste das Programm – am besten nicht mit höchster Lautstärke. Jedes Mal, wenn der Krebs eine Blase erwischt, gibt es ein Klicken. Sehr gut!

Ein Spiel braucht Gegner

So hübsch das Spiel jetzt schon ist: Es bietet keine Schwierigkeit. Nach ein paar Mal Hin- und-Her-Laufen hat der Krebs irgendwann alle Blasen erwischt. Dann passiert gar nichts mehr. Das ist eine Demo, aber noch kein Spiel. Um ein Spiel interessant zu machen, muss es eine Schwierigkeit geben, an der man auch scheitern kann. Meistens sind dies Gegner – in Form von anderen Spielfiguren oder Gegenständen, denen man zum Beispiel aus dem Weg gehen muss –, manchmal ist der Gegner auch die Zeit, die man einhalten muss.

Mein Vorschlag für dieses Spiel: Wir führen noch zusätzliche »böse Blasen« ein, die quer durch das Spiel treiben und die der Krebs nicht berühren darf, sonst verliert er. Damit gewinnt das Spiel an Reiz und kann gewonnen oder verloren werden.

Also – wie beginnen wir? Wir müssen eine Klasse für die Gegnerblasen definieren. Nennen wir sie »Giftblase« – diese Blasen darf unser Krebs nicht berühren. Sie bewegen sich nicht gerade von oben nach unten durch das Spiel, sondern sie schweben schräg von links oben nach rechts unten – zum Beispiel. Und sie sind etwas schneller als die normalen Blasen.

Definieren wir also die Klasse »Giftblase«, und schreiben wir sie hinter die Definitionen der anderen Klassen ins Programm:

```
class Giftblase(Actor):
    speed = 5
    def act(self):
        ypos = self.getY()+self.speed
        xpos = self.getX()+self.speed
        self.setY(ypos)
        self.setX(xpos)
        if ypos>600:
            self.setY(-10)
            self.setX(randint(-400,500))
```

Was hier vor allem auffällt, ist, dass beim Bewegen nicht nur die y-Position verändert wird, sondern auch die x-Position. Damit bewegen sich die Blasen also immer gleichzeitig nach unten und nach rechts – diagonal.

Wenn sie unterhalb des Bildes sind, gehen sie wieder nach oben, x-Position zufällig, y-Position –10.

Nun müssen die Giftblasen aber erst mal noch erzeugt werden. Ich schlage vor, wir nehmen die mitgelieferte Grafik »peg_2.png« – das ist eine rote Kugel. Und wir erstellen erst einmal 5 Stück.

```
repeat 5:
    gblase = Giftblase("sprites/peg_2.png")
    gblase.speed = randint(4,8)
    feld.addActor(gblase,Location(randint(-500,400),randint(-200,-20)))
```

Die Anfangspositionen der Kugeln befinden sich oberhalb des Spielfelds, tendenziell links, da sie dann ja schräg nach rechts herunterfallen.

Natürlich kannst du diese Werte anpassen, wenn du möchtest. Experimentiere gerne herum.

Auf jeden Fall haben wir jetzt 5 Giftblasen erzeugt, die zusätzlich zu den Luftblasen schräg durch das Bild fliegen. Starte das Programm!

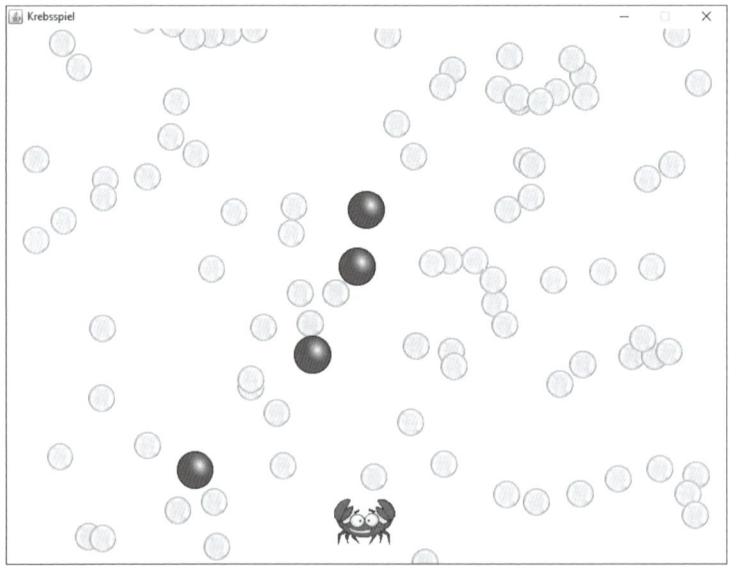

Abbildung 18.5 Die roten Blasen fliegen zwischen den Luftblasen hindurch, eine ist außerhalb des Bildes.

Sieht doch schon mal gut aus. Nun der nächste Schritt: Wenn die roten Blasen den Krebs treffen, soll etwas passieren – sagen wir einfach mal, das Spiel ist dann beendet.

Ein Spiel braucht Gegner

Wie programmieren wir das?

Es gibt hier verschiedene Wege, das Ziel zu erreichen. Wir könnten für die Klasse »Giftblase« ein Kollisionsereignis schreiben und den Krebs als Kollisionsobjekt hinzufügen. Das würde funktionieren.

Ich schlage hier aber noch einen anderen Weg vor. Wir fügen die Giftblasen so wie die Luftblasen auch dem Krebs als Kollisionsobjekt hinzu. Wenn wir das erst einmal einfach so ohne weitere Maßnahmen machen, dann brauchen wir nur eine Zeile:

```
krebs.addCollisionActor(gblase)
```

Diese Zeile kommt vor die Zeile, in der die Giftblase (als Objekt: gblase) dem Feld hinzugefügt wird.

Startest du das Programm jetzt, passiert das, was zu erwarten war: Die Giftblasen verschwinden bei Berührung mit dem Krebs genauso mit einem Klick wie die Luftblasen. Schließlich lösen sie jetzt ebenfalls die Kollisionsfunktion aus und werden nicht anders behandelt als die Luftblasen. Das müssen wir ändern!

Die Kollisionsfunktion muss unterscheiden, ob der Krebs eine Luftblase oder eine Giftblase getroffen hat.

Wie kann man das feststellen?

Auch hier gibt es verschiedene Wege. Der einfachste besteht darin, den Namen der zugehörigen Klasse aus dem Objekt zu lesen und ihn dann abzugleichen. Der *Name der Klasse* ist eine interne Eigenschaft des Objekts, die man jedoch trotzdem von außen auslesen kann. Man tut dies mit:

```
objekt.__class__.__name__
```

Vor und nach dem Wort class und name müssen dabei jeweils zwei Unterstriche stehen – denn dadurch sind ja interne Variablen in einem Objekt gekennzeichnet.

Entsprechend muss jetzt die collide-Funktion des Krebses geändert werden:

Erst mal wird geprüft, ob es sich um eine Luftblase handelt, mit der der Krebs kollidiert ist:

```
def collide(self,actor1,actor2):
    if actor2.__class__.__name__ == "Luftblase":
        feld.removeActor(actor2)
        openSoundPlayer("wav/click.wav")
        play()
    return 0
```

Alles wie gehabt – aber jetzt wird der Funktion hinzugefügt, was passiert, wenn eine Giftblase berührt wird (bitte vor dem return 0 einfügen):

```
elif actor2.__class__.__name__ == "Giftblase":
    self.hide()
    feld.refresh()
    openSoundPlayer("wav/explode.wav")
    play()
    feld.doPause()
```

Als Erstes verschwindet der Krebs – das geht mit der hide()-Funktion. self ist hier natürlich der Krebs selbst, hier ist er identisch mit actor1. actor2 ist dagegen immer das Objekt, mit dem er kollidiert. Damit sofort zu sehen ist, dass der Krebs verschwunden ist, wird das Feld mit refresh() aktualisiert, dann wird der Sound *explode.wav* gespielt und außerdem der Spieltakt mit feld.doPause() auf Pause gesetzt.

doPause() ist sozusagen das Gegenteil von doRun(). Es beendet das automatische regelmäßige Ausführen der act()-Methode, und damit steht alles auf dem Spielfeld still, was sich sonst automatisch bewegt.

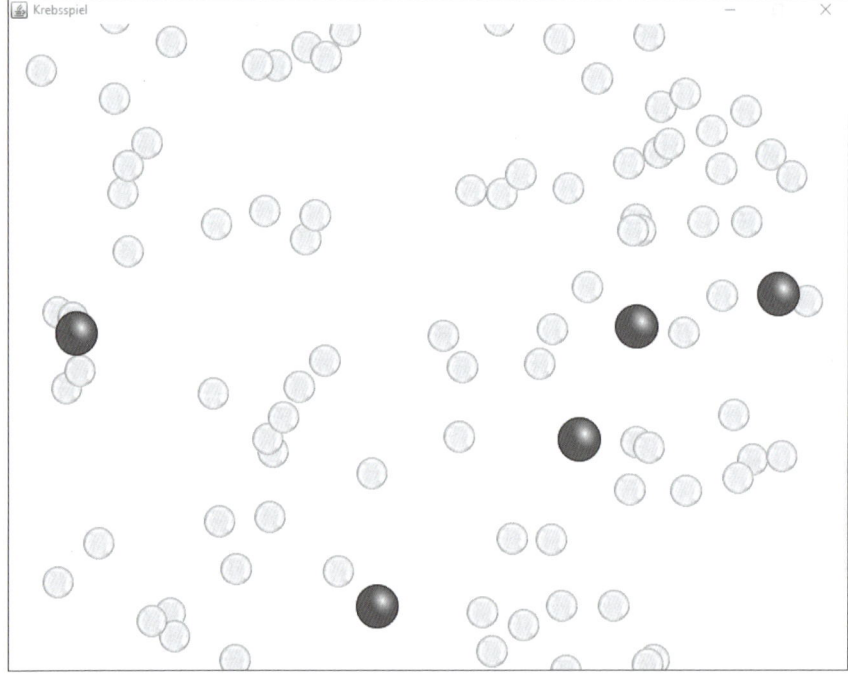

Abbildung 18.6 Peng! Und weg ist der Krebs.

Ein Spiel braucht Gegner

Damit ist das Spiel erst einmal so gut wie abgeschlossen. Man kann jetzt auf jeden Fall problemlos verlieren – aber wie kann man gewinnen?

Klar: Der Gewinnfall wäre der, dass man alle Luftblasen erwischt hat und nur noch die roten Giftblasen übrigbleiben. Woher weiß das Spiel nun, dass alle Luftblasen weg sind?

Nun, auch da gibt es natürlich mal wieder mehrere Möglichkeiten. Wir nehmen an dieser Stelle mal eine etwas umständlichere, aber leicht zu verstehende Variante. Wir führen einen Zähler ein – am besten als Variable von Krebs. Der Krebs zählt also die verbleibenden Luftblasen mit der Variable `zaehler`. Am Anfang muss der Zähler natürlich auf 100 stehen – bei jeder Kollision mit einer Luftblase geht er um eins nach unten. Steht der Zähler auf 0, ist das Spiel gewonnen.

Erst mal ändert sich einmal wieder der Anfang der Klassendefinition des Krebses:

```python
class Krebs(Actor):
    zaehler = 100
```

Und in der `collide`-Methode kommt auch erst einmal eine neue Zeile hinzu.

```python
def collide(self,actor1,actor2):
    if actor2.__class__.__name__ == "Luftblase":
        self.zaehler -= 1
```

Wann immer eine Luftblase getroffen wird, verringert sich der Zähler um 1.

Schön und gut. Hier muss jetzt allerdings am Ende (nachdem die Luftblase gelöscht wurde) auch noch geprüft werden, ob der Zähler vielleicht auf 0 steht – dann sind nämlich alle Luftblasen weg, und der Spieler hat gewonnen:

```python
if self.zaehler == 0:
    msgDlg("Hurra! Gewonnen! Alle Luftblasen erwischt!")
    feld.doPause()
```

Übrigens: Es gibt immer mehrere Wege, um zum Ziel zu kommen. Anstatt einen Zähler zu verwenden, wie wir es hier gemacht haben, weil das in vielen Situationen praktisch ist, hättest du auch mit den eingebauten Methoden von *gamegrid* ermitteln können, wie viele Actors von der Klasse »Luftblase« dem Spielfeld noch zugeordnet sind, ganz ohne Zähler. Die Funktion hätte so aussehen müssen:

```python
anzahl_luftblasen = feld.getNumberOfActors(Luftblase)
```

Wenn man will, kann man natürlich auch noch einen Sieges-Sound abspielen. Das ist dir überlassen.

Dementsprechend soll es auch noch eine Nachricht geben, wenn man verloren hat – und damit wäre unser erstes Spiel FERTIG!

Hier ist der gesamte Code für das Spiel »Bubble Fight«:

```python
from gamegrid import *
from random import randint
from soundsystem import *

class Krebs(Actor):
    zaehler = 100
    def collide(self,actor1,actor2):
        if actor2.__class__.__name__ == "Luftblase":
            self.zaehler -= 1
            feld.removeActor(actor2)
            openSoundPlayer("wav/click.wav")
            play()
            if self.zaehler == 0:
                msgDlg("Hurra! Gewonnen! Alle Luftblasen erwischt!")
                feld.doPause()
        elif actor2.__class__.__name__ == "Giftblase":
            actor1.hide()
            feld.refresh()
            openSoundPlayer("wav/explode.wav")
            play()
            feld.doPause()
            msgDlg("Verloren. Blasen übrig: "+str(self.zaehler))
        return 0

class Luftblase(Actor):
    speed = 3
    def act(self):
        ypos = self.getY()+self.speed
        self.setY(ypos)
        if ypos>600:
            self.setY(-10)
            self.speed = randint(2,8)
```

```python
class Giftblase(Actor):
    speed = 5
    def act(self):
        ypos = self.getY()+self.speed
        xpos = self.getX()+self.speed
        self.setY(ypos)
        self.setX(xpos)
        if ypos>600:
            self.setY(-10)
            self.setX(randint(-400,500))

def tasteGedrueckt(tastencode):
        xpos = krebs.getX()
        if tastencode == 37: # links
            if xpos > 30:
                krebs.setX(xpos - 5)
        elif tastencode == 39: # rechts
            if xpos < 770:
                krebs.setX(xpos + 5)

feld = GameGrid(800,600)
feld.setTitle("Krebsspiel")
feld.setBgColor(255,255,255)
krebs = Krebs("sprites/crab.png")
feld.addActor(krebs,Location(400,550))
repeat 100:
    blase = Luftblase("sprites/bubble1.png")
    blase.speed = randint(2,6)
    krebs.addCollisionActor(blase)
    feld.addActor(blase,Location(randint(30,770),randint(-570,-30)))
repeat 5:
    gblase = Giftblase("sprites/peg_2.png")
    gblase.speed = randint(4,8)
    krebs.addCollisionActor(gblase)
    feld.addActor(gblase,Location(randint(-500,400),randint(-200,-20)))

feld.setSimulationPeriod(20)
feld.addKeyRepeatListener(tasteGedrueckt)
feld.show()
feld.doRun()
```

> **Aufgaben**
>
> **Aufgabe 1:** Teste das Spiel, und ändere die Werte für die Anzahl der Luftblasen, Anzahl der Giftblasen und Geschwindigkeiten der Blasen so ab, dass du es nicht zu leicht und nicht zu schwer findest. Du kannst auch noch mehr ändern, wie die Positionen und Bewegungsrichtungen der Blasen. Experimentiere herum!
>
> **Aufgabe 2:** Spielerweiterung: Lass den Krebs nicht nur nach links und rechts gehen, sondern erlaube auch noch, ihn nach oben und unten zu bewegen. Versuche, die Funktion für die Steuerung selbst zu erweitern, bevor du den Code weiter unten anschaust. Der Tastencode für »Pfeil hoch« ist 38 und für »Pfeil runter« 40. Statt der x-Position musst du natürlich bei hoch und runter die y-Position verändern.

Geschafft?

Hier eine Möglichkeit, wie du Aufgabe 2 lösen kannst (nur falls du es nicht schon selbst hinbekommen hast):

```python
def tasteGedrueckt(tastencode):
    xpos = krebs.getX()
    ypos = krebs.getY()
    if tastencode == 37: # links
        if xpos > 30:
            krebs.setX(xpos - 5)
    elif tastencode == 39: # rechts
        if xpos < 770:
            krebs.setX(xpos + 5)
    elif tastencode == 38: # hoch
        if ypos > 30:
            krebs.setY(ypos - 5)
    elif tastencode == 40: # runter
        if ypos < 570:
            krebs.setY(ypos + 5)
```

Ob das Spiel dadurch leichter wird? Ich denke nicht – aber es wird auf jeden Fall noch ein bisschen interessanter. Wenn es dir jetzt viel zu schwer ist, gehe zurück zu Aufgabe 1, und passe die Parameter an, bis alles für dich angemessen funktioniert. Denke daran, dass du auch die Spielsteuerungsleiste bei der Erstellung des Spielfelds einblenden kannst, um Schritt für Schritt zu testen.

Kapitel 19

Neues Spiel: Breakball

Das erste Spiel ist fertig. Es ist sozusagen wie zufällig aus dem laufenden Lernen und Erweitern entstanden. Das zweite Spiel wollen wir systematischer angehen. Erst genau planen, was es können soll, dann wie es im Einzelnen am besten gemacht wird. So programmieren Profis Spiele.

Vielleicht kennst du das Spiel *Breakout* oder *Arkanoid*? Früher – also vor sehr langer Zeit – war das ein beliebtes Spiel, das man an Automaten oder auch auf den frühen Heimcomputern der 1980er- und 1990er-Jahre spielen konnte. Wir wollen versuchen, dieses Spielprinzip nachzubauen. Diesmal wollen wir ganz gezielt vorgehen und das Spiel vor der Programmierung erst einmal genau durchplanen.

Das Spielprinzip

Bei Breakball gibt es einen Ball, der pausenlos durch das Spielfeld fliegt. Er prallt von den Ecken ab und bewegt sich dann wie ein real abprallender Ball im Gegenwinkel weiter. Wenn er den Boden (also die unterste Linie des Spielfeldes) berührt, ist das Spiel zu Ende. Damit er das nicht tut, hat der Spieler ein bewegliches Brett am unteren Spielfeldrand, das er nach links und rechts bewegen kann, um daran den Ball abprallen zu lassen.

Darüber hinaus gibt es in der oberen Hälfte des Spielfeldes viele bunte Klötze oder andere Gegenstände. Diese verschwinden, wenn der Ball sie berührt und geben Punkte.

Das Ziel des Spiels ist es, alle Klötze aus dem Spielfeld mit dem Ball zu treffen und abzuräumen, bevor der Ball einmal den Boden berührt.

Alles verstanden?

Elemente des Programms

Nun überlegen wir uns, was wir für dieses Programm brauchen. Wir wollen es natürlich mit *gamegrid* umsetzen, denn das ist die in *TigerJython* verfügbare Spielbibliothek, die sich am besten dazu eignet.

Spielfeld (GameGrid):

Einfarbiger Hintergrund, Größe vielleicht 800 × 600 Pixel, Zellengröße jeweils 1 Pixel.

Figuren (Actor):

- 1 Ball, der die Fähigkeit hat, sich kontinuierlich in eine Richtung zu bewegen und am Rand oder am Schläger korrekt abzuprallen, dann weiterzufliegen.
- 1 Brett (Schläger), das über die Tastatur nach links und rechts gesteuert werden kann.
- Zahlreiche Blöcke, die stillstehen und sich bei einer Kollision mit dem Ball auflösen.

Die Spielsteuerung muss darüber hinaus überprüfen, ob der Ball die untere Linie des Spielfelds berührt (Spiel verloren) oder ob alle Blöcke gelöscht wurden (Spiel gewonnen).

Erste Schritte: Spielfeld und Ball

Als Erstes würde ich vorschlagen, ein Spielfeld und einen Ball zu erstellen. Für das Spielfeld brauchen wir keine eigene Klasse, denn es soll nur die Standardfähigkeiten haben – im Grunde soll es einfach nur existieren. Wir machen es also wie immer mit feld = GameGrid(800,600), dann setzen wir noch die Hintergrundfarbe und den Titel des Fensters.

Der Ball hingegen soll durchaus eigene Eigenschaften haben, die über den normalen Actor hinausgehen – er soll sich bewegen und abprallen können. Also erstellen wir eine Klasse Ball, basierend auf Actor. Als Grafik für den Ball verwenden wir mal wieder ein in *TigerJython* enthaltenes Bild: *evalpeg_1.png*.

So sieht dann also der erste Anfang des Programms aus, das Grundgerüst:

```
from gamegrid import *

class Ball(Actor):
    pass

feld = GameGrid(800, 600)
feld.setTitle("BREAKBALL")
feld.setBgColor(Color.GRAY)
feld.setSimulationPeriod(20)

ball = Ball("sprites/evalpeg_1.png")
feld.addActor(ball, Location(400,300),45)
```

```
feld.show()
feld.doRun()
```

Du erinnerst dich: pass bedeutet, »tu gar nichts« – Ball ist jetzt noch eine leere Klassendefinition, in die bald aber etwas hineinkommt, nämlich die act()-Methode und die collide()-Methode für unseren Ball – und möglicherweise noch mehr. Vielleicht fällt dir auch auf, dass der Ball bei seiner Erzeugung einen dritten Parameter neben der Grafikdatei und der Position auf dem Spielfeld bekommt: Die 45 steht für 45 Grad – der dritte Parameter ist also die Richtung, in die der Ball fliegt, wenn man ihn mit move() bewegt.

Wir hätten die Richtung des Balls auch manuell nach der Erzeugung setzen können. Das sähe dann so aus:

```
ball.setDirection(45)
```

Starte das Programm einmal – und du siehst, dass alles sauber erzeugt wird:

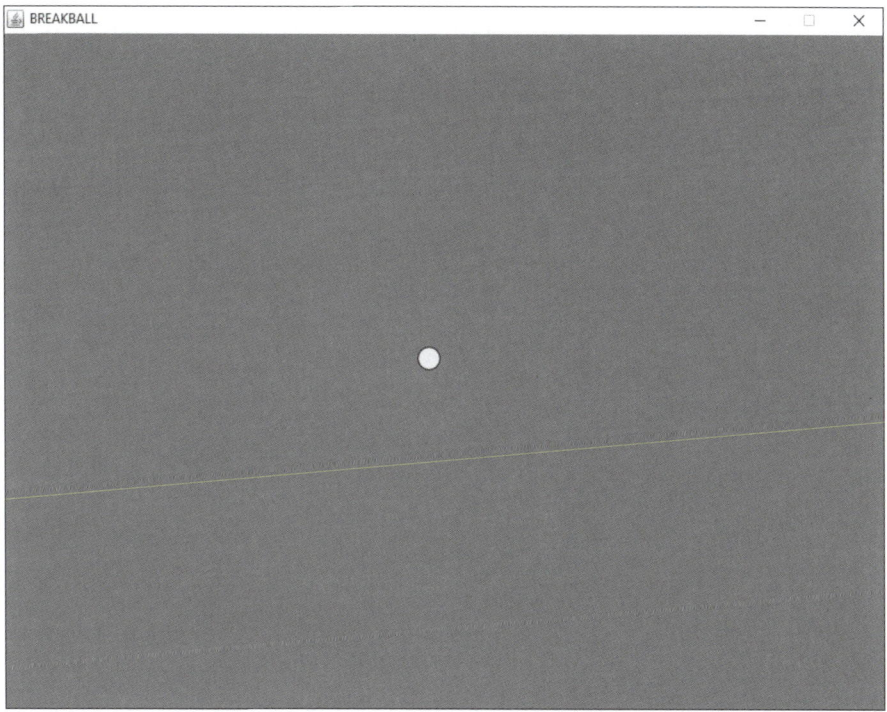

Abbildung 19.1 Das Spielfeld ist da, und in der Mitte erscheint ein Ball. Mehr passiert nicht. Das kommt noch …

Nun soll sich der Ball also bewegen – und zwar in die Richtung, die er gerade als Eigenschaft eingestellt hat. Dafür gibt es ja bekanntlich die move()-Funktion. Schreibe jetzt die act()-Methode für den Ball in seine Klassendefinition – erst mal ganz simpel.

```python
class Ball(Actor):
    def act(self):
        self.move(5)
```

Wenn bei move(5) eine Zahl übergeben wird, bewegt sich der Ball in der act()-Methode exakt die Anzahl von Zellen, hier also 5 Pixel in seine Richtung. Und wenn act() von doRun() im Takt von 20 Millisekunden immer wieder aufgerufen wird, heißt das, dass der Ball sich 50 Mal pro Sekunde weiterbewegt. Um ihn schneller oder langsamer zu machen, kann man also die Schrittweite des Balls (move(x)) oder die Abspielgeschwindigkeit des Feldes ändern (setSimulationPeriod(x)).

Starte das Programm jetzt einmal. Wie du siehst, bewegt sich der Ball – und schnell ist er aus dem Spielfeld verschwunden.

Klar – der Ball soll ja eigentlich an den Wänden abprallen, aber das haben wir noch nicht programmiert. Wir brauchen jetzt also eine Methode, um zu prüfen, ob der Ball die Wand berührt, und dann seine Drehrichtung zu ändern – ihn also im entgegengesetzten Winkel wieder abprallen zu lassen.

Das Erste ist einfach: Wenn die X-Koordinate nahe 0 ist, berührt der Ball den linken Rand, wenn sie nahe 800 ist, den rechten. Wenn die y-Koordinate nahe 0 ist, berührt der Ball den oberen Rand, wenn sie nahe 600 ist, berührt der Ball den unteren Rand.

Es muss also irgendwie so aussehen:

```python
if (self.getX() > 800) or (self.getX() < 20):
    # Richtung des Balls ändern

if (self.getY() > 600) or (self.getY() < 20):
    # Richtung des Balls ändern
```

Ich kürze hier ein wenig ab, wer will, darf selbst nachrechnen: Das Geheimnis lautet »Einfallwinkel = Ausfallwinkel«. Dabei muss berücksichtigt werden, ob der Ball an eine waagerechte oder senkrechte Wand stößt. Der Rückwinkel wird aus dem Winkel berechnet, mit dem der Ball an die Wand stößt. Bei der senkrechten Wand sieht das so aus:

```
richtung = self.getDirection()
neue_richtung = 180-richtung
self.setDirection(neue_richtung)
```

Der Ausfallwinkel, also die neue Richtung nach dem Abprallen, wird mit 180 (Grad) minus der vorherigen Richtung (Einfallwinkel) berechnet.

Bei der waagerechten Wand wird es so berechnet:

```
richtung = self.getDirection()
neue_richtung = 360-richtung
self.setDirection(neue_richtung)
```

Diese Art der Berechnung kannst du immer im *gamegrid* verwenden, wenn ein Ball korrekt von einer Wand abprallen soll.

Damit können wir die act()-Methode für den Ball vervollständigen:

```
class Ball(Actor):
    def act(self):
        richtung = self.getDirection()  # aktuelle Richtung des Balles
        if (self.getX() > 800) or (self.getX() < 20):
            # Richtung des Balls ändern, senkrechte Wand
            neue_richtung = 180-richtung
            self.setDirection(neue_richtung)
            self.move(5) # einen Extraschritt bewegen, von der Wand weg

        if (self.getY() > 600) or (self.getY() < 20):
            # Richtung des Balls ändern, waagerechte Wand
            neue_richtung = 360-richtung
            self.setDirection(neue_richtung)
            self.move(5) # Einen Extraschritt bewegen

        self.move(5) # die normale Bewegung des Balles in jedem Takt
```

Wenn du das Programm damit startest, wirst du einen wunderbar springenden und von allen Wänden sauber abprallenden Ball bekommen. Mit dem zusätzlichen Befehl self.move(5) gibt es einen realistischen Abpralleffekt, und es wird verhindert, dass der Ball bei der nächsten Abfrage noch immer im Randbereich ist.

19 Neues Spiel: Breakball

Abbildung 19.2 Der Ball fliegt und prallt an den Wänden ab.

> **Aufgabe**
>
> Nur zum Spaß – und weil es cool aussieht – eine kleine Aufgabe am Rande: Erstelle 100 Bälle, die an zufälligen Positionen und mit zufälligen Winkeln starten und im Fenster herumhüpfen!
>
> Das solltest du alleine hinkriegen, oder? Du brauchst das Modul *random* – und statt einem werden in einer `repeat`-Schleife einfach 100 Bälle nacheinander erzeugt und dem Spielfeld hinzugefügt. Der Rest sollte von alleine gehen … Probiere es!

Hier die Lösung für die Erstellung der Bälle, die du dir anschauen kannst, um sie mit deiner zu vergleichen. Diese Zeilen ersetzen die zwei Zeilen, in denen der Ball erstellt und dem Feld hinzugefügt wird.

```
repeat 100:
    ball = Ball("sprites/evalpeg_1.png")
    feld.addActor(ball, Location(randint(10,790),randint(10,590)),randint(0,359))
```

Wie gesagt, nicht vergessen, an den Anfang

```
from random import *
```

zu setzen. Dann kannst du das Programm testen.

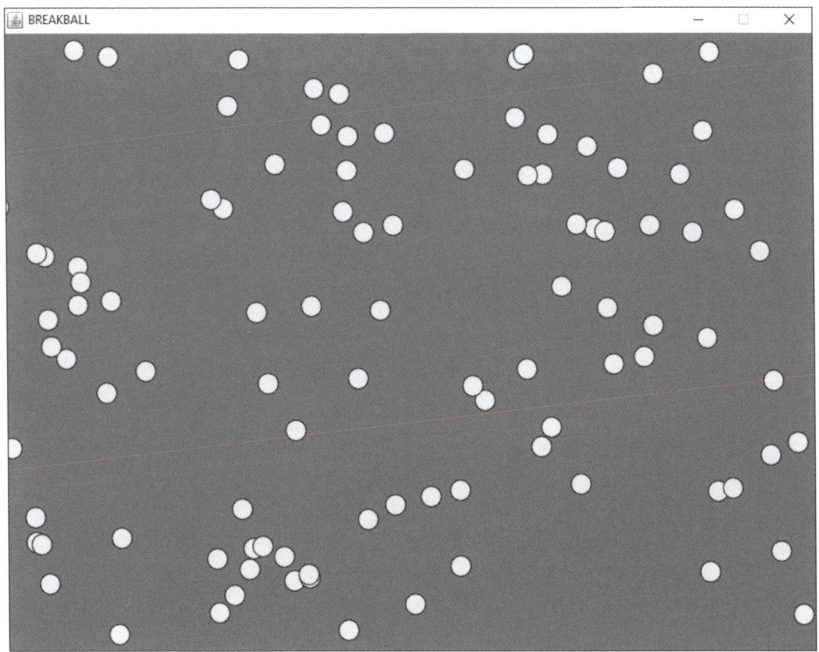

Abbildung 19.3 100 Bälle, die herumfliegen. Das gibt ein Gewusel wie Schneegestöber.

Natürlich kannst du jetzt hier die Geschwindigkeiten ändern, die Grafiken für den Ball, die Anzahl – probiere herum – und du erhältst coole Animationen!

Jetzt aber zurück zu unserem eigentlichen Spiel BREAKBALL!

Nächstes Element: Das Brett

Nachdem der Ball jetzt also wunderbar funktioniert, kann das nächste Element ins Spiel kommen. Der Schläger bzw. das Brett, das man unten hin- und herschieben kann. Der Ball soll daran ebenso abprallen wie von der Wand.

Was brauchen wir dafür? Natürlich zuerst eine neue Actor-Klasse, die wir »Brett« nennen. Dann eine Steuerung per Tastatur, genauso wie beim Krebs im letzten Kapitel, und eine Kollisionssteuerung, falls der Ball das Brett berührt.

Beginnen wir erst einmal mit der Erzeugung des Bretts selber. Das kommt hinter die Definition der Klasse Ball.

```python
class Brett(Actor):
    pass
```

Das reicht fürs Erste – eine Klasse Brett, die noch leer ist – also identisch mit Actor. Später erweitern wir sie.

Nun erstellen wir das Brett als Spielfigur. So sieht jetzt die Erstellung der Objekte ball und brett aus:

```
ball = Ball("sprites/evalpeg_1.png")
feld.addActor(ball, Location(150,300),45)
brett = Brett("sprites/stick_1.gif")
feld.addActor(brett, Location(400,580))
```

Wenn du das Programm startest, sieht es so aus:

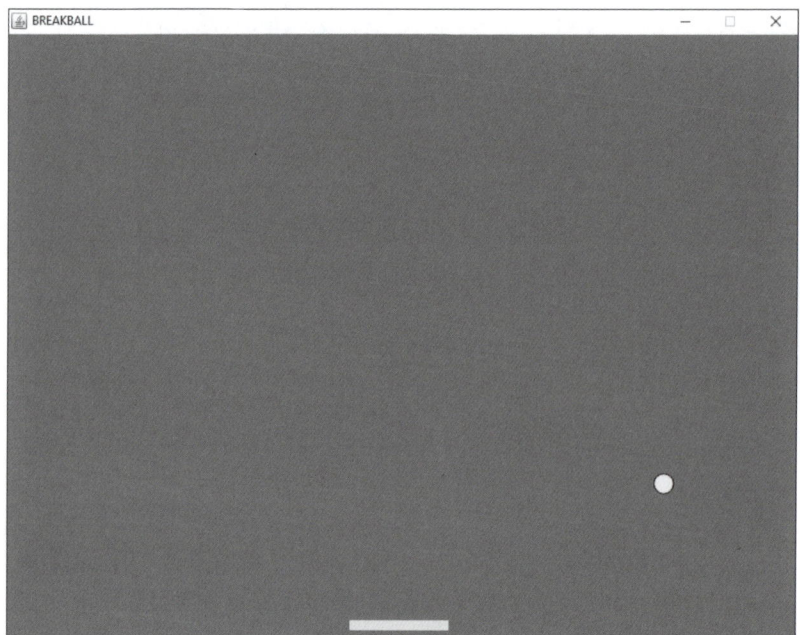

Abbildung 19.4 Das Schlägerbrett ist da – aber noch nicht steuerbar.

Jetzt muss das Brett also mit den Pfeiltasten nach links und nach rechts bewegt werden können. Du kennst das ja schon vom Krebs. Genauso wird es jetzt auch mit dem Brett gemacht. Es wird eine Funktion definiert, die die Tasten abfragt und mit dem Brett entsprechend nach links oder rechts geht. Sie wird nach den Klassendefinitionen ins Programm eingefügt:

```
def tasteGedrueckt(tastencode):
    xpos = brett.getX()
```

```
        if tastencode == 37:   # nach links
            if xpos > 30:
                brett.setX(xpos - 5)
        elif tastencode == 39:  # nach rechts
            if xpos < 770:
                brett.setX(xpos + 5)
```

Nun muss diese Funktion nur noch als automatische Ereignisbehandlung dem `feld` zugefügt werden (am besten nach `setSimulationPeriod(20)`):

`feld.addKeyRepeatListener(tasteGedrueckt)`

So. Wenn du das Programm jetzt startest, lässt sich das gelbe Brett unten mit den Pfeiltasten wunderbar hin- und herbewegen.

Der nächste Schritt: Der Ball soll am Brett abprallen.

Dafür ist es am besten, wenn das Brett eine Kollisionsfunktion bekommt. Das Kollisionsobjekt für das Brett ist der Ball.

Also fügst du direkt nach der Erstellung des Bretts ihm noch den Ball als Kollisionsobjekt hinzu:

`brett.addCollisionActor(ball)`

Und nun muss der Klasse `Brett` (die bisher leer ist) noch die Kollisionsfunktion `collide()` gegeben werden. Was soll passieren, wenn Brett und Ball sich berühren? Klar, der Ball soll abprallen, so wie er auch von der unteren Wand abprallen würde, also senkrecht. Aber um das Spiel etwas lebendiger zu machen, kannst du den Abprallwinkel vom Brett zufällig variieren – ihn von –30 bis +30 je nach Zufallszahl verschieben. (Bitte denk dran, dass am Anfang des Programms noch ein `from random import *` stehen muss!)

```
class Brett(Actor):
    def collide(self,actor1,actor2):
        richtung = ball.getDirection()
        neue_richtung = 360-richtung+randint(-30,30)
        ball.setDirection(neue_richtung)
        ball.move(5)
        return 0
```

Beachte, dass die `collide()`-Funktion immer eine Zahl zurückgeben muss, also hier einfach `return 0`.

Starte das Programm – und du wirst sehen, dass es prinzipiell funktioniert. Aber eins ist noch nicht ganz korrekt: Der Ball prallt zwar vom Brett ab, aber er reagiert schon zahlreiche Pixel über dem Brett, sodass er das Brett selbst nie berührt. Das liegt daran, dass das Brett eine größere Kollisionsfläche hat, als eigentlich sichtbar ist. Du kannst das ändern, indem du definierst, welcher Bereich des Bildes eine Kollision auslösen soll.

Nach der Erstellung des Bretts fügst du Folgendes ein:

```
brett.setCollisionRectangle(Point(0,20),100,2)
```

Damit wird ein Rechteck innerhalb des Bretts als »Kollisionszone« definiert. Erst wenn der Ball diesen Punkt berührt, wird die Kollision ausgelöst. Wenn du es jetzt wieder probierst, sieht es realistischer aus.

Gut: Steuerung geht – Abprallen geht. Was kommt jetzt?

Bevor du die bunten Blöcke erstellst, die der Ball abschießen soll, kommt noch ein kleiner, aber wichtiger Schritt: Schließlich soll der Ball gar nicht am unteren Rand abprallen, sondern das Spiel *ist beendet*, wenn der Ball den unteren Rand berührt. Dementsprechend müssen wir die Bewegungsfunktion des Balls abändern:

```python
class Ball(Actor):
    def act(self):
        richtung = self.getDirection()
        if (self.getX() >= 800) or (self.getX() < 20):
            # Richtung des Balls ändern, linke/rechte Wand
            neue_richtung = 180-richtung
            self.setDirection(neue_richtung)
            self.move(5)

        if (self.getY() < 20):
            # Richtung des Balls ändern, obere Wand
            neue_richtung = 360-richtung
            self.setDirection(neue_richtung)
            self.move(5)

        if (self.getY() > 600):
            # Wenn Ball Unterkante berührt
            feld.doPause()
            msgDlg("GAME OVER")
        else:
            self.move(5)
```

Das reicht fürs Erste. Jetzt ist es schon fast ein richtiges Spiel: Der Ball fliegt, prallt an den Ecken ab, kann mit dem steuerbaren Brett abgefangen werden – und das Spiel ist beendet, wenn der Ball die untere Kante des Spielfelds berührt.

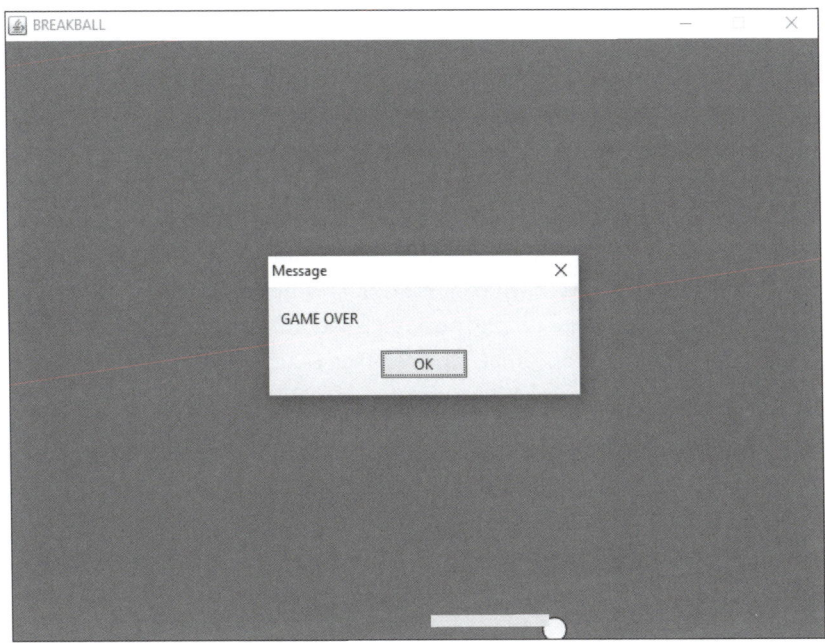

Abbildung 19.5 Ups, nicht aufgepasst!

Dritter Schritt: Die Blöcke

Nun kommen also noch die Blöcke, die der Ball abschießen soll. Als Erstes muss eine Klasse Block erstellt werden, dann werden zahlreiche Blöcke platziert. Bewegen müssen die Blöcke sich nicht, aber sie müssen auf die Kollision mit dem Ball reagieren und sich dann auflösen. Sie brauchen also keine act()-Methode, aber eine collide()-Funktion.

Also ans Werk. Diese Zeilen kommen zu den anderen Klassendefinitionen:

```python
class Block(Actor):
    pass
```

Damit ist die Klasse Block erst einmal ins Leben gerufen. Nun müssen wir Blöcke erzeugen und auf dem Spielfeld platzieren. Wie viele sollen es sein? In meinem Beispiel sind es 17 Stück pro Reihe, drei Reihen untereinander. Das kannst du natürlich auch anders machen, wie du möchtest.

Als Bilder für die Blöcke kannst du entweder eigene Grafiken verwenden – oder die mitgelieferten Bilder *seat_0.gif* (grün), *seat_1.gif* (gelb) und *seat_2.gif* (rot).

Hier ist eine Möglichkeit, die erste Reihe Blöcke zu erstellen:

```python
for xpos in range(0,17):
    block = Block("sprites/seat_0.gif")
    feld.addActor(block, Location(xpos*42+60,100))
```

Alles klar? Vielleicht nicht ganz. Wir verwenden hier nicht wie sonst die repeat-Schleife, sondern die for-Schleife mit range(). Warum? Na ja, repeat wäre schon auch gegangen, aber wir brauchen hier auf jeden Fall einen Zähler, der mitzählt, der wievielte Block gerade erzeugt wird – und dafür hätten wir bei repeat noch eine zusätzliche Zählvariable verwenden müssen, die wir auf 0 setzen und anschließend immer um 1 erhöhen müssten. Mit for und range() zählt xpos automatisch von 0 bis 17, und wir können dann xpos jedes Mal multiplizieren, um die korrekte Position auf dem Bildschirm zu bekommen – und 60 hinzuzählen, das ist der linke Rand. Die y-Position ist für diese Reihe immer gleich, nämlich 100.

Verstehst du den Code? Schau sonst auch noch mal Kapitel 11 über Listen an – da wird die for - range()-Schleife behandelt. Es ist ohnehin gut, die for-range()-Schleife zu beherrschen, denn sie kommt in Standard-Python sehr oft vor (in Standard-Python existiert der repeat-Befehl ja nicht, wie schon erwähnt).

Wenn du das Programm jetzt startest, sieht das Bild so aus:

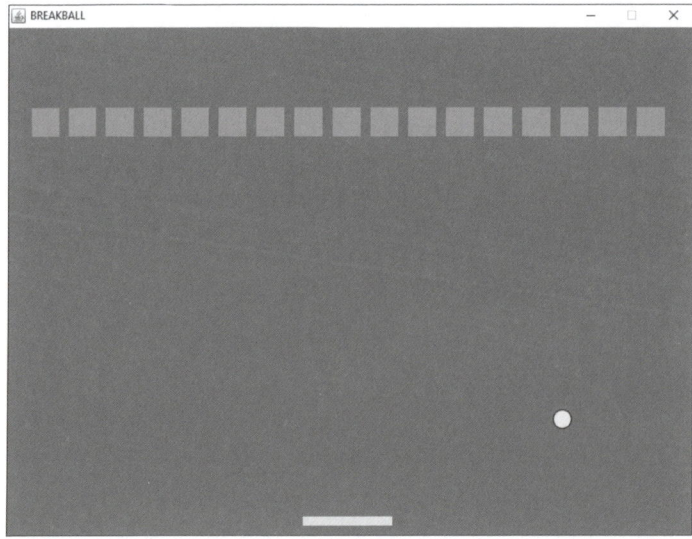

Abbildung 19.6 Eine grüne Reihe von Blöcken ist erschienen.

Jetzt noch zwei solche Reihen darunter, in anderen Farben, und dann ist unser Grund-Setup für das Spiel beisammen!

Das Erstellen aller drei Blockreihen kann in derselben Schleife erfolgen:

```
for xpos in range(0,17):
    block = Block("sprites/seat_0.gif")
    feld.addActor(block, Location(xpos*42+60,100))
    block = Block("sprites/seat_1.gif")
    feld.addActor(block, Location(xpos*42+60,160))
    block = Block("sprites/seat_2.gif")
    feld.addActor(block, Location(xpos*42+60,220))
```

Nun werden also in jedem Durchlauf der Schleife drei Blöcke untereinander erzeugt, deren y-Position bei 100, 160 und 220 liegt und deren x-Position in jedem Durchlauf berechnet wird.

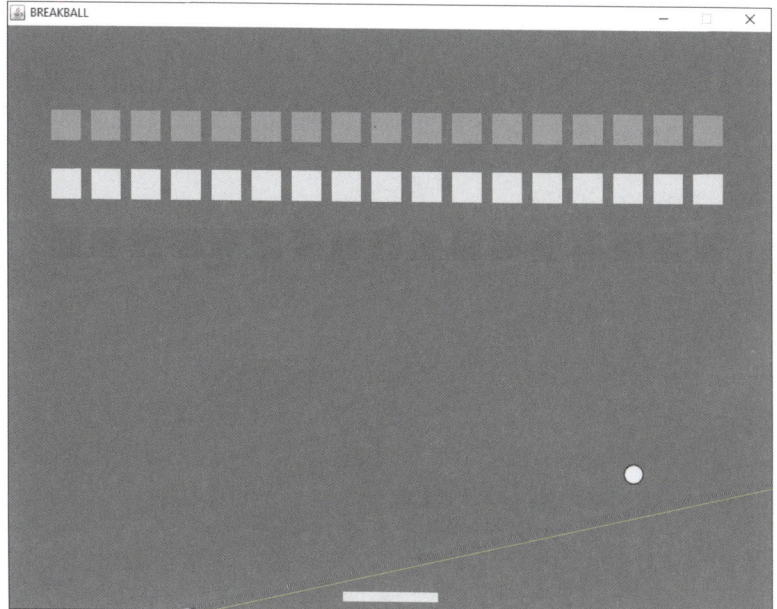

Abbildung 19.7 Jetzt sind alle benötigten Spielelemente vorhanden!

Der nächste Schritt ist klar, oder? Logisch, die Blöcke sollen sich jetzt auflösen, wenn der Ball sie berührt. Weißt du, was dafür jetzt programmiert werden muss?

Es gibt zwei Möglichkeiten: Wir können jedem einzelnen Block den Ball als Kollisionsobjekt geben und in der collide-Methode von Block darauf reagieren – oder wir können dem Ball alle Blöcke als Kollisionsobjekte geben und in der `collide`-Methode des Balls reagieren. Beides funktioniert.

Ich entscheide mich hier einfach mal für die erste Methode. Die Erstellung der Blöcke wird jetzt also etwas erweitert: Jeder Block muss bei der Erstellung den Ball als Kollisionsobjekt erhalten.

Wir können das so machen, dass wir nach der Erstellung jedes Blocks den Befehl

```
block.addCollisionActor(ball)
```

einfügen. Oder wir können das gleich in die Klasse `Block` mit aufnehmen. Dann brauchen wir es nicht für jeden Block neu schreiben, sondern es nur einmal in die Klassendefinition des Blocks mit aufnehmen. Jeder Block erhält bei der Entstehung gleich automatisch das Kollisionsobjekt »ball« zugewiesen.

Um das zu erreichen, musst du es in die `__init__()`-Funktion der Block-Klasse schreiben. Du erinnerst dich? Die `__init__()`-Funktion wird immer bei der Erstellung eines Objekts ausgeführt.

Wie wäre es also so?

```
class Block(Actor):
    def __init__(self):
        self.addCollisionActor(ball)
```

Sieht auf den ersten Blick okay aus, ist es aber nicht, denn mit dieser `__init__()`-Funktion wird die zuvor vorhandene, aus der Klasse `Actor` geerbte, überschrieben. Diese macht aber eine Menge – unter anderem weist sie der Spielfigur eine Grafik zu usw. ... Wir können auf die vorhandene `__init__()`-Funktion nicht verzichten, wollen sie aber dennoch erweitern. Wie geht das?

Ganz einfach so, indem wir eine neue `__init__()`-Funktion schreiben, die die alte aus der Klasse `Actor` als Erstes aufruft und danach ihre eigenen Befehle ausführt. Das geht so:

```
class Block(Actor):
    def __init__(self, path):
        Actor.__init__(self, path)
        self.addCollisionActor(ball)
```

Damit wird also die normale init-Funktion aus `Actor` zuerst ausgeführt, dann wird dem Block als Kollisionsobjekt der Ball zugeordnet. All dies geschieht bei der Erstellung eines Block-Objekts von selbst, sodass wir der Erstellung der Blöcke nichts mehr hinzufügen müssen.

Was jetzt noch fehlt, ist natürlich die Kollisionsfunktion selbst für die Klasse Block – nämlich das, was passiert, wenn der Block den Ball berührt:

```
def collide(self,actor1,actor2):
    feld.removeActor(self)
    feld.refresh()
    richtung = ball.getDirection()
    neue_richtung = 360-richtung
    ball.setDirection(neue_richtung)
    return 0
```

actor1 ist in diesem Fall der berührte Block – der wird bei Berührung mit dem Ball vom Spielfeld entfernt. Und noch etwas passiert: Der Ball prallt gleichzeitig vom berührten Block ab. Er ändert also seine Richtung. Wir machen es einfach und setzen eine waagerechte Abprall-Linie voraus (360 - richtung).

Nun kannst du wieder testen. Das Spiel fühlt sich immer mehr an wie ein richtiges Breakout-Spiel.

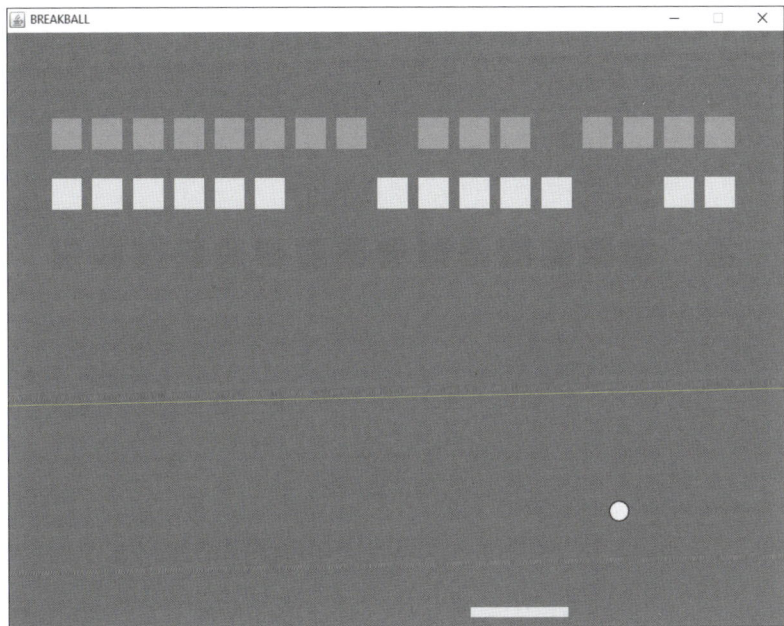

Abbildung 19.8 So soll es sein: Der Ball löscht die farbigen Blöcke!

Sicher fallen dir jetzt noch mehrere Dinge auf, die wir ändern müssen. Fangen wir mit dem ersten Problem an:

Offensichtlich werden die Blöcke nur gelöscht, wenn der Ball ihren Mittelpunkt berührt. Streift er sie nur an der Seite, bleiben sie stehen. Das soll nicht so sein und lässt sich korrigieren, indem wir jedem einzelnen Block ein Kollisionsrechteck mitgeben – mit `setCollisionRectangle()`.

Das Kollisionsrechteck können wir jetzt ebenfalls in die `__init__()`-Funktion der Blockklasse schreiben – dann müssen wir es auch nicht mehr einzeln setzen. Fügen wir also hinzu:

`self.setCollisionRectangle(Point(10,10),30,30)`

Dann sollte es besser funktionieren. Du kannst mit den Werten auch etwas herumspielen, um zu sehen, wie es am besten geht. Teste, bis du zufrieden bist!

Die Spielsteuerung

Großartig! Jetzt fehlt eigentlich nur noch die Spielsteuerung – dann ist das Spiel grundlegend fertig.

Was muss die Spielsteuerung leisten?

Vor allem muss sie erkennen, wann alle Blöcke gelöscht worden sind. Dann ist das Spiel gewonnen. Wenn der Ball verlorengeht, ist das Spiel ja ohnehin schon beendet – dieser Teil ist bereits programmiert. Aber du könntest das auch noch erweitern, indem du mehrere Leben ermöglichst, in diesem Fall mehrere Bälle.

Erst einmal muss das Spiel aber gewinnbar sein. Du musst also ermitteln, ob das Spiel gewonnen wurde. Dazu brauchst du die Anzahl der noch vorhandenen Blöcke. Wenn die Anzahl 0 ist, ist das Spiel gewonnen.

Die Anzahl der vorhandenen Blöcke ermittelst du mit:

`feld.getNumberOfActors(Block)`

Wo wird denn nun geprüft, ob das Spiel zu Ende ist – also ob »feld.getNumberOfActors(Block)« gleich 0 ist?

Das kann an zahlreichen Stellen geschehen. Es ist eine Frage des Geschmacks und der Übersichtlichkeit.

Irgendwo muss einfach diese Abfrage hin:

```
if feld.getNumberOfActors(Block) == 0:
    feld.doPause()
    msgDlg("Das Spiel ist gewonnen!")
```

Sie könnte sogar im Hauptprogramm stehen – also außerhalb der Objekte. Dann müsste aber dort noch eine Endlosschleife kommen, die ständig den Wert prüft.

Einfacher ist es vielleicht, die Abfrage direkt nach der Kollision einzubauen – also in die `collide`-Funktion im `Block`-Objekt. Damit wird der Sieg sofort nach dem Löschen des letzten Blocks ermittelt.

```
def collide(self,actor1,actor2):
    feld.removeActor(self)
    feld.refresh()
    richtung = ball.getDirection()
    neue_richtung = 360-richtung
    ball.setDirection(neue_richtung)
    if feld.getNumberOfActors(Block) == 0:
        feld.doPause()
        msgDlg("Das Spiel ist gewonnen!")
    return 0
```

So! Jetzt sind alle Elemente, die dieses Spiel braucht, vorhanden. Man kann es spielen, verlieren oder gewinnen!

Die Basisversion von BREAKBALL ist fertig!

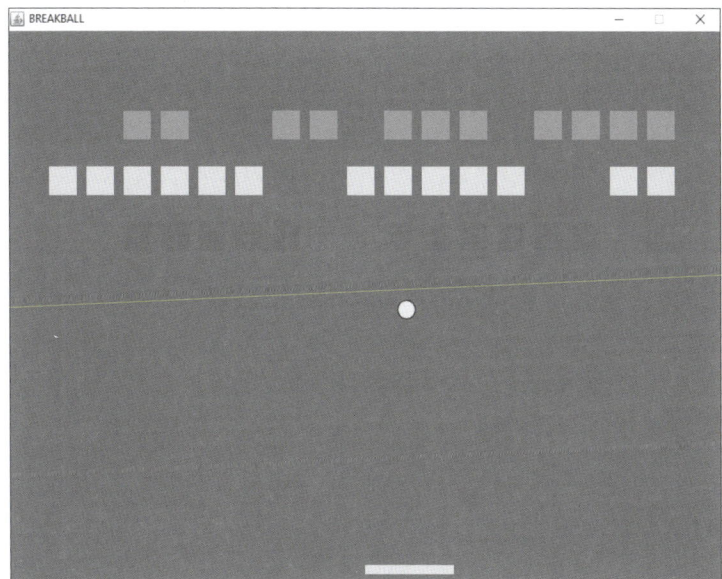

Abbildung 19.9 Jetzt kann man endlich richtig spielen! Auch wenn dieses Spiel weiterhin noch Finetuning gebrauchen kann.

19 Neues Spiel: Breakball

Hier kommt noch einmal der gesamte Code für das Spiel, damit du wieder den Überblick hast (denk dran: Du findest den kompletten Code aller Programme aus diesem Buch auch in der html-Datei auf der DVD oder auf der Buch-Webseite: *www.letscode-python.de*)

```python
from gamegrid import *
from random import *

class Ball(Actor):
    def act(self):
        richtung = self.getDirection()
        if (self.getX() >= 800) or (self.getX() < 20):
            # Richtung des Balls ändern
            neue_richtung = 180-richtung
            self.setDirection(neue_richtung)
            self.move(5)

        if (self.getY() < 20):
            #Richtung des Balls ändern
            neue_richtung = 360-richtung
            self.setDirection(neue_richtung)
            self.move(5)

        if (self.getY() > 600):
            feld.doPause()
            msgDlg("GAME OVER")
        else:
            self.move(5)

class Brett(Actor):
    def collide(self,actor1,actor2):
        richtung = ball.getDirection()
        neue_richtung = 360-richtung+randint(-30,30)
        ball.setDirection(neue_richtung)
        ball.move(5)
        return 0

class Block(Actor):
        def __init__(self, path):
            Actor.__init__(self, path)
            self.setCollisionRectangle(Point(10,10),30,30)
            self.addCollisionActor(ball)
```

```python
        def collide(self,actor1,actor2):
            feld.removeActor(self)
            feld.refresh()
            richtung = ball.getDirection()
            neue_richtung = 360-richtung
            ball.setDirection(neue_richtung)
            if feld.getNumberOfActors(Block) == 0:
                feld.doPause()
                msgDlg("Das Spiel ist gewonnen!")
            return 0

def tasteGedrueckt(tastencode):
    xpos = brett.getX()
    if tastencode == 37:
        if xpos > 30:
            brett.setX(xpos - 5)
    elif tastencode == 39:
        if xpos < 770:
            brett.setX(xpos + 5)

feld = GameGrid(800, 600)
feld.setTitle("BREAKBALL")
feld.setBgColor(Color.GRAY)
feld.setSimulationPeriod(20)
feld.addKeyRepeatListener(tasteGedrueckt)

ball = Ball("sprites/evalpeg_1.png")
ball.setCollisionCircle(Point(0,0),10)
feld.addActor(ball, Location(150,300),45)

brett = Brett("sprites/stick_1.gif")
brett.setCollisionRectangle(Point(0,20),100,2)
brett.addCollisionActor(ball)
feld.addActor(brett, Location(400,580))

for xpos in range(0,17):
    block = Block("sprites/seat_0.gif")
    feld.addActor(block, Location(xpos*42+60,100))
    block = Block("sprites/seat_1.gif")
    feld.addActor(block, Location(xpos*42+60,160))
    block = Block("sprites/seat_2.gif")
```

```
        feld.addActor(block, Location(xpos*42+60,220))
```

feld.show()
feld.doRun()

Man sieht und spürt, dass das Spiel so schon richtig Spaß machen kann. Jetzt fehlt nur noch etwas Feinschliff. Den kannst du selbst nach Belieben hinzufügen. Hast du Ideen, wie man das Spiel noch verbessern kann?

Sound

Natürlich kann dieses Spiel, wie jedes Spiel, auch noch Klänge gebrauchen. Wenn das Löschen eines Blocks klingelt oder ploppt, wenn der Ball explodiert, wenn er den unteren Rand berührt, wenn eine schöne Melodie den Sieg verkündet, dann fühlt sich das ganze Spiel viel besser an!

Um Sound hinzuzufügen, musst du am Anfang

`from soundsystem import *`

einfügen, klar. Und dann kannst du, wie im Krebsspiel auch schon, entweder enthaltene Klänge abspielen (click.wav, explode.wav) oder deine eigenen Klänge aufnehmen oder besorgen und in den *wav*-Ordner zu deinen Skripten tun. Du kannst ebenfalls kleine Melodien (bei Sieg oder Verlieren) einfügen, dann wird das Spiel viel lebendiger!

Feeling

Du kannst am Feeling des Spiels herumschrauben – zum Beispiel die Geschwindigkeit des Balls ändern, oder an der Geschwindigkeit, mit der das Brett hin- und hergeschoben wird. Jedes Mal gibt es ein anderes Feeling dabei. Auch den Gesamttakt des Spiels

`feld.setSimulationPeriod(20)`

kann man natürlich ändern. Je nach Geschwindigkeit des Rechners ist da vieles möglich.

Variationen

Du kannst die Anzahl der Blöcke ändern, auch ihre Anordnung – und natürlich auch ihr Aussehen, indem du ganz andere Grafiken für sie verwendest. Wenn du die Möglichkeit hast, kannst du eigene Grafiken erstellen, sowohl für die Blöcke als auch für das Brett oder den Ball. Alles kann selbst gestaltet werden. Auch kannst du bei Spielende eine eigene Grafik einblenden, anstatt nur das Mitteilungsfenster zu öffnen.

Regeln

Du kannst Regeln hinzufügen, indem du eine Variable `leben` einfügst, die am Anfang auf 3 steht und bei Fehlern heruntergezählt wird, sodass das Spiel erst bei `leben == 0` zu Ende ist. Wenn du schon fortgeschritten bist, kannst du auch versuchen, mehrere Level einzuführen, bei denen der Ball zum Beispiel immer schneller wird.

Probiere herum, und entwickle das Ballspiel immer weiter! Daran lernst du am meisten! Wenn du dich sicher fühlst und alles verstanden hast, kann es an das nächste Projekt gehen.

Kapitel 20

Space Attack – ein Klassiker

Space Attack erinnert an das frühe Computerspiel »Space Invaders«, das zu Beginn der 1980er-Jahre sehr beliebt war. Mit den Techniken, die du jetzt beherrschst, wird es für dich nicht mehr schwer umzusetzen sein.

Noch ein Spiel, das in mancherlei Hinsicht den vorherigen ähnelt, aber auch ein paar neue Komponenten hat. Langsam wirst du damit zum Profi für Spieleklassiker. Vielleicht kannst du bei diesem Spiel schon vieles selbst umsetzen oder selbst variieren, ohne nur abzutippen. Die Programmiertechniken kennst du schon fast alle.

Das Spielprinzip

Bei *Space Attack* steuerst du ein kleines Raumschiff, das sich am unteren Rand des Spielfelds nach links und rechts bewegen kann. Im oberen Drittel des Spiels befinden sich die Angreifer – Aliens in mehreren Reihen. Mit deinem Raumschiff kannst du kleine Geschosse nach oben schießen, mit denen du die Gegner abschießen musst. Du musst dich dabei beeilen, weil die gegnerischen Figuren sich allmählich immer weiter nach unten bewegen. Wenn sie deine Basis am unteren Rand erreichen, hast du das Spiel verloren. Außerdem werfen die Gegner ab und zu Bomben ab, denen du zusätzlich ausweichen musst.

Technik: Was brauchen wir?

Wie immer erstellen wir ein Spielfeld im `gamegrid`, als Hintergrundgrafik gibt es bereits eine geeignete, die in *TigerJython* enthalten ist. Als Actors brauchen wir das steuerbare Raumschiff, das Geschoss, das abgefeuert werden kann und natürlich die Alien-Figuren oben. Darüber hinaus noch einen Typ »Bombe«, den die Gegner abwerfen können. Es müssen mehrere Arten von Kollisionen geprüft werden – je nachdem verschwinden entweder Gegner, oder das Spiel wird beendet, wenn das Raumschiff mit einer Bombe kollidiert. Außerdem ist das Spiel beendet, wenn alle Gegner abgeschossen wurden oder wenn die Gegner den unteren Rand erreichen.

Das Spielfeld

Das Spielfeld ist schnell erstellt:

```
from gamegrid import *

feld = GameGrid(600,600,1,None,"sprites/town.jpg",False)
feld.setTitle("Space Attack")
feld.setSimulationPeriod(20)
feld.show()
feld.doRun()
```

Abbildung 20.1 Wow – der Hintergrund, den TigerJython schon mitliefert, ist ein guter Start!

Das Raumschiff

Nun geht es sofort weiter. Wir brauchen ein Raumschiff, das sich nach links und rechts bewegen kann – und später vielleicht auch ein wenig nach oben und unten. Wir erstellen eine Klasse Raumschiff:

```
class Raumschiff(Actor):
    pass
```

Das reicht erst mal – die Klasse ist von Actor abgeleitet und wird später erweitert, wenn es zu den Kollisionen kommt.

Das Raumschiff wird dann als Objekt erstellt:

```
raumschiff = Raumschiff("sprites/spaceship.gif")
feld.addActor(raumschiff,Location(300,586))
```

Und so sieht es dann aus – unten in der Mitte das hübsche kleine Raumschiff.

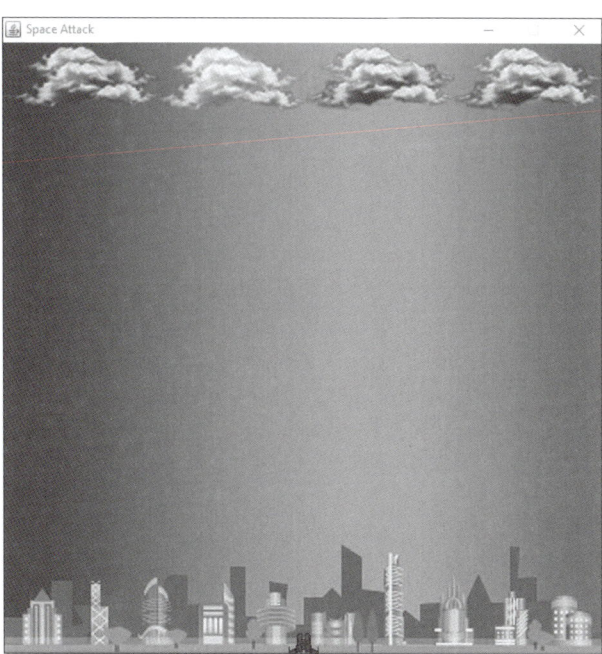

Abbildung 20.2 Das Raumschiff ist einsatzbereit.

Nun brauchen wir noch eine Tastatursteuerung für das Raumschiff. Die wird genauso programmiert wie die im Breakball-Spiel. Zuerst fügst du dem Spielfeld eine Ereignisfunktion für die Tastatur hinzu:

```
feld.addKeyRepeatListener(tasteGedrueckt)
```

Dann schreibst du die Funktion tasteGedrueckt(), die auswertet, welche Taste gedrückt wurde:

```
def tasteGedrueckt(tastencode):
    xpos = raumschiff.getX()
```

```
        if tastencode == 37:
            if xpos > 20:
                raumschiff.setX(xpos - 5)
        elif tastencode == 39:
            if xpos < 580:
                raumschiff.setX(xpos + 5)
```

Erläuterungen dazu findest du im Kapitel 19 (*Breakball*), wo es exakt genauso gemacht wird.

Wenn du das Programm jetzt startest, kannst du bereits das Raumschiff mit den Pfeiltasten nach rechts und links bewegen.

Jetzt wird geschossen

Interessant wird es als Nächstes: Das Raumschiff soll schießen können. Dafür brauchen wir eine weitere Klasse, aus der wir dann Objekte erstellen können. Wir nennen sie Geschoss. Diese Objekte bewegen sich selbst, brauchen also eine act()-Methode. Was tun sie? Sie fliegen aufwärts – verringern also mit jedem Takt ihre y-Position, hier um 5 Pixel. Wenn sie nach oben aus dem Bild geflogen sind (y-Position kleiner als –5), werden sie nicht mehr gebraucht und können wieder aus dem Spielfeld gelöscht werden.

```
class Geschoss(Actor):
    def act(self):
        ypos = self.getY()
        self.setY(ypos-5)
        if ypos < 0:
            feld.removeActor(self)
```

Das Geschoss ist jetzt definiert. Nun muss es noch abfeuerbar sein. Wie soll das geschehen? Mein Vorschlag ist: mit einer Taste, vielleicht der Leertaste-Taste, weil die so schön groß ist und sich daher als Feuerknopf anbietet.

Wir müssen also der Funktion tasteGedrueckt() am Ende noch etwas hinzufügen:

```
        elif tastencode == 32:
            schuss()
```

Der Tastencode 32 steht für die Leertaste-Taste. Wenn sie gedrückt wird, soll die Funktion schuss() aufgerufen werden, die dann wiederum das Geschoss in Gang bringt. schuss() muss als Nächstes geschrieben werden.

```
def schuss():
    geschoss = Geschoss("sprites/bomb.gif")
    feld.addActor(geschoss,Location(raumschiff.getX(),590))
```

`schuss()` erzeugt ein neues Objekt der Klasse `Geschoss` mit der Grafik `bomb.gif` – ein kleiner Feuerstrahl, genau das, was wir brauchen.

Jetzt darfst du testen.

Das Ergebnis ist leider noch nicht ganz so wie erhofft.

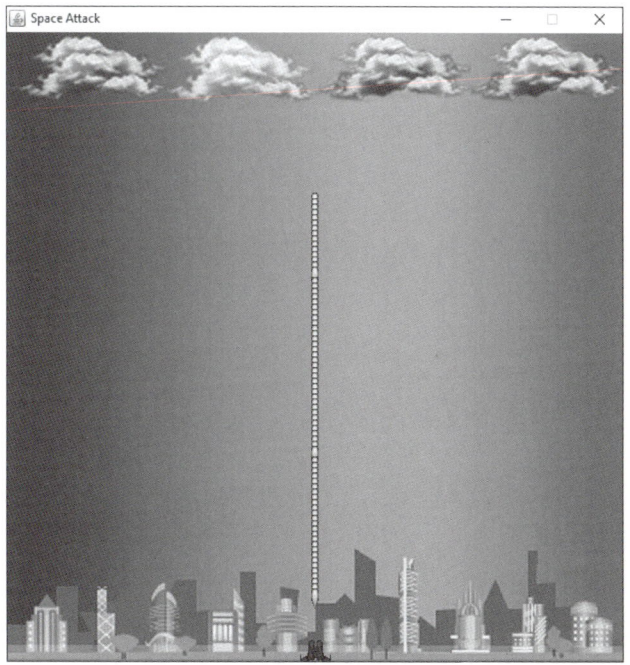

Abbildung 20.3 Durch längeres Drücken der Leer-Taste kommen massenweise Geschosse direkt nacheinander, sodass ein Feuerstrahl entsteht. Nicht ganz das, was erwünscht ist.

Wie kann man verhindern, dass ununterbrochen Geschosse aus dem Raumschiff kommen, wenn man die Leertaste-Taste länger drückt?

Eine Möglichkeit wäre es, dem Raumschiff einen Timer mitzugeben (als Variable). Immer wenn ein Schuss abgegeben wird, wird der Timer auf einen Wert gesetzt, sagen wir 10 oder 20. In der `act()`-Methode des Raumschiffs wird nun dieser Timer jedes Mal um 1 verringert. Ein Schuss darf nur abgefeuert werden, wenn der Timer kleiner als 0 ist. Damit ist es nicht mehr möglich, dass mehrere Schüsse unmittelbar nacheinander abgegeben werden können, denn zuerst muss der Timer heruntergezählt sein.

Die Funktion schuss() sieht dann folgendermaßen aus:

```
def schuss():
    if raumschiff.timer < 0:
        geschoss = Geschoss("sprites/bomb.gif")
        feld.addActor(geschoss,Location(raumschiff.getX(),590))
        raumschiff.timer = 10
```

Den Timer-Wert kannst du bei Bedarf auch höher als 10 setzen, dann ist die Pause zwischen zwei möglichen Schüssen noch länger.

Aber auch die Raumschiffklasse muss jetzt erweitert werden, damit das funktioniert:

```
class Raumschiff(Actor):
    timer = 0
    def act(self):
        self.timer -= 1
```

Probiere es so erneut.

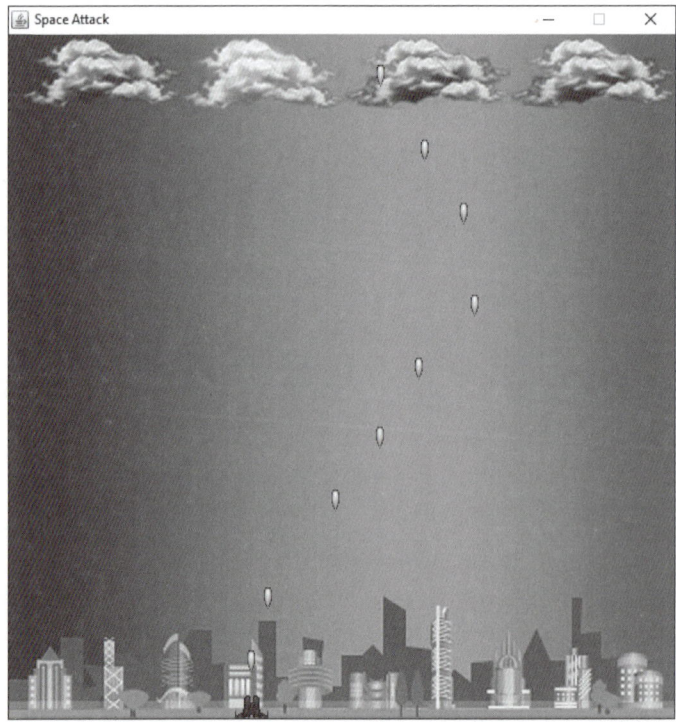

Abbildung 20.4 Das sieht doch schon eher so aus, wie man es sich vorgestellt hatte.

Der Code bisher:

```python
from gamegrid import *

class Raumschiff(Actor):
    timer = 0
    def act(self):
        self.timer -= 1



class Geschoss(Actor):
    def act(self):
        ypos = self.getY()
        self.setY(ypos-5)
        if ypos < 0:
            feld.removeActor(self)


def tasteGedrueckt(tastencode):
        xpos = raumschiff.getX()
        if tastencode == 37:
            if xpos > 10:
                raumschiff.setX(xpos - 5)
        elif tastencode == 39:
            if xpos < 580:
                raumschiff.setX(xpos + 5)
        elif tastencode == 32:
            schuss()

def schuss():
    if raumschiff.timer < 0:
        geschoss = Geschoss("sprites/bomb.gif")
        feld.addActor(geschoss,Location(raumschiff.getX(),590))
        raumschiff.timer = 10

feld = GameGrid(600, 600,1,None,"sprites/town.jpg",False)
feld.setTitle("Space Attack")
feld.addKeyRepeatListener(tasteGedrueckt)

raumschiff = Raumschiff("sprites/spaceship.gif")
```

```
feld.addActor(raumschiff,Location(300,586))

feld.setSimulationPeriod(20)
feld.show()
feld.doRun()
```

Die Aliens

Nun geht es also an die Gegner – die Aliens aus dem All, die angreifen. Sie sollen in mehreren Reihen vorhanden sein, sich langsam immer weiter nach unten bewegen und außerdem auch regelmäßig kleine Bomben abwerfen, um dem Raumschiff das Leben schwer zu machen. Wird das Raumschiff getroffen, oder erreicht ein Alien die Stadt, ist das Spiel verloren. Wenn alle Aliens weg sind, ist das Spiel gewonnen.

Wir erstellen also erst einmal eine Klasse abgeleitet von Actor, mit dem Namen Alien und geben ihr gleich die act()-Methode mit.

```
class Alien(Actor):
    ypos = 0
    def act(self):
        self.ypos += 0.1
        self.setY(int(self.ypos))
```

Was passiert da? Jeder Alien hat eine Eigenschaft ypos, die sich in der act-Methode jedes Mal um 0.1 vergrößert. Dann wird der Alien auf die gerundete y-Position ypos gesetzt (mit int). Auf die Weise bewegt er sich sehr langsam nach unten, jeden 10. Takt um ein Pixel.

Pixel sind Ganzzahlen

Warum muss ypos mit der Funktion int() auf eine Ganzzahl gerundet werden? Ganz einfach: Weil es keine Zehntelpixel gibt. setY() erwartet eine Ganzzahl, sonst würde es eine Fehlermeldung geben. Daher wird ypos vor dem Setzen gerundet.

Wir probieren das Ganze jetzt gleich aus, indem wir einen Alien erzeugen und das Spiel starten: Der folgende Code sollte nach der Erzeugung des Raumschiffs kommen.

```
alien = Alien("sprites/alien.png")
alien.ypos = 30
feld.addActor(alien,Location(300,30))
```

Die Aliens

Abbildung 20.5 Langsam, aber sicher kommt der Alien herunter.

Da das so schön funktioniert, werden wir jetzt gleich eine ganze Menge von ihnen erstellen – sagen wir 5 Reihen à 14 Aliens.

```
for reihe in range (50,300,50):
    for spalte in range (40,570,40):
        alien = Alien("sprites/alien.png")
        alien.ypos = reihe
        feld.addActor(alien,Location(spalte,reihe))
```

Siehst du, wie es funktioniert? Hier wird die range-Funktion mit Startwert, Endwert und Schrittweite verwendet, um eine Liste zu bilden, mit der dann die Aliens platziert werden. Die range-Funktion für die Reihe erzeugt also eine Liste [50, 100, 150, 200, 250], die für die Spalte erzeugt hier folgende Liste: [40, 80, 120, 160, 200, 240, 280, 320, 360, 400, 440, 480, 520, 560].

Daraus ergeben sich x- und y-Position der Aliens. Und so sieht das Ergebnis aus:

Abbildung 20.6 Na, wenn das keine Bedrohung ist!

Was fehlt noch, um das Spiel erst einmal grob funktionsfähig zu machen?

Ganz klar: Die Kollisionserkennung, damit man die Aliens auch abschießen kann. Sonst fliegen die Geschosse einfach durch sie hindurch.

Aber da gibt es ein kleines Problem. Bei Breakball hatten wir nur einen Ball, und wir konnten jedem der Blocks, die im oberen Teil des Spiels erzeugt wurden, einfach bei ihrer Erstellung den Ball als Kollisionsobjekt zuordnen. Hier ist es anders: Es gibt 70 Aliens, aber wir können diesen Aliens keinen Kollisionspartner zuordnen, während wir sie erstellen, denn die Geschosse, mit denen sie kollidieren sollen, existieren an dieser Stelle noch gar nicht. Sie werden jeweils erst in der Funktion schuss() erzeugt, wenn sie abgeschossen werden.

Stattdessen bleibt uns also nichts anderes, als jedem Geschoss, das beim Abfeuern erzeugt wird, bevor wir es aufs Spielfeld schicken, nacheinander alle zu der Zeit vorhandenen Aliens als Kollisionsobjekte zuzuweisen.

Wie macht man das?

Wir müssen bei jeder Erzeugung eines Geschoss-Objekts auf alle einzelnen Alien-Objekte des Spielfeldes zugreifen. Dafür gibt es zum Glück in gamegrid auch schon eine fertige Funktion. Die lautet getActors(Klasse) und liefert eine Liste aller passenden Objekte zurück.

Um eine Liste aller noch existierenden Alien-Objekte zu erhalten, verwenden wir folgenden Befehl:

```
alien_liste = feld.getActors(Alien)
```

Die Liste können wir jetzt mit der for-Schleife durchgehen und jedes Element dem Geschoss als Kollisionsobjekt eintragen. Das sieht dann so aus:

```
for a in alien_liste:
    geschoss.addCollisionActor(a)
```

Und die gesamte Funktion schuss() sieht am Ende so aus:

```
def schuss():
    if raumschiff.timer < 0:
        geschoss = Geschoss("sprites/bomb.gif")
        alien_liste = feld.getActors(Alien)
        for a in alien_liste:
            geschoss.addCollisionActor(a)
        feld.addActor(geschoss,Location(raumschiff.getX(),590))
        raumschiff.timer = 15
```

Obwohl jetzt viel mehr passiert, weil bis zu 70 Alien-Objekte nacheinander bei jedem abgefeuerten Schuss als Kollisionsobjekte dem Geschoss zugeordnet werden, wird das Programm nicht spürbar langsamer. Python ist dafür definitiv mehr als schnell genug.

Jetzt fehlt natürlich nur noch die collide()-Methode in den Geschossen, denn irgendetwas muss ja passieren, wenn das Geschoss mit einem Alien kollidiert.

Und was passiert? Es werden ganz einfach beide Kollisionsobjekte gelöscht, das Geschoss und der Alien. So sieht die Methode aus, die du der Klasse Geschoss hinzufügst:

```
def collide(self,actor1,actor2):
    feld.removeActor(self)
    feld.removeActor(actor2)
    return 0
```

Und nun kannst du das Programm wieder testen!

20 Space Attack – ein Klassiker

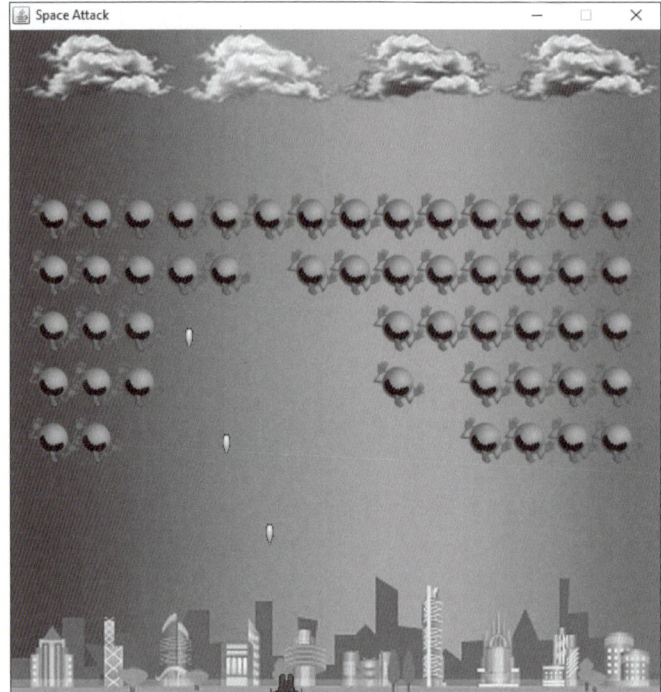

Abbildung 20.7 Cool. Jetzt kann man die Aliens problemlos abschießen!

Es fühlt sich jetzt schon richtig gut an. Aber natürlich ist es noch viel zu einfach, denn es fehlen die eigentlichen Gegner. Die Aliens sind zwar da, aber sie werfen noch keine Bomben ab. Das wollen wir sofort ändern.

Wir erstellen also eine Klasse `Bombe` samt einer `act()`-Methode. Was tut die Bombe? Natürlich herunterfallen, bis sie aus dem Bild ist. Dann kann sie entfernt werden.

```
class Bombe(Actor):
    def act(self):
        ypos = self.getY()
        self.setY(ypos+5)
        if ypos>600:
            feld.removeActor(self)
```

Und wo werden die Bomben erstellt?

Die Idee ist, dass alle Aliens Bomben werfen können, aber dies nur ab und zu tun. Machen wir es einfach: Jeder Alien ermittelt in jedem Takt eine Zufallszahl zwischen 1 und 1.000. Falls diese Zahl zufällig exakt 500 ist, dann wirft er eine Bombe.

Ist das nicht zu selten?

Könnte man denken, aber man muss sich klarmachen, dass es 50 Takte pro Sekunde gibt und am Anfang 70 Aliens da sind – also 3.500 Ziehungen pro Sekunde. Da wird schon noch oft genug die richtige Nummer gezogen, durchschnittlich 3,5 Mal pro Sekunde. Allerdings: Je weniger Aliens es werden, desto seltener kommen die Bomben. Das liegt in der Natur der Sache.

So erweitern wir dann die act()-Methode der Aliens.

```
if randint(1,1000) == 500:
    bombe = Bombe("sprites/creature_1.gif")
    feld.addActor(bombe, Location(self.getX(),self.getY()+10))
```

Vergiss dabei nicht, ganz an den Anfang des Programms ein `from random import *` zu setzen.

Und schon ist alles da, um den munteren Bombenregen zu betrachten.

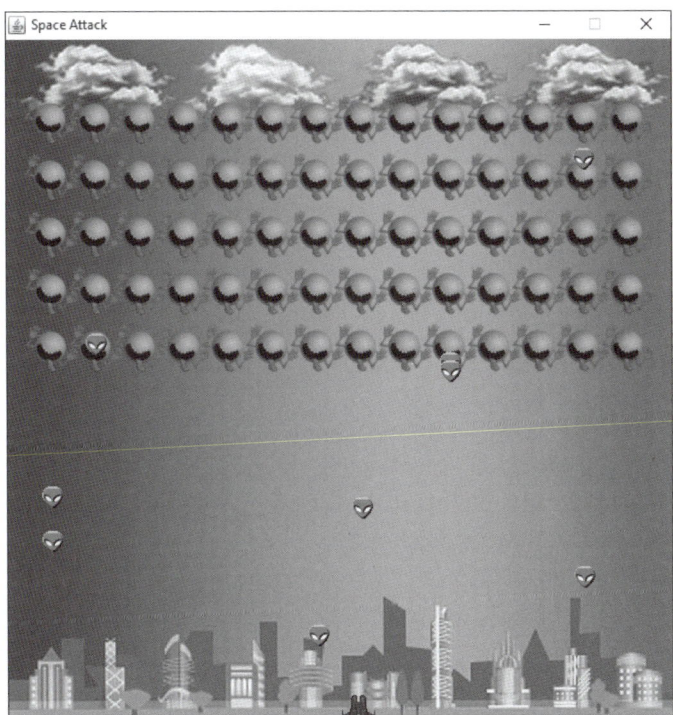

Abbildung 20.8 Obwohl jeder Alien nur etwa in jedem 1.000. Takt eine Bombe wirft, kommen da beim Spielen so einige zusammen.

Okay. Jetzt sind alle wichtigen Spielelemente beisammen und bewegen sich korrekt. Was fehlt, ist die Möglichkeit für den Spieler zu sterben.

Und das wäre ja höchst langweilig, wenn es nicht ginge.

Als Erstes sorgen wir dafür, dass die Bomben der Aliens bei Kollision mit dem Raumschiff das Spiel beenden. Dazu erhält jede Bombe bei Erstellung das Raumschiff als Kollisionsobjekt zugewiesen. Außerdem brauchen wir eine collide()-Methode in der Bombenklasse.

Die Klasse Alien ändert sich folgendermaßen:

```python
class Alien(Actor):
    ypos = 0
    def act(self):
        self.ypos += 0.1
        self.setY(int(self.ypos))
        if randint(1,1000) == 500:
            bombe = Bombe("sprites/creature_1.gif")
            bombe.addCollisionActor(raumschiff)
            feld.addActor(bombe, Location(self.getX(),self.getY()+10))
# Und die Klasse Bombe erhält eine collide-Methode:
    def collide(self,actor1,actor2):
        gameover()
        return 0
```

Bei Kollision wird also die Funktion gameover() aufgerufen. Die schreiben wir jetzt erst mal ganz simpel und verschönern sie später.

```python
def gameover():
    feld.doPause()
    msgDlg("GAME OVER")
```

Und jetzt noch die zweite Möglichkeit, mit der man das Spiel verlieren kann: Wenn einer der Aliens die Stadt erreicht, ist das Spiel ebenfalls zu Ende. Wir fügen die folgende Abfrage noch in die act()-Methode der Alien-Klasse ein:

```python
        if self.ypos >520:
            gameover()
```

So, damit wären alle negativen Abfragen gemacht.

Es wäre natürlich schön, wenn man das Spiel auch gewinnen könnte. Und das ist der Fall, wenn alle Aliens verschwunden sind.

Die Aliens

Also wenn folgende Bedingung zutrifft:

```
feld.getNumberOfActors(Alien) == 0
```

Wo wird das abgefragt? Sinnvollerweise dort, wo ein Alien gelöscht wird, wenn er getroffen wird, also in der `collide()`-Methode der Klasse Geschoss.

Direkt vor der letzten Zeile (also vor `return 0`) tragen wir noch dies hier ein:

```python
        if feld.getNumberOfActors(Alien) == 0:
            gewonnen()
# Jetzt fehlt nur noch die hier aufgerufene Funktion gewonnen(), und dann ist alles beisammen.
def gewonnen():
    feld.refresh()
    feld.doPause()
    msgDlg("GEWONNEN!")
```

Fertig! Hier ist der gesamte Code für ein grundlegend funktionierendes Space-Attack-Spiel:

```python
from gamegrid import *
from random import *
class Raumschiff(Actor):
    timer = 0
    def act(self):
        self.timer -= 1

class Geschoss(Actor):
    def act(self):
        ypos = self.getY()
        self.setY(ypos-5)
        if ypos < 0:
            feld.removeActor(self)
    def collide(self,actor1,actor2):
        feld.removeActor(self)
        feld.removeActor(actor2)
        if feld.getNumberOfActors(Alien) == 0:
            gewonnen()
        return 0

class Alien(Actor):
```

```python
        ypos = 0
        def act(self):
            self.ypos += 0.1
            self.setY(int(self.ypos))
            if randint(1,1000) == 500:
                bombe = Bombe("sprites/creature_1.gif")
                bombe.addCollisionActor(raumschiff)
                feld.addActor(bombe, Location(self.getX(),self.getY()+10))

class Bombe(Actor):
    def act(self):
        ypos = self.getY()
        self.setY(ypos+5)
        if ypos>600:
            feld.removeActor(self)
    def collide(self,actor1,actor2):
            gameover()
            return 0

def tasteGedrueckt(tastencode):
        xpos = raumschiff.getX()
        if tastencode == 37:
            if xpos > 20:
                raumschiff.setX(xpos - 5)
        elif tastencode == 39:
            if xpos < 580:
                raumschiff.setX(xpos + 5)
        elif tastencode == 32:
            schuss()

def schuss():
    if raumschiff.timer < 0:
        geschoss = Geschoss("sprites/bomb.gif")
        alien_liste = feld.getActors(Alien)
        for a in alien_liste:
            geschoss.addCollisionActor(a)
        feld.addActor(geschoss,Location(raumschiff.getX(),590))
        raumschiff.timer = 10

def gameover():
    feld.doPause()
    msgDlg("GAME OVER")
```

```python
def gewonnen():
    feld.refresh()
    feld.doPause()
    msgDlg("GEWONNEN!")

feld = GameGrid(600,600,1,None,"sprites/town.jpg",False)
feld.setTitle("Space Attack")
raumschiff = Raumschiff("sprites/spaceship.gif")
feld.addActor(raumschiff,Location(300,586))

for reihe in range (50,300,50):
    for spalte in range (40,570,40):
        alien = Alien("sprites/alien.png")
        alien.ypos = reihe
        feld.addActor(alien,Location(spalte,reihe))

feld.setSimulationPeriod(20)
feld.addKeyRepeatListener(tasteGedrueckt)
feld.show()
feld.doRun()
```

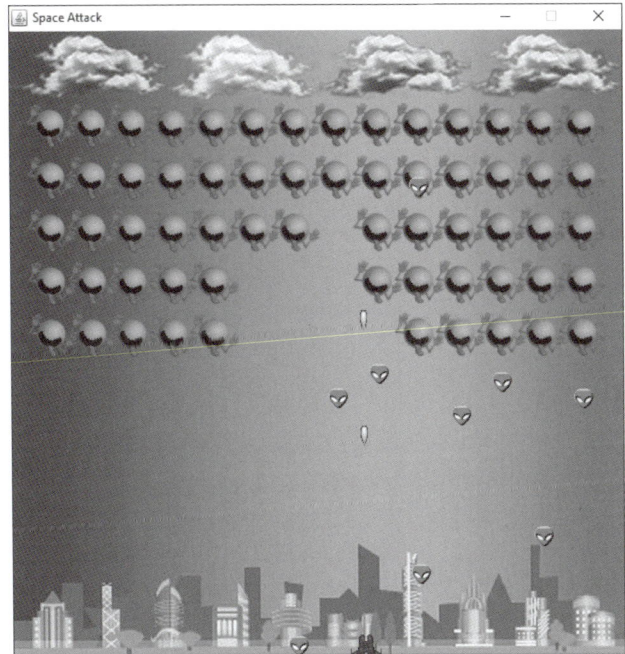

Abbildung 20.9 Fertig! Alle Funktionen sind da. Space Attack ist komplett spielbar!

Erweiterungen

Wie immer stellt sich die Frage, was man alles verbessern, erweitern und ausbauen könnte. Wie immer bist du gefragt, deine eigenen Ideen mit einzubringen. Meine Vorschläge kommen jetzt – aber deine Ideen sind genauso wertvoll. Vielleicht hast du ja eine Vision, was man mit diesem Spiel noch alles machen könnte. Begrenzt sind die Möglichkeiten nur durch deine Phantasie!

Explosionen

Wie wäre es, wenn die Aliens immer mit einer kurz aufleuchtenden Explosion verschwinden würden. Das lässt sich recht einfach machen, weil uns *TigerJython* sogar eine Mini-Explosionsgrafik mitliefert. Die Explosion soll aber nur ganz kurz erscheinen, nachdem der Alien entfernt wurde, dann muss sie wieder verschwinden. Dazu brauchen wir eine Klasse Explosion, die in der act-Methode einen kurzen Zähler runterzählt und dann ihr Objekt wieder löscht.

```python
class Explosion(Actor):
    timer = 5
    def act(self):
        self.timer -= 1
        if self.timer == 0:
            feld.removeActor(self)
```

Bei Entstehung steht der timer von Explosion auf 5, in jeder act-Methode wird er um 1 heruntergezählt, und bei 0 verschwindet die kleine Explosion wieder.

Aufgerufen wird diese Explosionsgrafik natürlich dort, wo die Kollision festgestellt wird: In der collide()-Methode von Geschoss:

```python
    def collide(self,actor1,actor2):
        xpos = actor2.getX()
        ypos = actor2.getY()
        feld.removeActor(self)
        feld.removeActor(actor2)
        hit = Explosion("sprites/hit.gif")
        feld.addActor(hit,Location(xpos,ypos))
        if feld.getNumberOfActors(Alien) == 0:
            gewonnen()
        return 0
```

Jetzt sollte das Raumschiff aber ebenfalls explodieren, wenn es getroffen wird. Das geht mehr oder weniger genauso. Die Klasse haben wir schon, jetzt muss der Effekt nur noch

in die Funktion gameover() eingebaut werden. Für das Raumschiff steht uns sogar noch
eine etwas größere Explosionsgrafik zur Verfügung.

```
def gameover():
    explosion = Explosion("sprites/explosion.gif")
    feld.addActor(explosion,Location(raumschiff.getX(),590))
    feld.removeActor(raumschiff)
    feld.doPause()
    msgDlg("GAME OVER")
```

Ausprobieren! Viel besser!

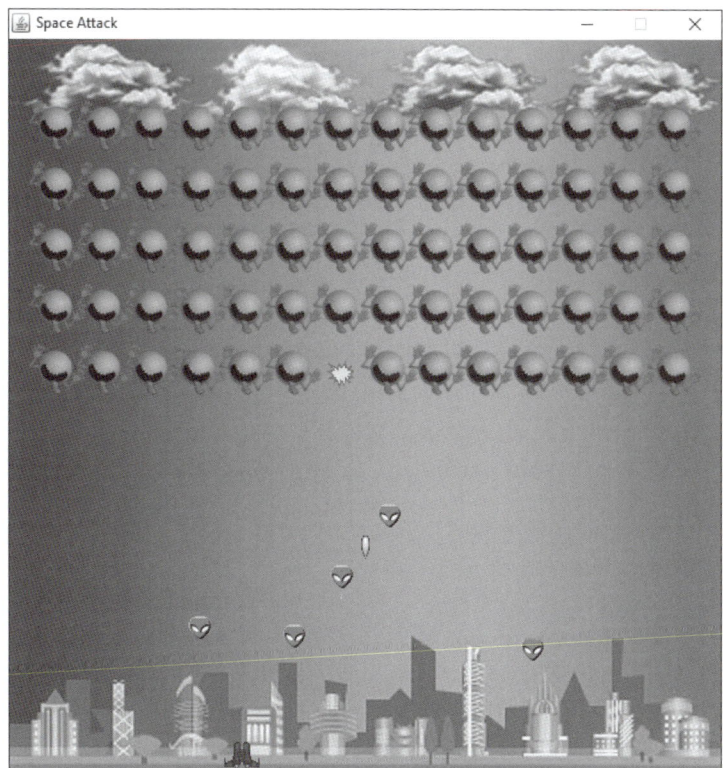

Abbildung 20.10 Mit Explosionen sieht alles noch viel cooler aus!

Sound

Bei Explosionen fällt natürlich besonders auf, dass der Sound fehlt. Den nachzurüsten
ist ja jetzt auch kein großer Aufwand mehr.

Am Anfang muss natürlich das Modul soundsystem importiert werden (from soundsystem import *), dann kann der Sound an der jeweiligen Stelle abgespielt werden.

Beim Abschießen der Aliens (collide-Methode der Klasse Geschoss) kann der click-Sound gespielt werden:

```
openSoundPlayer("wav/click.wav")
play()
```

Und wenn das Raumschiff zerstört wird, kommt der richtige Explosions-Sound:

```
def gameover():
    openSoundPlayer("wav/explode.wav")
    play()
    explosion = Explosion("sprites/explosion.gif")
    feld.addActor(explosion,Location(raumschiff.getX(),590))
    feld.removeActor(raumschiff)
    feld.doPause()
    msgDlg("GAME OVER")
```

Spielende

Die Message Box, die uns das Ende des Spiels anzeigt, ist zwar funktional, aber nicht elegant oder schön. Besser wäre es, wenn ein farbiges »Game Over« auf dem Spielfeld erschiene. Das lässt sich natürlich auch machen. Wenn du die mitgelieferte Grafik *gameover.gif* von *TigerJython* verwenden willst, ist es am einfachsten – eine selbst gestaltete Grafik ist natürlich noch cooler. Mit der eingebauten Grafik änderst du einfach die Funktion gameover() folgendermaßen ab:

```
def gameover():
    openSoundPlayer("wav/explode.wav")
    play()
    explosion = Explosion("sprites/explosion.gif")
    feld.addActor(explosion,Location(raumschiff.getX(),590))
    feld.removeActor(raumschiff)
    spielende = Actor("sprites/gameover.gif")
    feld.addActor(spielende,Location(300,300))
    feld.doPause()
```

Weiterer Ausbau: deine Aufgabe

Abbildung 20.11 Noch besser als eine Message Box

Weiterer Ausbau: deine Aufgabe

Es ist ganz an dir, wie du das Spiel weiter ausbauen, verbessern oder einfach verändern willst. Du kannst alles ändern, kannst die Grafiken gegen andere (möglicherweise eigene) ersetzen. Wenn du ein Grafikprogramm wie Photoshop (oder das kostenlose Paint.Net oder auch Gimp) beherrschst, kannst du dir leicht wunderbare, eigene grafische Objekte erstellen. Dazu legst du einen Ordner *sprites* in deinem Python-Verzeichnis an, kopierst die Dateien hinein und verwendest den Dateinamen deiner Datei, wenn du ein grafisches Objekt erstellst.

Genauso kannst du eigene Sounds aufnehmen oder besorgen und einbinden.

Du kannst die Spielweise ändern, indem du die Geschwindigkeiten änderst und die Art und Weise, wie die Figuren sich bewegen, du kannst neue Regeln aufstellen, mehrere Leben einführen, vielleicht sogar einen zweiten Level bauen, bei dem alles viel schneller ist.

Wie gesagt: Es liegt an dir – experimentiere mit diesem Spiel herum, so viel du möchtest.

Beim nächsten Projekt geht es nicht ums Abschießen – mehr um Geschicklichkeit!

Kapitel 21
Flappy Ball – geschicktes Hüpfen

Das nächste Spiel hat auch wieder eine Besonderheit – nämlich einen nach den Regeln der Gravitationskraft fallenden Ball. Das kontrollierte Fallen und Hüpfen ist hier Aufgabe des Spielers.

Nachdem die letzten beiden Spiele sich hauptsächlich mit dem Abschießen von Objekten beschäftigt haben, geht es in diesem Spiel vor allem um Geschicklichkeit. *Flappy Ball* greift ein wenig die Grundidee des Spiels »Flappy Bird« auf, das vor einigen Jahren eine sehr beliebte App auf Mobilgeräten war. Das Spielprinzip ist ganz einfach – es richtig zu beherrschen, aber umso schwerer.

Die Spielidee

In Flappy Ball gibt es einen Ball, der sich nicht weit vom linken Rand des Spielfelds befindet. Sobald das Spiel losgeht, fällt der Ball automatisch nach unten. Und zwar mit zunehmender Geschwindigkeit, wie ein echt fallender Ball in der Schwerkraft. Wenn er den unteren Rand des Spielfelds berührt, ist das Spiel verloren. Damit das aber nicht passiert, kann man dem Ball Stöße nach oben geben – und zwar, indem man mit der Maus auf das Spielfeld klickt. Dadurch wird er ein kleines Stück hochgeschossen, beginnt dann aber wieder zu fallen. Durch schnelles Klicken mit der Maus (und geschicktes Fallenlassen) kann man den Ball mit der Zeit ganz gut nach oben und unten steuern. Auch den oberen Rand darf der Ball nicht berühren. Erschwert wird das Spiel durch die senkrechten Balken, die von rechts nach links durch das Spiel fliegen. Diese darf der Ball ebenfalls nicht berühren. Sonst ist das Spiel auch zu Ende. Punkte gibt es für jeden Balken, den der Ball passiert hat, ohne ihn zu berühren.

Benötigte Elemente

Technisch ist das Spiel nicht schwerer zu programmieren als die vorherigen – vielleicht sogar ein bisschen einfacher. Wir brauchen ein Spielfeld, das ganz simpel sein kann. Wir brauchen eine Spielfigur »Ball«, die in der Lage sein muss, beschleunigt zu fallen und auch wieder hochgeschossen zu werden. Ansonsten brauchen wir nur noch die Balken, die durch das Bild wandern – auch das sind Spielfiguren der Klasse Actor. Die Kollision zwischen Ball und Balken muss behandelt werden – und die y-Position des Balles muss stets darauf überprüft werden, ob der Ball am oberen oder unteren Rand des Feldes ist.

Das reicht bereits aus für die Grundversion von Flappy Ball, das du dann später wie alle anderen Spiele auch gerne ausbauen und erweitern darfst.

Das Spielfeld

Beginnen wir auch diesmal wieder mit dem Spielfeld. Da gibt es allerdings wirklich nicht viel zu überlegen. Wir erstellen ein ganz normales Feld von 800 × 600 Pixeln (und Zellen), Hintergrund weiß – oder wie du möchtest.

```python
from gamegrid import *
feld = GameGrid(800, 600)
feld.setTitle("Flappy Ball")
feld.setBgColor(Color.WHITE)
feld.setSimulationPeriod(20)
feld.show()
feld.doRun()
```

Den letzten Befehl `feld.doRun()` brauchen wir jetzt eigentlich noch nicht, denn es gibt ja noch keine Actors oder `act()`-Methode, die damit aufgerufen werden könnte. Aber das soll als Nächstes folgen.

Der Ball

Der Ball hat seine ganz eigenen Bewegungen – und muss daher natürlich als eigene Klasse, abgeleitet von Actor, definiert werden.

```python
class Ball(Actor):
```

Was braucht der Ball? Er braucht eine Geschwindigkeit, mit der er sich nach unten bewegt (also fällt). Und er braucht eine `act()`-Methode, die dafür sorgt, dass er in jedem Takt ein Stück weiter fällt und sich dabei seine Geschwindigkeit leicht erhöht (das simuliert die Schwerkraft). Fangen wir mal an.

```python
class Ball(Actor):
    speed = 0.5

    def act(self):
```

```
ypos = self.getY()
ypos += self.speed
self.setY(int(ypos))
self.speed += 0.2
```

Die Anfangsgeschwindigkeit wird hier mit der Eigenschaft speed auf 0.5 gesetzt. Das heißt, der Ball fällt mit 0.5 Pixeln Geschwindigkeit pro Spieltakt herunter. Das wird in der act()-Methode umgesetzt.

In der act()-Methode wird erst die vertikale Position des Balls ermittelt. Dann wird der Geschwindigkeitswert (self.speed) hinzugerechnet – dann wird der Ball auf den neuen Wert gesetzt (also etwas weiter unten), dann wird die Geschwindigkeit selber um 0.2 erhöht. Das Setzen auf die neue y-Position erfolgt auch hier wieder mit int(ypos) – warum? Weil es keine »halben Pixel« gibt. Das ist genauso wie bei *Space Attack* – die Pixelzahl muss immer eine Ganzzahl sein.

Jetzt sollte der Ball schon fallen können. Das probieren wir gleich mal aus. Es muss nur noch ein konkretes Objekt Ball erstellt werden, und mit doRun() sollte der Ball dann bereits fallen.

Diese Zeilen fügst du jetzt vor feld.show() ein, damit ist dann schon ein Ball erzeugt.

```
ball = Ball("sprites/peg_5.png")
feld.addActor(ball, Location (400,10))
```

Starte das Programm einmal: Du wirst sehen, der Ball beginnt zu fallen und beschleunigt. Schnell ist er aus dem Bild verschwunden.

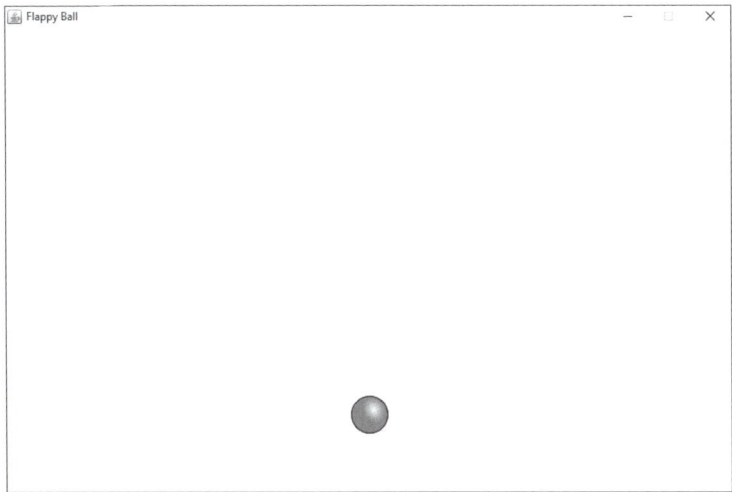

Abbildung 21.1 Kurz nach dem Start ist der Ball schon weg.

Die Ballsteuerung mit der Maus

Nun ist die Idee ja die, dass man den Ball durch Mausklick ein Stück nach oben schießen kann. Wie bei der Grundidee von Flappy Bird wird so etwas wie ein Flügelschlag gemacht, der den Ball kurz nach oben beschleunigt, aber aufgrund der Schwerkraft fällt er dann gleich wieder herunter.

Wir brauchen also eine Methode für unser Ball-Objekt, die den Ball hochkickt. Nennen wir sie also hochkicken().

Was muss diese Funktion leisten? Sie muss die Geschwindigkeit des Balles in die andere Richtung ändern. Also negativ (nach oben) statt positiv. Durch die stets ablaufende Erhöhung der Geschwindigkeit nach unten in der act()-Methode wird sich das schnell wieder ausgleichen, und er fällt dann wieder herunter. Aber einen Stoß nach oben bekommt er.

Die Methode kann man ganz einfach schreiben:

```python
def hochkicken(self):
    self.speed = -4
```

Es wird also die Eigenschaft speed auf –4 gesetzt. Dadurch fliegt der Ball nach oben – aber die »Schwerkraft« wirkt ja gleichzeitig, sodass er bald schon wieder abwärts fallen wird, bis er den nächsten Kick bekommt.

Testen kannst du das noch nicht, weil ja noch nicht programmiert wurde, was dieses Hochkicken auslöst. Wir wollen das mit einem Mausklick realisieren. Dazu brauchen wir wieder mal eine Ereignisbehandlung, diesmal für die Maus. Die wird dem Feld hinzugefügt – damit können wir definieren, welche Funktion ausgeführt werden soll, wenn mit der linken Maustaste ins Spielfeld geklickt wird. Füge also der Spielfelderstellung vor feld.show() Folgendes hinzu:

```
feld.addMouseListener(mausKlick,1)
```

Das bedeutet, ähnlich wie beim KeyRepeatListener, dass immer die Funktion mausKlick() ausgeführt wird, wenn die linke Maustaste über dem Feld heruntergedrückt wird. Was bedeutet der zweite Parameter, die Zahl 1? Die gibt in dieser Funktion das Mausereignis an, auf das reagiert werden soll. Die Werte dafür lassen sich in der Dokumentation von gamegrid nachschlagen: 1 bedeutet »linke Taste gedrückt«, 2 bedeutet »linke Taste losgelassen«, 32 bedeutet »rechte Taste gedrückt«, 64 »rechte Taste losgelassen« usw. ... Durch Addition der Werte lassen sich auch Ereignisse kombinieren.

Nun fehlt also nur noch die Funktion mausKlick() – die ist unabhängig von den Objekten und steht also außerhalb der Klassendefinitionen.

```python
def mausKlick(e):
    ball.hochkicken()
    return 0
```

Noch mal zur Erinnerung: Funktionen, die von Ereignissen aufgerufen werden, enthalten automatisch immer als Parameter das Ereignisobjekt (hier: e) und müssen mit return 0 oder return False abgeschlossen werden.

Unser gesamtes Programm sieht jetzt so aus:

```python
from gamegrid import *

class Ball(Actor):
    speed = 0.5
    def act(self):
        ypos = self.getY()
        ypos += self.speed
        self.setY(int(ypos))
        self.speed += 0.2
    def hochkicken(self):
        self.speed = -4

def mausKlick(e):
    ball.hochkicken()
    return 0

feld = GameGrid(800, 600)
feld.setTitle("Flappy Ball")
feld.setBgColor(Color.WHITE)
feld.setSimulationPeriod(20)
ball = Ball("sprites/peg_5.png")
feld.addActor(ball, Location (400,10))
feld.addMouseListener(mausKlick,1)
feld.show()
feld.doRun()
```

Wenn du es startest, musst du schnell reagieren, denn der Ball fängt sofort an zu fallen, und du kannst ihn nur mit Mausklicks aufhalten. Wenn du mehrfach in Folge klickst, kannst du ihn sogar weit nach oben befördern, aber sobald du die Maustaste loslässt, fällt er wieder nach unten.

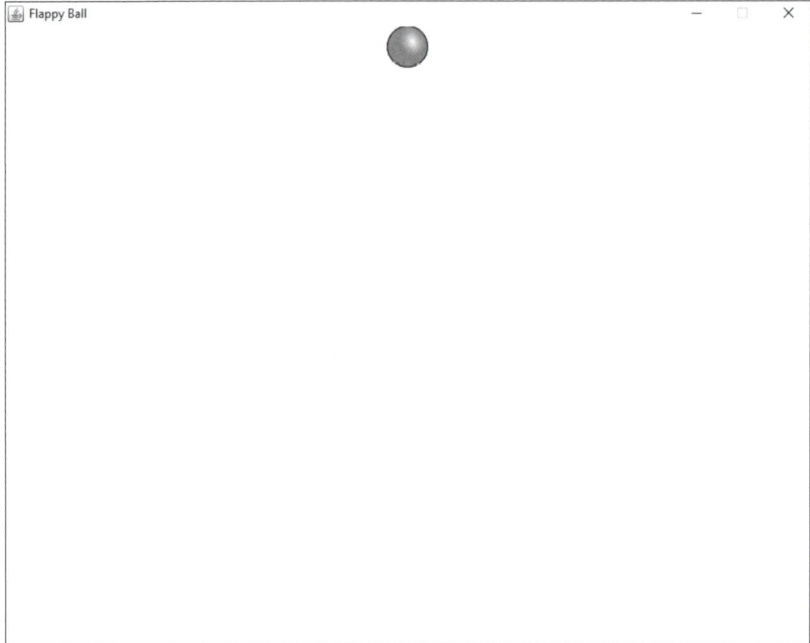

Abbildung 21.2 Mit etwas Übung hast du den Ball bald im Griff.

Toll. Das ist die wichtigste Basis für unser Spiel.

Als Nächstes können wir das Spielende programmieren, wenn der Ball oben oder unten den Rand berührt. Das macht das Spiel schon mal schwieriger. Und es ist sehr einfach zu programmieren. Füge einfach die folgenden zwei Zeilen zur act()-Methode des Balls hinzu:

```
if ypos < 0 or ypos > 600:
    spielEnde()
```

Wenn die vertikale Position des Balles kleiner als 0 oder größer als 600 ist (wenn der Ball also zur Hälfte über den oberen oder unteren Rand hinausgeht), dann wird die Funktion spielEnde() aufgerufen.

Und spielEnde() schreiben wir sofort danach – nicht als Methode, sondern als unabhängige Funktion nach der mausKlick()-Funktion:

```
def spielEnde():
    feld.doPause()
    msgDlg("Rand berührt - verloren!")
```

Bei Spielende wird also die Spielschleife gestoppt, nichts bewegt sich mehr, und ein Mitteilungsfenster sagt, dass das Spiel verloren wurde.

Einfach, aber wirkungsvoll. Du kannst es testen und den Ball mal zu hoch und mal zu niedrig bewegen und wirst sehen, dass es funktioniert.

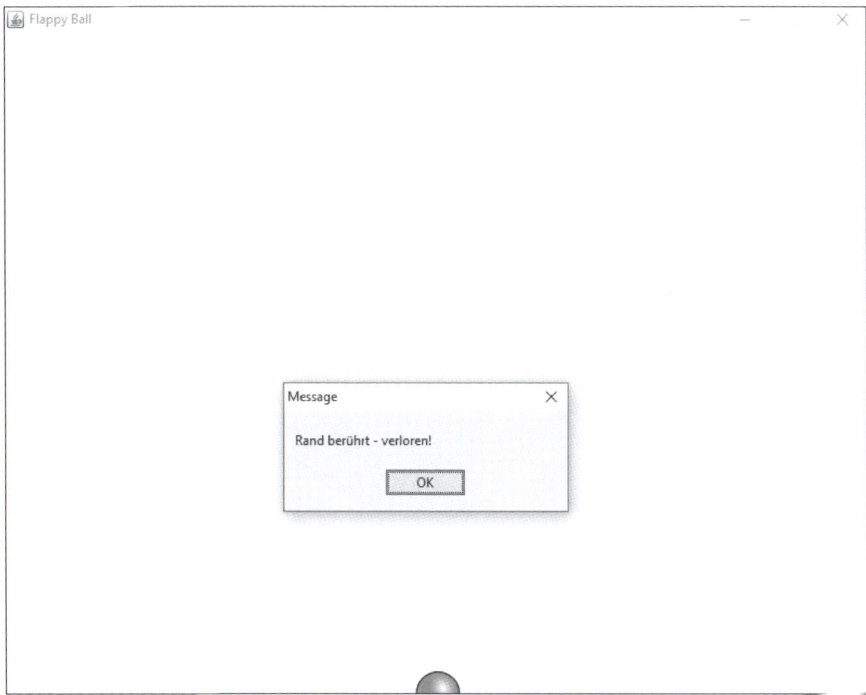

Abbildung 21.3 Pech gehabt, zu niedrig.

Die Balken – als Spielgegner

Nun kommt die eigentliche Schwierigkeit ins Spiel. Balken, die von rechts nach links durch das Bild wandern und denen der Ball ausweichen muss.

Was wir dazu brauchen? Natürlich eine Klasse Balken, aus der mehrere Objekte erstellt werden können, und eine Kollisionserkennung, wenn der Ball den Balken berührt. Der

Balken muss in seiner act()-Methode schrittweise in einem bestimmten Tempo nach links wandern. Wenn er aus dem Bild ist, kann er sinnvollerweise wieder von rechts kommen und sollte dann, um Abwechslung ins Spiel zu bringen, vielleicht zufällig variiert höher oder tiefer liegen.

Wir machen einfach eines nach dem anderen und beginnen mit der Klasse Balken. Die wird nach der Ball-Klasse definiert.

```python
class Balken(Actor):
    speed = 2
    def act(self):
        xpos = self.getX()
        self.setX(xpos-self.speed)
```

Damit haben wir definiert, dass der Balken sich selbstständig immer 2 Pixel nach links pro Takt bewegt. Diese Geschwindigkeit wird durch die Eigenschaft speed festgelegt und kann später auch beliebig geändert werden.

Mit dieser act()-Methode würde der Balken kontinuierlich immer weiter nach links wandern. Damit das Spiel aber immer weitergehen kann, ist es natürlich angebracht, dass der Balken rechts wieder auftaucht, wenn er nach links aus dem Bild verschwunden ist.

Das könnte man einfach so machen:

```python
if xpos < -10:
    self.setX(810)
```

Ebenso wichtig ist aber auch die Frage nach der y-Position des Balkens. Denn wenn die immer gleich bliebe, wäre das Spiel langweilig. Besser ist es, wenn der Balken mal oben, mal unten ist, auf verschiedenen Höhen. Erst dann wird das Spiel abwechslungsreich. Der Balken ist 400 Pixel hoch. Er sollte sich entweder im y-Bereich von 0 bis 200 befinden (oberer Balken) oder im Bereich von 400 bis 600 (unterer Balken).

Die Position sollte zufällig sein, und auch die Frage, ob der Balken oben oder unten ist. Wir brauchen also einmal wieder das random-Modul, das ganz am Anfang des Programms wie immer importiert werden muss: from random import *

Nun können wir zufällig entscheiden lassen, ob der Balken oben oder unten sein soll:

```python
if randint(0,1) == 0:
    # Balken oben
    self.setY(randint(0,200))
```

```
        else:
            # Balken unten
            self.setY(randint(400,600))
```

Die erste `randint`-Zahl ist entweder 0 oder 1 – damit wird über oben und unten entschieden. Ist die Zahl 0, dann wird der Balken oben platziert, ist sie 1, ist er unten angesiedelt.

Je nachdem wird dann die Zufallsposition des Balkens entweder zwischen 0 und 200 oder zwischen 400 und 600 gesetzt.

Die ganze Klasse Balken sieht jetzt so aus:

```
class Balken(Actor):
    speed = 2
    def act(self):
        xpos = self.getX()
        self.setX(xpos-self.speed)
        if xpos < -10:
            self.setX(810)
            if randint(0,1) == 0:
                # Balken oben
                self.setY(randint(0,200))
            else:
                # Balken unten
                self.setY(randint(400,600))
```

Jetzt muss natürlich auch noch ein Balkenobjekt erstellt werden – bzw. mehrere, aber fangen wir mal mit einem an, um es zu testen (füge diesen Code unten vor `feld.show()` ein):

```
balken = Balken("sprites/bar3.gif")
feld.addActor(balken, Location (810,200))
```

Wir setzen den Balken an die Position x:810, y:200 – damit ist er rechts knapp außerhalb des Spielfeldes und vertikal oben platziert. Durch seine `act()`-Methode sollte er direkt nach dem Start ins Bild kommen und dann nach links wandern. Wenn er links aus dem Bild ist, sollte er rechts wieder erscheinen, diesmal an zufälliger y-Position, entweder als unterer oder oberer Balken.

Gleich mal ausprobieren ...

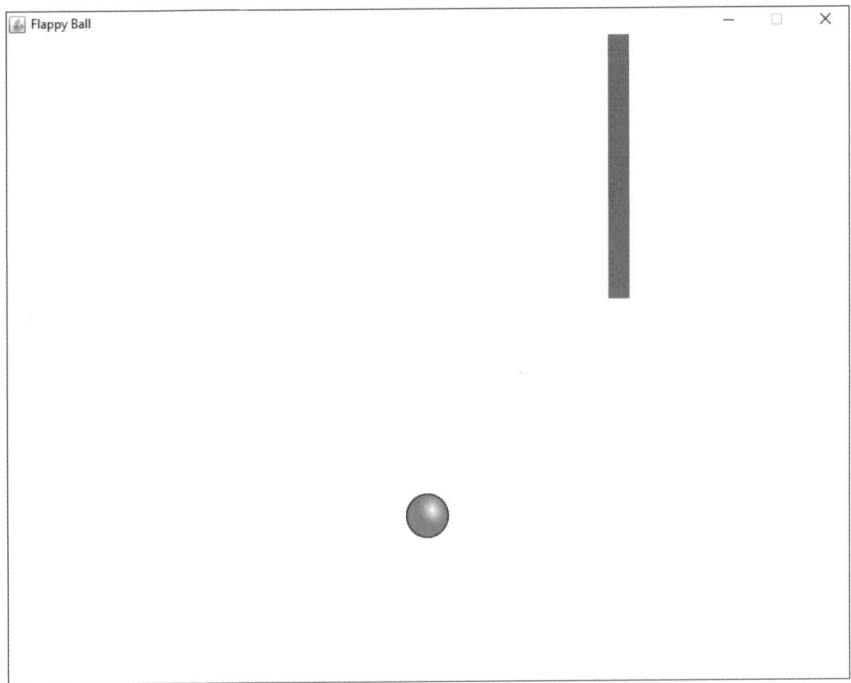

Abbildung 21.4 Der Balken ist da und wandert durchs Bild.

Gut, nur ein Balken ist langweilig. Damit das Spiel spannend wird, empfehle ich vier Balken, die im Abstand von 200 Pixeln liegen. Da das Gesamtfeld eine Breite von 800 Pixeln hat, ist somit ein kontinuierlicher Fluss der Balken gegeben.

Die Balken müssen also am Anfang die x-Positionen 810, 1010, 1210 und 1410 haben. Es wäre überflüssig, vier einzelne Balken per Programm nacheinander zu erstellen, denn das kann man auch in einer Schleife machen. Entweder eine Schleife, die von 1 bis 4 zählt und sich die Positionen berechnet, oder gleich mit einer Liste, die die vier Positionen enthält und einfach durchlaufen wird.

Zum Beispiel so:

```
for xpos in [810,1010,1210,1410]:
    balken = Balken("sprites/bar3.gif")
    feld.addActor(balken, Location (xpos,randint(400,500)))
```

So werden vier Balken an ihren Startpositionen erstellt – die y-Position ist jeweils zufällig, aber immer irgendwo in der unteren Bildhälfte. Damit ist der Start des Spiels noch etwas einfacher, bis die Balken aus dem Bild sind, dann aber werden die vertikalen Positionen der Balken ja automatisch zufällig neu gesetzt. Sie können dann unten oder oben sein.

Ein neuer Test zeigt: Jetzt sind vier Balken vorhanden, die immer wieder neu variiert am rechten Rand erscheinen und nach links wandern.

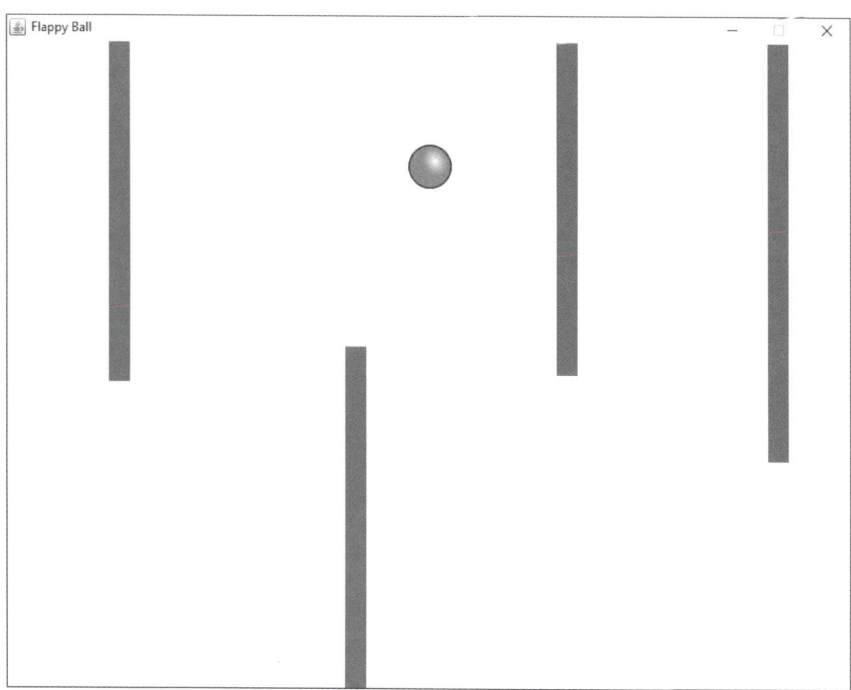

Abbildung 21.5 So soll es aussehen. Bald ist das Spiel fertig ...

Klar ist natürlich auch, was noch fehlt: Die *Kollisionserkennung*, denn jetzt kann der Ball noch seelenruhig durch die Balken hindurchfliegen. So ist es natürlich nicht gedacht.

Wir können die Kollisionserkennung sowohl im Ball Objekt durchführen als auch an den Balken. Hier im Beispiel nehmen wir einfach den Ball, dem wir jeden Balken nach Erstellung als Kollisionsobjekt zuweisen müssen.

Die Balkenerstellung bekommt also eine zusätzliche Zeile nach der Definition jedes Balkens:

```
ball.addCollisionActor(balken)
```

Und der Ball braucht eine runde Kollisionsfläche. Nach der Erstellung des Balles ist also hier zum Beispiel folgende Zeile einzufügen:

```
ball.setCollisionCircle(Point(0,0),20)
```

Dann fehlt nur noch eines: Die collide()-Methode für den Ball. Also das, was passieren soll, wenn der Ball mit einem Balken zusammenstößt.

In die Klassendefinition für den Ball schreiben wir also noch folgende Methode hinein:

```python
def collide(self,actor1,actor2):
    spielEnde()
    return 0
```

Das war alles: Jetzt ist die Basisversion des Spiels fertig. Ein Ball erscheint, der steuerbar ist, Balken wandern durchs Bild – und bei Kollision mit einem Balken oder mit dem oberen und unteren Rand ist das Spiel beendet. In die Nachricht bei Spielende schreiben wir jetzt einfach »GAME OVER«.

Hier kommt der gesamte Code für die simple Grundversion von Flappy Ball:

```python
from gamegrid import *
from random import *

class Ball(Actor):
    speed = 0.5
    
    def act(self):
        ypos = self.getY()
        ypos += self.speed
        if ypos < 0 or ypos > 600:
            feld.refresh()
            spielEnde()
        self.setY(int(ypos))
        self.speed += 0.2
    
    def hochkicken(self):
        self.speed = -4
    
    def collide(self,actor1,actor2):
        spielEnde()
        return 0
```

Die Balken – als Spielgegner

```python
class Balken(Actor):
    speed = 2
    def act(self):
        xpos = self.getX()
        self.setX(xpos-self.speed)
        if xpos < -10:
            self.setX(810)
            if randint(0,1) == 0:
                # Balken oben
                self.setY(randint(0,200))
            else:
                # Balken unten
                self.setY(randint(400,600))

def mausKlick(e):
    ball.hochkicken()
    return 0

def spielEnde():
    feld.doPause()
    msgDlg("GAME OVER")

feld = GameGrid(800, 600)
feld.setTitle("Flappy Ball")
feld.setBgColor(Color.WHITE)
feld.setSimulationPeriod(20)
feld.addMouseListener(mausKlick,1)

ball = Ball("sprites/peg_5.png")
ball.setCollisionCircle(Point(0,0),20)
feld.addActor(ball, Location (400,20))

for xpos in [810,1010,1210,1410]:
    balken = Balken("sprites/bar3.gif")
    feld.addActor(balken, Location (xpos,randint(400,500)))
    ball.addCollisionActor(balken)

feld.show()
feld.doRun()
```

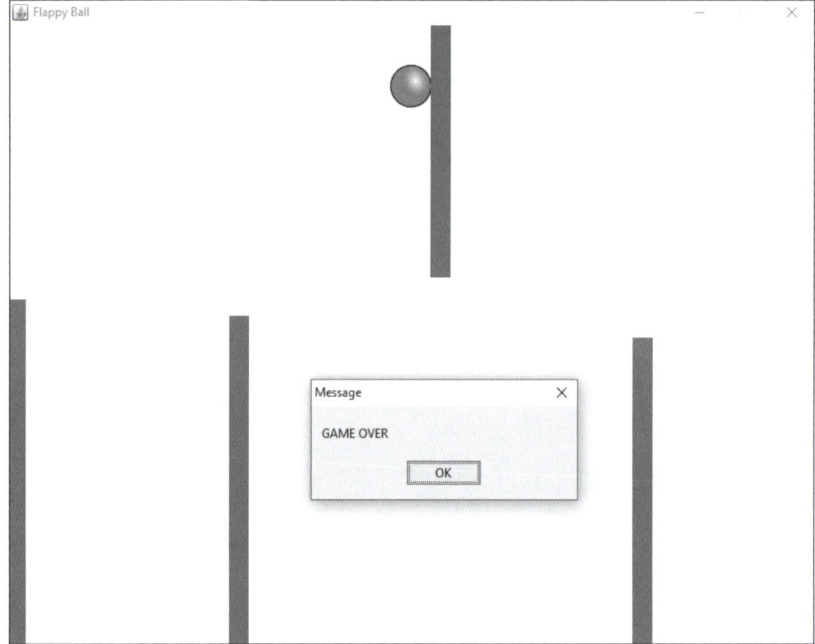

Abbildung 21.6 Das Spiel ist spielbar – wenn auch noch etwas roh!

Flappy Ball Version 1.0 läuft! Die grundlegende Spielmechanik ist komplett. Jetzt geht es wie bei den anderen Spielen auch um die Erweiterungen. Wie kann man das Spiel noch attraktiver machen? Wie immer steht es dir völlig frei, das Spiel selber zu erweitern. Ändere Geschwindigkeiten (Spieltakt, Ball, Balken), ändere Grafiken, füge Sound hinzu usw.

Das Spiel erweitern und verbessern

Einige Erweiterungen oder Verbesserungen schlage ich hier noch zum Nachmachen vor.

Spielstart

Blöd ist vielleicht, dass das Spiel immer sofort losgeht, wenn man es startet. Angenehmer wäre es, das Spiel mit einem Mausklick zu starten. Das lässt sich auch sehr einfach umsetzen: Der Befehl `feld.doRun()` muss dabei aus dem Hauptprogramm gelöscht werden. Die Spielschleife wird also nicht gestartet, wenn das Spiel losgeht. Sie wird erst beim ersten Mausklick ausgeführt. Dafür änderst du zusätzlich die Funktion `mausKlick()` folgendermaßen:

```
def mausKlick(e):
    if feld.isRunning():
        ball.hochkicken()
    else:
        feld.doRun()
    return 0
```

Jetzt wird bei einem Mausklick immer zuerst geprüft, ob das Spiel überhaupt läuft. Das geht mit der Funktion isRunning(), wenn nein (das ist beim ersten Mal der Fall) wird es gestartet, ansonsten wird der Mausklick wie zuvor behandelt und der Ball hochgekickt.

Spielende

In diesem Spiel, wie auch schon in den vorherigen, wäre es sicher schöner, wenn ein farbiges »Game Over« auf dem Spielfeld erschiene. Du kannst das genauso einfügen wie in den vorherigen Spielen. Mit der eingebauten Grafik änderst du einfach die Funktion spielEnde() folgendermaßen ab:

```
def spielEnde():
    gameover = Actor("sprites/gameover.gif")
    feld.addActor(gameover,Location(400,300))
    feld.doPause()
```

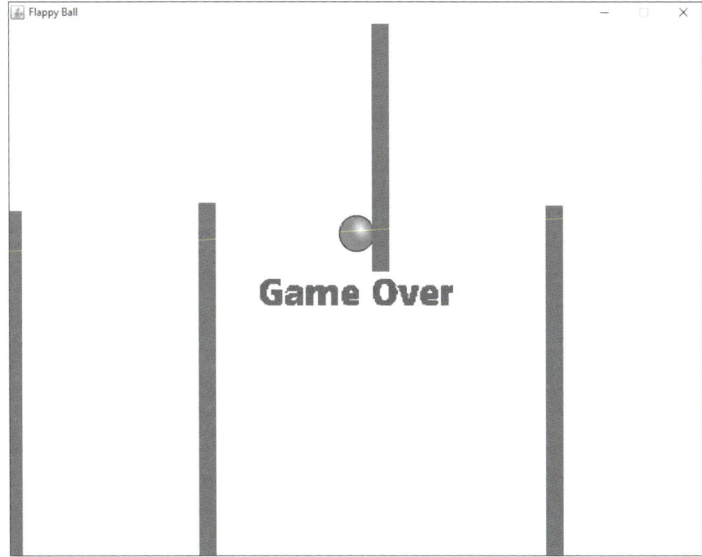

Abbildung 21.7 Klar ist das cooler!

Wenn du eine eigene Grafik für »Game Over« erstellt hast, musst du in deinem Python-Ordner ein Verzeichnis *sprites* haben bzw. anlegen, wo du die Datei hineinkopierst. Anschließend ersetzt du *gameover.gif* durch deinen eigenen Dateinamen. Alles ist möglich.

Sound hinzufügen

Auch hier ist es natürlich am coolsten, eigene Klangdateien hinzuzufügen. Wenn du aber keine zur Hand hast oder keine Möglichkeit, welche zu erstellen, dann lassen sich auch zwei eingebaute Klänge hinzufügen:

Vergiss nicht, an den Anfang des Programms den Importbefehl für das Soundsystem zu setzen:

```python
from soundsystem import *
```

Dann änderst du die Funktion hochkicken wie folgt:

```python
    def hochkicken(self):
        self.speed = -4
        openSoundPlayer("wav/boing.wav")
        play()
```

Ebenso kannst du die Funktion spielEnde() erweitern:

```python
def spielEnde():
    gameover = Actor("sprites/gameover.gif")
    feld.addActor(gameover,Location(400,300))
    openSoundPlayer("wav/explode.wav")
    play()
    feld.doPause()
```

Nun gibt es Sound – ein »Boing« beim Hochkicken des Balls und eine »Explosion«, wenn der Ball kollidiert.

Weitere Ideen

Es könnte Punkte geben für jeden Balken, den der Spieler passiert hat. Die Variable punkte sollte dabei zum Beispiel eine Eigenschaft des Balls sein. Zur Vereinfachung kannst du die Punkte immer dann zählen, wenn ein Balken von links wieder nach rechts wandert. Dann zählen die ersten zwei Balken nicht, aber die sind ja auch nur zum Reinkommen gedacht.

Die Klasse Ball beginnt dann also folgendermaßen:

```python
class Ball(Actor):
    speed = 0.5
    punkte = 0
```

Und in die Klasse Balken fügst du nach if xpos < -10: ein:

```
ball.punkte += 1
```

Jetzt müssten die Punkte zum Schluss nur noch ausgegeben werden. Das kann dann wiederum durch eine Messagebox am Ende des Spiels geschehen. Der letzte Befehl in der Funktion spielEnde() wäre dann also:

```
msgDlg("Punkte: "+str(ball.punkte))
```

Viele weitere Ideen sind möglich: Wie wäre es zum Beispiel, wenn man nicht nur die Kollision vermeiden, sondern auch noch Objekte einsammeln muss, während man mit dem Ball herumhüpft? Dazu müsstest du ein neues Objekt erstellen, das sich ebenfalls bewegt und das bei Kollision verschwindet und Extrapunkte gibt.

Oder wenn es mehrere Level gäbe, bei denen sich die Geschwindigkeit ändert? Man könnte zum Beispiel nach 25 Punkten auf den nächsten Level wechseln ...

Ideen kann man immer entwickeln und damit jedes Spiel zu etwas ganz Besonderem ausbauen. Viel Erfolg damit!

Kapitel 22
TicTacToe – Brettspiele mit gamegrid

Nach den Action-Spielen soll es jetzt einmal an ein Brettspiel gehen. Auch dafür eignet sich die Bibliothek gamegrid ganz hervorragend.

Wieder ein neues Spielprojekt, das du mit Python und `gamegrid` umsetzen wirst. Diesmal etwas ruhiger – kein Spiel, bei dem einem Objekte um die Ohren fliegen, sondern ein Spiel, das mit Bedacht und Köpfchen gespielt wird. Wir wollen das bekannte und im Grunde simple Spiel *TicTacToe* umsetzen. Dabei geht es zuerst rein technisch um die Darstellung und Steuerung, dann um die Umsetzung für zwei Personen, die gegeneinander spielen – und zuletzt werden wir ein kleines Stück in das Gebiet der »künstlichen Intelligenz« vordringen und versuchen, den Computer zu einem brauchbaren Gegenspieler zu machen.

Aber eins nach dem anderen. Zunächst machen wir uns wieder einen Plan, wie das Spiel denn eigentlich aussehen und funktionieren soll und was wir dazu brauchen.

Das Spielprinzip

TicTacToe wird auf einem quadratischen Spielfeld mit 3 × 3, also 9 Kästchen gespielt. Zwei Spieler spielen gegeneinander und dürfen abwechselnd jeweils ein Kreuz (Spieler 1) oder einen Kreis (Spieler 2) in die noch leeren Kästchen setzen. Gewonnen hat der Spieler, der als erster drei seiner Markierungen in einer Reihe senkrecht, waagerecht oder diagonal platziert hat. Wenn alle Kästchen belegt sind und keine Reihe entstanden ist, endet das Spiel unentschieden.

Welche Elemente werden benötigt?

Was brauchen wir dafür? Natürlich erst einmal ein Spielfeld, das mit *gamegrid* erzeugt wird. *gamegrid* arbeitet ja intern mit Zellen – und das werden wir hier erstmalig richtig nutzen. Wir erstellen ein Spielfeld, das nur aus 3 × 3 Zellen besteht, die jeweils 100 Pixel breit sind. Damit man die Zellen bzw. Kästchen auch erkennt, werden wir noch Linien auf den Hintergrund des Spielfelds zeichnen.

Des Weiteren brauchen wir zwei Symbole – einmal das Kreuz und einmal den Kreis. Diese werden jeweils als Actor definiert und beim Setzen erzeugt und dem Spielfeld hinzugefügt.

Die Spielfiguren (also die Symbole) müssen sich weder bewegen noch sonst irgendwie verhalten. Sie werden einfach nur auf ihre Position gebracht und bleiben dort. Daher benötigen wir keine act()-Methode.

Wir müssen aber Ereignisse abfragen. In diesem Fall nicht die Tastatur, sondern die Maus – denn mit der Maus wird das jeweilige Symbol gesetzt.

Außerdem brauchen wir eine Spielsteuerung, die nach jedem Zug prüft, ob der Spieler gewonnen hat, ob das Spiel beendet ist oder ob es mit dem nächsten Spieler weitergeht.

Das Spielfeld

Los geht es mit dem Spielfeld. Erst einmal ganz einfach:

```
from gamegrid import *

feld = GameGrid(3,3,100,False)
feld.setTitle("Tic Tac Toe")
feld.setBgColor(Color.WHITE)
feld.show()
```

Das zeichnet ein weißes Spielfenster der Größe 300 × 300 Pixel, allerdings besteht es nur aus 3 × 3 Zellen. Damit diese Zellen sichtbar werden, kann man dem gamegrid bei der Erstellung auch gleich noch eine Farbe mitgeben, dann werden in dieser Farbe die Zellenbegrenzungen gezeichnet. Wir ersetzen die zweite Zeile also durch die folgende:

```
feld = GameGrid(3,3,100,Color.BLACK,False)
```

Das Ergebnis ist ein fertiges Spielfeld für TicTacToe.

Abbildung 22.1 Super – jetzt kann es losgehen.

Okay – Spielfeld fertig. Das Zeichnen der Figuren ist an sich auch sehr simpel. *TigerJython* liefert uns schon zwei passende Grafiken mit – die heißen mark_0.gif und mark_1.gif.

Da wir keine act()-Methode benutzen und die gesetzten Symbole auch sonst nichts können müssen, brauchen wir gar keine eigenen Klassen für die Figuren zu definieren, sondern wir erstellen sie einfach direkt als Objekt der Klasse Actor. Füge mal die folgenden vier Befehle vor feld.show() ein:

```
symbol = Actor("sprites/mark_0.gif")
feld.addActor(symbol,Location(1,1))
symbol = Actor("sprites/mark_1.gif")
feld.addActor(symbol,Location(2,2))
```

Wie du siehst, werden einfach die Zellenpositionen verwendet: Links oben ist Zelle 0,0, rechts davon Zelle 1,0, dann kommt 2,0. In der Mitte ist Zelle 1,1 usw. ... Das ist sehr praktisch, wie du noch sehen wirst.

Starte das Programm, und schon sind zwei Symbole gesetzt.

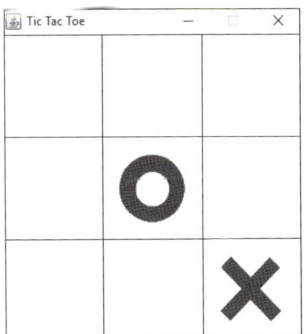

Abbildung 22.2 Es ist sehr einfach, Symbole in Kästchen zu setzen.

Gut, funktioniert. Du kannst jetzt die eben eingefügten vier Befehle wieder entfernen. Sie waren nur zum Testen.

Auf die Maus reagieren

Nun geht es an die Steuerung mit der Maus. Unser GameGrid muss auf das Mausklick-Ereignis reagieren. Bei einem Mausklick auf das Spielfeld muss es außerdem ermitteln, welche Zelle geklickt wurde und dort (wenn das Feld leer ist) das Symbol des Spielers hinsetzen.

Um ein bestimmtes Ereignis mit der Maus oder Tastatur auszuwerten, stellt uns GameGrid übrigens auch eine einfache Methode zur Verfügung, die wir bisher noch nicht genutzt haben – aber das wollen wir jetzt tun. Wir können nämlich gleich bei der Erstellung des GameGrid-Objekts, also des Spielfeldes, angeben, auf welche Ereignisse das Spielfeld mit welcher Funktion reagieren soll. Das geht so. Ersetze die Erstellung des Spielfeldes durch diese Zeile:

```
feld = GameGrid(3,3,100,Color.BLACK,False,mouseReleased=mausKlick)
```

Es ist also ein Parameter am Ende hinzugekommen:

```
mouseReleased=mausKlick
```

Das bedeutet konkret: Im Falle eines Mausklicks auf das Spielfeld soll GameGrid die Funktion mausKlick() ausführen (die noch geschrieben werden muss). In den vorherigen Programmbeispielen haben wir immer nach der Erstellung einen *mouseEventListener* hinzugefügt – was natürlich hier auch gut funktioniert hätte und uns alle Infos über das Ereignis liefert.

Dies hier ist aber eine Abkürzung, die Einrichtung eines speziellen *Event-Listeners* gleich bei der Erstellung des Spielfeldes durch Übergeben eines Parameters. In vielen Fällen, wie hier auch, ist das einfacher und reicht für dieses Spiel völlig aus.

Man könnte auch noch weitere solcher Ereignis-Parameter, durch Komma getrennt, hinzufügen, wenn man sie braucht. Zum Beispiel mousePressed (Maustaste heruntergedrückt), mouseClicked (Maustaste einmal komplett über dem Feld geklickt und losgelassen), keyPressed (Tastaturtaste gedrückt) usw. ... aber hier brauchen wir nur mouseReleased – also das Ereignis, wenn die Maustaste gedrückt und auf dem Spielfeld wieder losgelassen wurde). mouseClicked ginge auch, aber mouseReleased ist unproblematischer, weil es immer funktioniert, auch wenn man zu schnell oder zu langsam klickt.

Auf die Maus reagieren

Jetzt schreiben wir also die Ereignisfunktion mausKlick(), die automatisch das Ereignisobjekt als Parameter erhält.

```python
def mausKlick(ereignis):
```

So beginnt die Funktion, die aufgerufen wird, wenn die Maus auf dem Spielfeld geklickt wird. Die automatisch bei Ereignisfunktionen übergebene Variable ereignis (wir können sie in unserer Funktion nennen, wie wir wollen) ist ein Ereignisobjekt, dessen Eigenschaften uns Informationen geben, zum Beispiel, auf welche Pixelposition (x,y) gerade geklickt wurde.

Das kriegen wir so raus:

```python
def mausKlick(ereignis):
    xpos = ereignis.getX()
    ypos = ereignis.getY()
```

Das Ereignisobjekt des Mausklicks gibt uns über die Methoden getX() und getY() die genaue Position, an die geklickt wurde.

Damit wir jetzt dort aber ein Symbol platzieren können, brauchen wir natürlich die Zellenposition (x: 0–2, y: 0–2). Wie ermitteln wir die? Wir könnten sie natürlich berechnen, indem wir die Pixelbreite und Pixelhöhe des Spielfeldes durch die Anzahl der Zellen teilen und dann anhand der Pixelposition die Zellenposition herausbekommen.

Es geht aber auch einfacher, denn gamegrid liefert uns bereits eine Methode dafür – weil man das schließlich sehr oft braucht, wenn man mit Zellen arbeitet.

Die Methode heißt toLocationInGrid(x,y). Damit wandelt man also die Pixelposition x,y in die Zellenposition um, in der sich dieser Punkt befindet.

```python
def mausKlick(ereignis):
    xpos = ereignis.getX()
    ypos = ereignis.getY()
    zellenPos = feld.toLocationInGrid(xpos,ypos)
    symbol = Actor("sprites/mark_0.gif")
    feld.addActor(symbol,zellenPos)
```

So sieht jetzt die mausKlick()-Funktion aus. Wenn mit der Maus auf das Spielfeld geklickt wird, werden zunächst die Koordinaten in Pixeln aus dem Ereignisobjekt ausgelesen. Danach werden sie in die Zellenposition des Felds umgerechnet, und an diese Position wird das Symbol, das erzeugt wird, auf dem Spielfeld gesetzt. Teste das mal!

Füge die mausKlick()-Funktion vor der Erstellung des Feldes ein. Die Erstellung der beiden Symbole kannst du wieder löschen. So sieht das Programm dann also aus:

```
from gamegrid import *

def mausKlick(ereignis):
    xpos = ereignis.getX()
    ypos = ereignis.getY()
    zellenPos = feld.toLocationInGrid(xpos,ypos)
    symbol = Actor("sprites/mark_O.gif")
    feld.addActor(symbol,zellenPos)

feld = GameGrid(3,3,100,Color.BLACK,False,mouseReleased=mausKlick)
feld.setTitle("Tic Tac Toe")
feld.setBgColor(Color.WHITE)
feld.show()
```

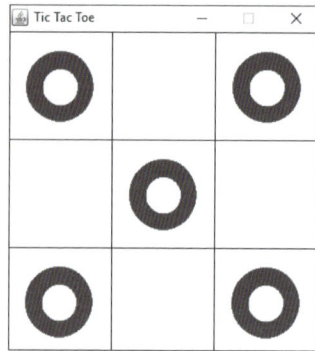

Abbildung 22.3 Mit jedem Mausklick kannst du so einen Kreis in eine Zelle setzen.

Sehr schön. Wieder ein Problem gelöst. Eigentlich fehlt jetzt nur noch die Spielverwaltung im Hintergrund: Welcher Spieler ist dran? Auf welche Felder darf gesetzt werden? Wann ist das Spiel gewonnen bzw. unentschieden beendet?

Diese Dinge haben es aber in sich. Da muss man sich einige Gedanken machen.

Die Spielverwaltung

Die interne Spielverwaltung ist hier ein wenig anspruchsvoller als bei den vorigen Spielen, wo nur geprüft werden musste, ob alle Luftblasen oder Aliens weg sind oder alle Blöcke gelöscht sind oder der Spieler ein verbotenes Objekt berührt hat. Das Programm muss vor allem nach jedem Zug den Spielstand analysieren und prüfen, ob einer der beiden Spieler gewonnen hat. Es muss ebenfalls wissen, wer gerade dran ist und welche Felder noch frei sind.

Damit das Programm nicht ständig untersuchen muss, wo welche Actor-Symbole gerade platziert sind, empfiehlt es sich, alle wichtigen Daten des laufenden Spiels in Variablen unterzubringen, die nach jedem Zug aktualisiert werden.

Als Erstes wäre da die Variable aktiver_spieler. Es gibt Spieler Nr. 1 und Spieler Nr. 2. Nach jedem Zug wechselt der aktive Spieler und damit die Zahl in der Variablen. Dementsprechend wird dann beim Setzen des Symbols entweder die eine oder die andere Grafik für das Symbol verwendet.

Außerdem sollte der aktuelle Spielstand (also welches Symbol an welcher Stelle gesetzt ist) auch in einer Variablen stehen, damit das Programm damit leicht herausfindet, ob jemand gewonnen hat. Dafür bietet sich eine Liste mit dem Namen spielstand an. Um es nicht allzu kompliziert zu machen, verwenden wir hier eine Liste mit 9 Elementen – für jedes Kästchen eins. Jedes Element ist entweder 0 (unbelegt) oder 1 (Spieler 1 hat gesetzt) bzw. 2 (Spieler 2 hat gesetzt).

Am Anfang ist spielstand also [0,0,0,0,0,0,0,0,0], weil noch kein Feld belegt ist.

Wie läuft eine Spielrunde bei TicTacToe ab?

TicTacToe ist kein »Dauer-Action-Spiel«, sondern es ist ein »rundenbasiertes Spiel«. Das heißt, der Spieler macht etwas (setzt ein Symbol in eine Zelle) – und direkt danach (und nur dann) wird geprüft, ob das Spiel beendet ist oder nicht und der nächste Spieler drankommt. Das ist eigentlich alles. Detaillierter gesagt läuft jeder Zug in diesem Spiel so ab:

Beim Mausklick auf eine Zelle:

- Prüfe, ob die Zelle leer ist (sonst passiert nichts). Wenn ja:
    - Setze das Symbol des aktiven Spielers in die Zelle.
    - Prüfe, ob er das Spiel damit gewonnen hat. Wenn nein:
        - Prüfe, ob das Spiel unentschieden beendet wurde (keine Zelle mehr frei). Wenn nein:
            - Wechsle den Spieler, und fange noch mal von oben an.

Ein Objekt für die Spieldaten

Wir arbeiten ja inzwischen nur noch objektorientiert. Wie wäre es also, wenn wir für die gesamte Spielsteuerung ein Objekt erstellen? Also ein ganz eigenes, das alle Spieldaten der aktuellen TicTacToe-Runde als Eigenschaften enthält und alle Spielfunktionen als Methoden. Damit hätten wir dann ein Element gebaut, das komplett in der Lage ist, unser TicTacToe-Spiel zu steuern.

Nennen wir es `Spielverwaltung`. Es bekommt alle Daten des Spiels als Eigenschaften.

```
class Spielverwaltung(object):
    spielstand = [0,0,0,0,0,0,0,0,0]
    aktiver_spieler = 1
```

Die Klasse `Spielverwaltung` ist nicht von einer anderen Klasse wie `gamegrid` oder `Actor` abgeleitet, sondern es ist unsere ganz eigene Klasse. Ihre Eigenschaften sind zunächst der Spielstand (also die aktuelle Belegung der Felder) und der aktive Spieler. Wenn ein Objekt mit dieser Klasse neu erstellt wird, hat es die Anfangswerte, die in der Klassendefinition angelegt sind.

So erzeugt das Programm ein Spielverwaltungs-Objekt:

```
spiel = Spielverwaltung()
```

Auch alle Funktionen, die für das Spielen von *TicTacToe* gebraucht werden, können wir als Methoden der `Spielverwaltung`-Klasse hinzufügen.

Fangen wir an mit der einfachsten Funktion: `naechsterSpieler()`. Immer wenn ein Zug beendet und das Spiel noch nicht zu Ende ist, wird sie aufgerufen. Die Objektvariable `aktiver_spieler` muss in dieser Funktion einfach nur zwischen 1 und 2 hin- und herwechseln.

```
def naechsterSpieler(self):
    if self.aktiver_spieler == 1:
        self.aktiver_spieler = 2
    else:
        self.aktiver_spieler = 1
```

Als Nächstes wäre eine Funktion gut, die prüft, ob eine Zelle leer oder belegt ist. Denn nur wenn eine Zelle leer ist, darf dort ein Symbol (Kreis oder Kreuz) platziert werden.

Wie prüft man das?

Man muss die Zellenkoordinaten mit der Liste `spielstand` abgleichen. Dazu muss die Zellenposition (0,0) oder (2,1) mit der jeweiligen Stelle in der Liste verglichen werden. Nur wenn eine 0 darinsteht, kann hier etwas gesetzt werden.

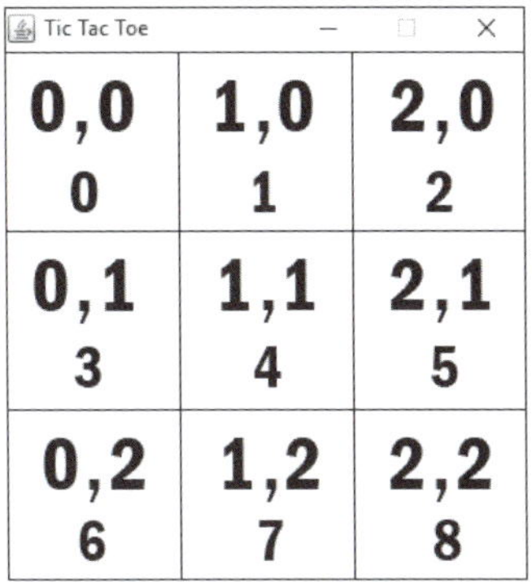

Ein Objekt für die Spieldaten

Abbildung 22.4 Koordinaten der Zellen und darunter jeweils ihre Position in der Liste spielstand

Die Funktion könnte so aussehen:

```
def zellePruefen(self,x,y):
    listenpos = y*3+x
    return self.spielstand[listenpos]
```

Die Funktion gibt also eine 0 zurück, wenn die Zelle leer ist, eine 1, wenn sie mit dem Symbol von Spieler 1 belegt ist (Kreis) und eine 2, wenn darin ein Symbol von Spieler 2 ist (Kreuz).

Und dann brauchen wir natürlich auch noch eine Funktion, um die aktuell gesetzte Marke auf dem Spielfeld zu setzen (das Symbol in der Zelle zu erzeugen) und es auch in die Liste spielstand einzutragen.

```
def setzen (self,x,y,spielernr):
    symbol = Actor("sprites/mark_"+str(spielernr-1)+".gif")
    feld.addActor(symbol,Location(x,y))
    listenpos = y*3+x
    self.spielstand[listenpos] = spielernr
```

Hier wird also neben der Zellenposition (x,y) auch noch die Spielernummer übergeben, denn die wird in die Liste eingetragen. 1 steht für Spieler 1 bzw. den Kreis, 2 steht für Spieler 2, also das Kreuz. Vorher wird das entsprechende Symbol an der Zellenposition x,y platziert. Verstehst du, wie das funktioniert? Der Name für die richtige Grafik des aktiven Spielers wird als String zusammengesetzt.

```
"mark_"+str(spielernr-1)+".gif"
```

Dadurch wird Spieler 1 zu mark_0.gif und Spieler 2 zu mark_1.gif.

Unser Spielverwaltungs-Objekt ist fast fertig. Nur eine Funktion fehlt noch, die wichtigste: Es muss geprüft werden, ob ein Spieler eine Reihe gebildet, also gewonnen hat. Der Funktion wird die Spielernummer übergeben (dafür steht sn), und dann bleibt nichts anderes als durchzuprüfen, ob hier drei Mal die Spielernummer in einer Reihe steht. Erst waagerecht, das geht aufgrund der linearen Liste noch einfach, dann senkrecht, da müssen die Koordinaten per Schleife abgefragt werden, danach diagonal, das wird einzeln geprüft. Wenn eine komplette Reihe gefunden wird, gibt die Funktion True zurück – durch das return wird sie automatisch beendet, es muss dann ja auch nicht weiter geprüft werden. Am Schluss, falls sie also keine Reihe gefunden hat, wird automatisch False (nicht gewonnen) zurückgegeben. Alles klar?

```python
def gewonnen (self,sn):
    liste = self.spielstand
    # waagerecht (Teilreihen prüfen)
    if (liste[0:3] == [sn,sn,sn]) or (liste[3:6] == [sn,sn,sn]) or (liste[6:9] ↩
= [sn,sn,sn]):
        return True
    # senkrecht  (per Schleife prüfen)
    for x in range(0,3):
        if (liste[x]==sn) and (liste[x+3] == sn) and (liste[x+6] == sn):
            return True
    # diagonal  (Einzelfelder prüfen)
    if (liste[0]==sn) and (liste[4] == sn) and (liste[8] == sn):
        return True
    if (liste[2]==sn) and (liste[4] == sn) and (liste[6] == sn):
        return True
    return False
```

Schau dir die Funktion genau an, bis du alles verstehst.

Nun nur noch eine Minifunktion, die prüft, ob alle Felder belegt sind – denn dann ist das Spiel nämlich beendet, weil kein Zug mehr möglich ist.

Man kann das ganz einfach prüfen, indem man checkt, ob die Zahl 0 in der Liste spielstand enthalten ist. Wenn ja, gibt es noch freie Felder, wenn nein, dann ist das Spielbrett voll.

```python
def brettVoll(self):
    return not (0 in self.spielstand)
```

Ein Objekt für die Spieldaten

Wenn die Funktion so formuliert ist, gibt sie True zurück, wenn *keine* 0 mehr in der Liste ist (das Spiel ist also beendet). Ist noch ein Feld leer (wird also mindestens eine 0 in der Liste gefunden) wird False zurückgegeben.

Die gesamte Klasse Spielverwaltung sieht jetzt so aus:

```python
class Spielverwaltung(object):
    spielstand = [0,0,0,0,0,0,0,0,0]
    aktiver_spieler = 1

    def naechsterSpieler(self):
        if self.aktiver_spieler == 1:
            self.aktiver_spieler = 2
        else:
            self.aktiver_spieler = 1

    def zellePruefen(self,x,y):
        listenpos = y*3+x
        return self.spielstand[listenpos]

    def setzen(self,x,y,spielernr):
        listenpos = y*3+x
        self.spielstand[listenpos] = spielernr

    def gewonnen (self,sn):
        liste = self.spielstand
        # waagerecht
        if (liste[0:3] == [sn,sn,sn]) or (liste[3:6] == [sn,sn,sn]) or ⮒
(liste[6:9] == [sn,sn,sn]):
            return True
        # senkrecht
        for x in range(0,3):
            if (liste[x]==sn) and (liste[x+3] == sn) and (liste[x+6] == sn):
                return True
        # diagonal
        if (liste[0]==sn) and (liste[4] == sn) and (liste[8] == sn):
            return True
        if (liste[2]==sn) and (liste[4] == sn) and (liste[6] == sn):
            return True
        return False
```

```python
    def brettVoll(self):
        return not (0 in self.spielstand)
```

Wir haben mit unserem Objekt Spielverwaltung jetzt eine kleine »Maschine« gebaut, die alle Eigenschaften und Fähigkeiten hat, die man benötigt, um damit ein komplettes Tic-TacToe-Spiel durchzuführen. Wir müssen die Werte des Objekts jetzt nur noch setzen und ihre Funktionen an der richtigen Stelle aufrufen. Den Rest macht das Objekt selbst.

Wo im Programm werden die Funktionen der Spielverwaltung denn nun aufgerufen?

Nun, da die Spielverwaltung immer dann aktiv werden muss, wenn ein Spieler einen Zug gemacht hat, sollte an dieser Stelle auch die Spielverwaltung aufgerufen werden – also innerhalb der mausKlick()-Funktion. Ihr Inhalt verändert sich jetzt ein wenig – aber weil ja schon alle Funktionen, die das Spiel benötigt, da sind, lässt sich der ganze Spielverlauf sehr einfach abhandeln:

```python
def mausKlick(ereignis):
    # geklickte Zelle aus Mausposition ermitteln:
    zellenPos = feld.toLocationInGrid(ereignis.getX(),ereignis.getY())
    zx = zellenPos.getX()  # gibt die x-Position der Zelle
    zy = zellenPos.getY()  # gibt die y-Position der Zelle
    # Wenn Zelle leer, dann weiter:
    if spiel.zellePruefen(zx,zy) == 0:
       # Symbol setzen und in Liste eintragen:
       spiel.setzen(zx,zy,spiel.aktiver_spieler)
       if spiel.gewonnen(spiel.aktiver_spieler):
          msgDlg("Spieler "+str(spiel.aktiver_spieler)+" hat gewonnen!")
       elif (spiel.brettVoll()):
          msgDlg("Das Spiel ist beendet: Unentschieden!")
       else:
          spiel.naechsterSpieler()
```

Eigentlich ganz schön simpel jetzt, der eigentliche Spielablauf, genau wie zuvor beschrieben: Wenn auf eine Zelle geklickt wird, wird erst einmal geprüft, ob die Zelle leer ist, wenn ja, dann wird dort ein Symbol gesetzt und in die spielstand-Liste eingetragen, dann wird geprüft, ob der Spieler mit diesem Zug gewonnen hat, wenn nein, dann wird geprüft, ob das Spielbrett voll ist, wenn nein, dann kommt der nächste Spieler an die Reihe.

Das war's!

Ein Objekt für die Spieldaten

Hier noch einmal das ganze Programm im Überblick:

```python
from gamegrid import *

class Spielverwaltung(object):
    spielstand = [0,0,0,0,0,0,0,0,0]
    aktiver_spieler = 1

    def naechsterSpieler(self):
        if self.aktiver_spieler == 1:
            self.aktiver_spieler = 2
        else:
            self.aktiver_spieler = 1

    def zellePruefen(self,x,y):
        listenpos = y*3+x
        return self.spielstand[listenpos]

    def setzen(self,x,y,spielernr):
        symbol = Actor("sprites/mark_"+str(spielernr-1)+".gif")
        feld.addActor(symbol,Location(x,y))
        listenpos = y*3+x
        self.spielstand[listenpos] = spielernr

    def gewonnen(self,sn):
        liste = self.spielstand
        # waagerecht
        if (liste[0:3] == [sn,sn,sn]) or (liste[3:6] == [sn,sn,sn]) or ↩
(liste[6:9] == [sn,sn,sn]):
            return True
        # senkrecht
        for x in range(0,3):
            if (liste[x]==sn) and (liste[x+3] == sn) and (liste[x+6] == sn):
                return True
        # diagonal
        if (liste[0]==sn) and (liste[4] == sn) and (liste[8] == sn):
            return True
        if (liste[2]==sn) and (liste[4] == sn) and (liste[6] == sn):
            return True
        return False
```

```
    def brettVoll(self):
        return not (0 in self.spielstand)

def mausKlick(ereignis):
    # geklickte Zelle ermitteln:
    zellenPos = feld.toLocationInGrid(ereignis.getX(),ereignis.getY())
    zx = zellenPos.getX()   # gibt die x-Position der Zelle
    zy = zellenPos.getY()   # gibt die y-Position der Zelle
    # Wenn Zelle leer, dann weiter:
    if spiel.zellePruefen(zx,zy) == 0:
        spiel.setzen(zx,zy,spiel.aktiver_spieler)
        if spiel.gewonnen(spiel.aktiver_spieler):
            msgDlg("Spieler "+str(spiel.aktiver_spieler)+" hat gewonnen!")
        elif (spiel.brettVoll()):
            msgDlg("Das Spiel ist beendet: Unentschieden!")
        else:
            spiel.naechsterSpieler()

feld = GameGrid(3,3,100,Color.BLACK,False,mouseReleased=mausKlick)
feld.setTitle("Tic Tac Toe")
feld.setBgColor(Color.WHITE)
feld.show()

spiel = Spielverwaltung()
```

Kein »doRun()«?

Vielleicht fragst du dich, warum das Spielfeld zwar erzeugt wird, aber niemals `feld.doRun()` aufgerufen wird wie in den vorherigen Programmen? Es wird also keine interne Dauerschleife gestartet, aber trotzdem läuft das Spiel immer weiter bis zum Ende?

Dabei musst du dir klarmachen, wozu `doRun()` gut ist: `doRun()` wird immer dann gebraucht, wenn Figuren sich in ständiger Bewegung befinden und spontan auf Veränderungen reagieren müssen. `doRun()` spielt quasi so etwas wie einen Film ab und tut nichts anderes, als alle 50 Millisekunden (oder in dem von dir gewählten Takt) die Methode `act()` der Figuren aufzurufen und danach das Feld neu zu zeichnen, damit diese ununterbrochen ihre Aktionen ausführen und mit anderen Figuren interagieren können. Das alles brauchen wir hier ja nicht. Die Figuren haben gar keine `act()`-Methode, und sie müssen sich weder bewegen noch spontan auf etwas reagieren. Hier muss immer nur auf den Mausklick auf ein Feld reagiert werden – und das geschieht bei jedem Klick durch die Ereignisbehandlung von »mouseReleased« in feld. Wenn ein neues Symbol dem Feld hinzugefügt wird, zeichnet es sich ohnehin automatisch neu. Den Rest erledigt dann die Spielverwaltung jedes Mal, sobald ein neuer Zug gemacht wurde. Fertig. Objektorientierte Programmierung in Aktion!

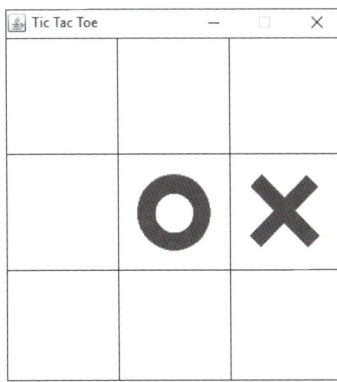

Abbildung 22.5 Das Spiel hat begonnen ...

Abbildung 22.6 ... Ende: Unentschieden!

Erweiterungen von TicTacToe

Jetzt ist es wieder an dir, das Spiel nach deinem Geschmack zu erweitern. Zuvor solltest du das Programm aber richtig durchgehend verstehen. Wo immer dir etwas unklar ist, kannst du experimentieren, Werte verändern und sehen, wie es sich auswirkt – und auch noch einmal in diesem Kapitel nachlesen, was die einzelnen Funktionen genau bewirken und warum.

Es gibt natürlich immer Möglichkeiten, das Spiel zu verbessern. So könnten die beiden Spieler am Anfang ihren Namen eingeben, der dann immer angezeigt wird. Erstelle dazu neue Eigenschaften in der `Spielverwaltung`-Klasse. Zum Beispiel eine Liste: `spieler_name = [,,]`. Dann kannst du im Programm `spiel.spieler_name[1]` und `spiel.spieler_name[2]` setzen. Das Hauptprogramm setzt diese Namen dann schon zu Beginn durch `spiel.spieler_name[1] = input("Bitte den Namen des ersten Spielers eingeben!")` – und genauso für Spieler 2. In der Funktion `naechsterSpieler()` wird dann `"Jetzt ist "+spiel.spieler_name[spiel.aktiver_spieler]+" dran."` ausgegeben.

Sound

Natürlich kannst du auch diesem Spiel wieder hübsche Klänge hinzufügen. Vergiss dabei nicht, ganz zu Beginn des Programms `from soundsystem import *` hinzuzufügen. Danach kannst du beim Setzen eines Symbols oder beim Gewinn des Spiels einen Klang oder eine Melodie abspielen lassen. Wie immer es dir gefällt.

Richtiges Spielende

Wenn ein Spieler gewonnen hat, sollen keine Züge mehr möglich sein. Um das zu erreichen, kannst du zum Beispiel im `Spielverwaltung`-Objekt noch eine Eigenschaft anlegen: `spiel_aktiv`. Zu Anfang wird diese Eigenschaft auf `True` gesetzt; sobald ein Spieler gewonnen hat, ändert sie sich auf `False`. Mit `if spiel.spiel_aktiv:` wird dann bei jedem Mausklick ganz am Anfang abgefragt, ob ein Spielzug überhaupt noch möglich ist, bevor die weitere Auswertung erfolgt.

Der Computer als Gegner

Sehr spannend wäre es natürlich, wenn man dieses Spiel nicht nur mit zwei Personen spielen könnte, sondern gegen den Computer. Das bedeutet aber, dass das Programm in der Lage sein muss zu entscheiden, welchen Zug es als Nächstes macht. Dafür muss es sich in irgendeiner Weise »intelligent« verhalten. So etwas nennt man KI, künstliche Intelligenz.

Künstliche Intelligenz bedeutet also, dass ein Computerprogramm selbstständig aufgrund bestimmter Kriterien eine Entscheidung trifft, wie es sich verhält. Wie es das macht, dafür gibt es unendlich viele Möglichkeiten, die jeweils mehr oder weniger intelligent sind. Ich möchte an dieser Stelle drei Möglichkeiten vorstellen, wie das Programm als TicTacToe-Gegner vorgehen könnte. Die ersten beiden davon werden wir im Programm umsetzen, die dritte kann ich im Rahmen dieses Buches nur als Idee beschreiben.

Am einfachsten: Die Zufallsmethode

Wahrscheinlich hast du dir unter künstlicher Intelligenz etwas anderes vorgestellt, aber die einfachste Methode, wie das Programm seinen Zug machen kann, ist es, ein zufälliges Kästchen auszuwählen, das noch frei ist, und dort das Symbol hineinzusetzen.

Anschließend muss nur noch ausgewertet werden, ob das Spiel gewonnen ist oder ob der Spieler wieder dran ist.

Wie kann man das umsetzen?

Wir brauchen dazu vor allem eine neue Methode für unsere Spielverwaltung. Nennen wir sie zufallsZug(). Hier wird zunächst ermittelt, welche Felder frei sind. Aus diesen wird dann per Zufallsfunktion eines ausgewählt, und das Symbol wird dort platziert. Wir benötigen für unser Programm also auch die Bibliothek random(). Danach prüft die Funktion mit den vorhandenen Methoden, ob der Computer gewonnen hat. Das Objekt Spielverwaltung muss also gar nicht verändert werden, sondern bekommt nur eine Methode hinzu. Der Aufruf der Methoden in der Mausklick-Abfrage verändert sich ein wenig, da jetzt ja nicht mehr zwei Spieler, sondern ein Spieler und ein Computer beteiligt sind.

Die Methode »zufallsZug()«

Wie wählt das Programm nun zufällig ein leeres Feld aus? Am besten ist es, du erstellst eine Liste mit dem Namen leer, in der alle Positionen der leeren Felder aufgelistet sind. Aus dieser Liste kannst du ein zufälliges Element auswählen. Du musst jedes Element der Liste spielstand einmal durchgehen und für jede 0, die du darin findest, die Position der 0 an die Liste leer anhängen.

Erstellung der Liste leer:

```python
leer = []
for x in range(0,9):
    if self.spielstand[x] == 0:
        leer.append(x)
```

Die Liste `leer` enthält nun alle Kästchen, in denen noch kein Symbol ist. Aus dieser Liste wird zufällig ein Element ausgewählt. Für die Auswahl muss das Programm wissen, wie viele Elemente die Liste `leer` besitzt. Das geht mit `len(leer)` (len steht für *length*, also Länge).

```
anzahl = len(leer)
zufall = randint(0,anzahl-1)
zelle_nr = leer[zufall]
return zelle_nr
```

Das war jetzt die lange Version der Funktion. Natürlich kann man sie auch weiter vereinfachen:

Zum Beispiel so:

```
zelle_nr = leer[randint(0,anzahl-1)]
return zelle_nr
```

Und von da aus geht es natürlich noch einfacher, alles in einer Zeile:

```
return leer[randint(0,anzahl-1)]
```

Und es geht noch einfacher, wenn man eine Funktion verwendet, die im Modul *random* schon enthalten ist und die eine zufällige Zahl aus einer Liste auswählt:

```
return choice(leer)
```

Programmieren bedeutet auch Vereinfachen – je einfacher der Code, desto effizienter das Programm – solange es noch verständlich bleibt.

> **Achtung**
>
> Um die `randint()`- oder `choice()`-Funktion zu nutzen, muss am Anfang des gesamten Programms natürlich wie immer die Zeile `from random import *` eingefügt werden.

In `zelle_nr` steht also am Schluss die Nummer der Zelle (eine von 0 bis 8), in die der Zug des Computers gesetzt werden soll. Diese Nummer gibt die Funktion zurück.

Unsere ganze Zufallsauswahlfunktion sieht jetzt so aus; sie kommt in die Klassendefinition der Spielverwaltung:

Am einfachsten: Die Zufallsmethode

```python
def zufallsZug(self):
    leer = []
    for x in range(0,9):
        if self.spielstand[x] == 0:
            leer.append(x)
    return choice(leer)
```

Anschließend soll das Symbol auch dorthin gesetzt werden – aber unsere Methode setzen erwartet eine x,y-Koordinate der Zelle. Die Zellennummer muss also in eine x,y-Koordinate umgerechnet werden, bevor wir setzen aufrufen können. Wie machen wir das? 0 muss in 0,0 gewandelt werden, 1 in 0,1 – 2 in 0,2 – 3 in 1,1 usw. ...

Die Formel ist einfach:

```
y = nr // 3
x = nr % 3
```

Die Reihe (y-Position) ist das Ganzzahlergebnis der Nummer geteilt durch 3, die x-Position der Rest dieser Division. Dann passt es.

Dafür schreiben wir noch eine kleine zusätzliche Methode zur Spielverwaltung hinzu:

```python
def nrSetzen(self,pos,spieler_nr):
    y = pos // 3
    x = pos % 3
    self.setzen(x,y,spieler_nr)
```

Jetzt haben wir sowohl eine Methode für das Setzen eines Symbols auf x,y-Position als auch auf eine Nummernposition. Damit sind wir für alles gerüstet.

Anschließend muss nur noch die mausKlick()-Funktion auf die neue Situation angepasst werden. Dann sollte es bereits funktionieren:

```python
def mausKlick(ereignis):
    # geklickte Zelle ermitteln:
    zellenPos = feld.toLocationInGrid(ereignis.getX(),ereignis.getY())
    zx = zellenPos.getX()
    zy = zellenPos.getY()
    # Wenn Zelle leer, dann weiter:
    if spiel.zellePruefen(zx,zy) == 0:
        spiel.setzen(zx,zy,spiel.aktiver_spieler)
```

```python
            if spiel.gewonnen(spiel.aktiver_spieler):
                msgDlg("Spieler "+str(spiel.aktiver_spieler)+" hat gewonnen!")
            elif (spiel.brettVoll()):
                msgDlg("Das Spiel ist beendet: Unentschieden!")
            else:
                spiel.naechsterSpieler()
                spiel.nrSetzen(spiel.zufallsZug(),spiel.aktiver_spieler)
                if spiel.gewonnen(spiel.aktiver_spieler):
                    msgDlg("Der Computer hat gewonnen!")
                elif (spiel.brettVoll()):
                    msgDlg("Das Spiel ist beendet: Unentschieden!")
                else:
                    spiel.naechsterSpieler()
```

Das Spiel geht jetzt davon aus, dass der menschliche Spieler immer Spieler 1 ist (Kreis) und das Spiel beginnt, während der Computer immer Spieler 2 (Kreuz) und danach dran ist. Nach jedem Mausklick wird zuerst der Spielerzug gemacht und geprüft, ob das Spiel beendet ist. Wenn nicht, wird automatisch der Computerzug ausgeführt, und danach wird ebenfalls überprüft, ob er das Spiel gewonnen hat oder das Spiel zu Ende ist. Wenn nicht, dann wird der aktive Spieler wieder auf 1 gesetzt, und der Spieler ist wieder dran. Beim nächsten Mausklick des Spielers geht es dann weiter.

Puristen könnten einwenden, dass der letzte Code weiter vereinfacht werden könnte. Schließlich wird die Abfrage, ob der Spieler gewonnen hat oder das Spiel zu Ende ist, zweimal nacheinander in genau derselben Weise gemacht. Daraus könnte man natürlich auch eine Funktion machen, die dann einfach zwei Mal aufgerufen wird. Ja, könnte man. Du darfst das gerne machen, es ist eine gute Übung. Es gibt beim Programmieren in der Regel viele Wege zum Ziel; und der kürzeste ist oft – aber nicht immer – der beste. Wir belassen das Programm aber jetzt erst einmal so, denn es funktioniert ja gut und ist klar zu verstehen.

Spiele mal ein paar Spiele gegen den Computer. Dir wird auffallen, dass der Computer nur die »Intelligenz« eines zweijährigen Kindes besitzt. Er kann gerade mal erkennen, welche Felder frei sind, und setzt sein Zeichen dann einfach irgendwo hin. Gegen einen Spieler, der auch nur ein bisschen aufpasst oder halbwegs überlegt spielt, wird er nicht gewinnen – außer durch reinen Zufall. Diesen Gegner kann man nicht wirklich ernst nehmen.

Wir wollen den Gegenspieler jetzt eine Stufe klüger machen, damit man auch richtig gegen ihn spielen kann.

Cleverer: Die doppelte Prüfmethode

Wie geht ein durchschnittlich begabter menschlicher Spieler an das Spiel TicTacToe heran, wenn er am Zug ist? Ich denke, er macht in der Regel vor allem zwei Dinge. Er prüft, ob er mit dem aktuellen Zug vielleicht eine Reihe schließen kann und damit das Spiel gewinnt. Wenn ja, dann tut er das, und das Spiel ist zu Ende. Wenn nein, dann prüft er noch eine zweite Sache: Nämlich, ob der Gegenspieler vielleicht mit dem nächsten Zug eine Reihe bilden könnte. Wenn ja, dann verhindert er dies, indem er seinen eigenen Zug dort macht, wo der Gegner die Reihe schließen könnte.

Wenn das beides nicht geht – dann setzt er sein Symbol vielleicht einfach irgendwo hin ... und wartet, was der Gegenspieler macht.

Genau diese Strategie kann man bei TicTacToe auch relativ einfach programmieren. Alles, was wir hinzufügen müssen, ist eine Methode `computerZug()`, die die Nummer des Kästchens zurückgibt, in das er seinen nächsten Zug machen will.

Was muss diese Methode machen?

- ▶ Sie erstellt eine Liste aller freien Felder.
- ▶ Sie geht alle freien Felder durch, setzt dort (nur in der Liste, nicht sichtbar auf dem Spielfeld) ihr Symbol und prüft mit der Funktion `gewonnen()`, ob sie damit das Spiel gewinnt. Wenn ja, dann hat sie den richtigen Zug gefunden und meldet diesen zurück
- ▶ Wenn alle freien Felder durchgeprüft sind und sie nicht gewinnen konnte, geht sie nochmals alle Felder durch. Diesmal setzt sie dort aber das Symbol des Gegners und prüft, ob er vielleicht mit einem Zug gewinnen kann. Wenn ja, dann meldet sie diese Position zurück, um dort den eigenen Zug zu machen.
- ▶ Wenn das alles kein Ergebnis gebracht hat, ist es egal, wo sie den Zug macht, und sie liefert eine Zufallsposition zurück (die Funktion aus dem letzten Programmbeispiel).

Das setzen wir jetzt in einer neuen, zusätzlichen Methode für unsere Spielverwaltung um: Der Anfang ist fast gleich wie bei der Zufallsfunktion. Erst einmal wird eine Liste aller leeren Felder erstellt.

```python
def computerZug(self):
    leer = []
    for x in range(0,9):
        if self.spielstand[x] == 0:
            leer.append(x)
    anzahl = len(leer)
    backup = self.spielstand[:]
```

Zusätzlich wird am Schluss eine Kopie der spielstand-Liste in der Variable backup gespeichert. Warum? Weil die Funktion anschließend etwas in der spielstand-Variable »herumpfuscht« und damit verschiedene Spielstände auf Gewinn testet. Daher brauchen wir ein Backup, mit dem wir nach jeder Prüfung den Original-spielstand wiederherstellen können. Das Backup erstellen wir mit [:] – das bedeutet, es werden alle einzelnen Elemente der Liste, vom ersten bis zum letzten, in eine neue Liste kopiert. Das muss auf diese Weise gemacht werden, damit die Liste wirklich in eine neue kopiert wird und nicht nur eine neue Variable entsteht, die auf die alte Liste verweist.

So, jetzt wird getestet, ob der Computer mit einem Zug bereits gewinnen kann. Dazu muss er in der spielstand-Liste nacheinander alle Züge machen, die möglich sind (also einmal die Liste leer durchgehen, weil darin alle freien Positionen gespeichert sind), testweise eine 2 hineinsetzen (der Computer ist ja Spieler Nr. 2) und dann immer mit der Funktion gewonnen() prüfen, ob ihm das einen Sieg einbringt. Wenn ja, dann gibt er die Position, an der sein Zug gewinnt, per return-Kommando zurück – durch return wird die gesamte Funktion beendet. Vorher, wie vor jeder neuen Prüfung, muss er aber noch den Original-spielstand wiederherstellen.

```python
# Gewinnmöglichkeit checken
for x in range(0,anzahl):
    self.spielstand = backup[:]
    self.spielstand[leer[x]] = 2
    if self.gewonnen(2):
        self.spielstand = backup[:]
        return leer[x]
```

Wenn der Computer in einem Zug gewinnen kann, dann wäre die Funktion also hier beendet. Wenn er aber alle Zugmöglichkeiten durchlaufen hat und mit keinem Zug gewinnt, geht die Funktion weiter zum nächsten Block.

Plan B – es muss geprüft werden, ob der Gegenspieler mit einem Zug gewinnen könnte. Das muss verhindert werden. Der Block läuft fast genauso ab – nur dass jetzt eine 1 statt einer 2 nacheinander testweise an jede freie Stelle gesetzt und geprüft wird, ob der Gegenspieler damit gewinnt.

```python
# Verliermöglichkeit verhindern
for x in range(0,anzahl):
    self.spielstand = backup[:]
    self.spielstand[leer[x]] = 1
    if self.gewonnen(1):
```

```
        self.spielstand = backup[:]
        return leer[x]
```

Wieder wird die gesamte Funktion beendet, wenn das Programm ein Feld findet, mit dem der Gegenspieler gewinnen würde. Der Computer verhindert dies, indem er sein eigenes Symbol hineinsetzt.

Was aber, wenn auch ein solches Feld nicht gefunden wird?

Dann geht die Funktion in die letzte Phase. Nachdem offenbar kein akuter Handlungsbedarf besteht, geht das Programm davon aus, das es nun egal ist, wohin das Symbol gesetzt wird, und gibt eine Zufallsposition zurück (ermittelt mit der Funktion zufallsZug(), die wir ja schon haben).

```
    # Sonst: Zufallszug
    self.spielstand = backup[:]
    return self.zufallsZug()
```

Auf die Weise kommt also immer ein Zug des Computers zustande – entweder ein Gewinnerzug oder ein Zug, der das Verlieren verhindert, oder ansonsten ein zufälliger.

Die mausKlick()-Funktion, in der alles ausgelöst wird, ändert sich auch, aber nur geringfügig. Hier wird statt zufallsZug() jetzt computerZug() aufgerufen – und man kann auch die Nachrichten entsprechend anpassen.

```
def mausKlick(ereignis):
    # geklickte Zelle ermitteln:
    zellenPos = feld.toLocationInGrid(ereignis.getX(),ereignis.getY())
    zx = zellenPos.getX()
    zy = zellenPos.getY()
    # Wenn Zelle leer, dann weiter:
    if spiel.zellePruefen(zx,zy) == 0:
        spiel.setzen(zx,zy,spiel.aktiver_spieler)
        if spiel.gewonnen(spiel.aktiver_spieler):
            msgDlg("Der Spieler hat gegen den Computer gewonnen!")
        elif (spiel.brettVoll()):
            msgDlg("Das Spiel ist beendet: Unentschieden!")
        else:
            spiel.aktiver_spieler = 2
            delay(1000)
            spiel.nrSetzen(spiel.computerZug(),2)
```

```
        if spiel.gewonnen(spiel.aktiver_spieler):
            msgDlg("Der Computer hat gegen den Spieler gewonnen!")
        elif (spiel.brettVoll()):
            msgDlg("Das Spiel ist beendet: Unentschieden!")
        else:
            spiel.aktiver_spieler = 1
```

Fertig! Jetzt kannst du das Spiel gegen eine einfache KI testen. Wenn du nicht aufpasst, gewinnt der Computer. Wenn du besser aufpasst, kommt es meist zum Unentschieden – und wenn du richtig clever spielst, kannst du den Computer auch schlagen.

Abbildung 22.7 Siehe da: Der Computer hat gewonnen ... dank KI.

Die künstliche Intelligenz kann es schon mit der Spielweise eines, sagen wir, 8-jährigen Kindes aufnehmen. Das Programm macht keine groben Fehler und übersieht keine Chance, kann aber mit etwas Überlegung schon auch ausgetrickst werden.

Die Schwächen dieser Methode liegen vor allem darin, dass der Computer nicht vorausdenkt. Er hat keine eigene Strategie, sondern versucht nur, bei jedem Zug direkt zu gewinnen oder den Sieg des Gegners direkt zu vermeiden. Ansonsten macht er einen Zufallszug, ohne dabei darauf zu achten, ob der ihn wirklich weiterbringt.

Das ist zwar nicht dumm gespielt, aber auch nicht hochintelligent. Gibt es denn auch eine Methode, mit der der Computer unschlagbar wird?

Ja, die gibt es. Aber dieses Buch reicht in seinem Umfang leider nicht aus, um sie im Detail zu erläutern und in ein Programm umzusetzen. Damit du aber einen Einblick bekommst, wie Profis eine »echte« künstliche Intelligenz programmieren würden, mit der das Programm dem Spieler gleichwertig oder überlegen wäre, will ich wenigstens kurz das Prinzip erklären.

Echte KI: Die Minimax-Methode

Eine klar definierte Methode, mit der Computerprogramme zu einem bestimmten Ziel kommen, nennt man auch einen *Algorithmus*. Der beliebteste Algorithmus, mit dem der beste Spielzug in einem Zweierspiel wie TicTacToe, Mühle, Vier gewinnt oder sogar Schach berechnet werden kann, wird auch Minimax-Algorithmus genannt. Mit ihr kann ein Programm die meisten Spiele immer gewinnen, weil es weit vorausschauend denkt und nichts übersieht.

Wie funktioniert das Prinzip?

Eigentlich ist es als Idee einfach, es werden nur eine Menge Überprüfungen gemacht, und dadurch wirkt es beim Nachvollziehen schnell wieder kompliziert: Nehmen wir wieder das Beispiel TicTacToe.

Wie wir es auch schon im letzten Beispiel gemacht haben, muss das Programm erst einmal alle Züge durchgehen, die möglich sind. Sollte sich dabei herausstellen, dass es einen direkten Gewinnzug gibt, würde das Programm ihn natürlich ausführen und gewinnen – so wie es in unserem Algorithmus auch der Fall war. Bei Minimax endet es aber nicht mit dieser Bewertung. Wenn es keinen eindeutigen Gewinnzug gibt, dann wird für jeden möglichen Zug des Computers wiederum *jeder mögliche folgende Zug des Gegners* getestet – und der beste gefunden. Und für jeden Zug, den der Gegner machen könnte, wird wiederum berechnet, welche Züge dann wieder der Computer machen könnte – so lange, bis das Spiel beendet wäre. Nach jedem probierten Zug wird eine Bewertung vorgenommen, ob das Spiel damit endet, also gewonnen oder verloren ist, oder unentschieden ausgeht (zum Beispiel 10 für gewonnen, 0 für unentschieden und –10 für verloren), ansonsten wird der nächste mögliche Zug geprüft. Der Computer geht immer davon aus, dass der andere Spieler ebenso wie er den optimalen Zug wählt. Letzten Endes muss das Programm dann mit einem Durchgang der Werte ermitteln, welcher erste Zug in der Folge der möglichen weiteren Züge zu einem garantierten Gewinn, zu einem nur garantierten Unentschieden oder zu einem unvermeidbaren Verlust führt.

Der Algorithmus heißt *Minimax*, weil hier immer der maximale Wert für den Computer (die beste Gewinnmöglichkeit) und der minimale Wert für den Gegner (die schlechteste Gewinnmöglichkeit) gesucht wird. Dadurch ergibt sich dann der Wert des Zuges, der am Ende positiv sein kann (Computer gewinnt garantiert) oder negativ (Computer verliert auf jeden Fall, wenn der Gegner gut spielt) oder 0 (Spiel geht definitiv unentschieden aus, wenn der Gegner gut spielt). Jeweils der beste Wert aller ausgewerteten Folgezüge bis zum Spielende ergibt dann den Zug, den der Computer macht, weil er damit im weiteren Verlauf die besten Gewinnmöglichkeiten hat und der Gegner die schlechtesten. Auf die Weise kann der Computer bei TicTacToe nicht mehr wirklich verlieren.

Wie würde man so etwas programmieren?

So ein Algorithmus sollte auf jeden Fall *rekursiv* ausgeführt werden (siehe auch Kapitel 13, »Rekursive Funktionen«). Das heißt, eine Funktion geht alle leeren Felder durch, führt jeweils einen Zug auf das leere Feld in der `spielstand`-Liste aus und ruft sich dann mit diesem geänderten Zug wieder selbst auf, woraufhin hier wieder alle Felder, die noch leer sind, durchgegangen werden usw. ... bis das Spiel beendet ist, weil einer gewinnt oder alle Felder voll sind. Dann gibt es eine Bewertung des Zuges zurück.

Wenn nur noch 2 Felder frei sind, muss diese Funktion insgesamt nur 4 Züge testen – bei drei freien Feldern wären es schon 18 ... bei allen neun freien Feldern gäbe es theoretisch mehrere hunderttausend Möglichkeiten, wie das Spiel verlaufen könnte. Aber das schafft ein Python-Programm auch, wobei es wohl klüger wäre, den allerersten Zug einfach auf das Feld in der Mitte zu machen, ohne etwas zu berechnen.

Bei Schach wird es um einiges komplizierter. Da muss auf jeden Fall vorher festgelegt werden, wie viele Züge im Voraus berechnet werden sollen, denn hier gibt es ja viel mehr Spielmöglichkeiten mit den zahlreichen Figuren – und viel mehr und speziellere Regeln. Das Programm kann das Spiel unmöglich in allen Varianten immer bis zum Ende berechnen. Aber auch ein Schachcomputer kann mit dem Minimax-Algorithmus zu einem guten Spieler werden. Ein Schachprogramm würde ebenso alle Figuren durchgehen mit allen Zugmöglichkeiten, die sie haben, und für jede dieser Zugmöglichkeit wiederum alle Möglichkeiten, die der Gegner hat, usw., um am Ende der Rekursionstiefe eine Bewertung der Stellung vorzunehmen, ob sich die Spielsituation verbessert oder verschlechtert hat.

Wenn du im Programmieren fortgeschritten bist und Lust hast, dich mit der künstlichen Intelligenz für Spiele intensiver zu beschäftigen, dann empfehle ich dir einmal, den Minimax-Algorithmus zu googeln. Es gibt zahlreiche Beispiele für TicTacToe oder andere Spiele im Web, die das Prinzip sehr deutlich veranschaulichen. Mit Python steht dir alles offen – fast jeder nur denkbare Algorithmus lässt sich auch in ein leistungsfähiges Python-Programm umsetzen.

Kapitel 23

Wie geht es weiter?

Du hast jetzt mit TigerJython alle wichtigen Grundlagen des Programmierens kennengelernt. Du weißt, wie man Programme aufbaut, wie man Variablen, Listen, Schleifen und Bedingungen richtig einsetzt, du hast die objektorientierte Programmierung kennengelernt und mit der Bibliothek gamegrid intensiv angewandt. Du bist jetzt gerüstet für deine weitere Zukunft als Programmierer.

Dieses Buch nähert sich dem Ende. Deine Karriere als Programmierer hingegen hat gerade erst begonnen. Wenn du das Buch komplett durchgearbeitet hast und die Beispiele alle nach und nach verstanden und verinnerlicht hast, dann bist du wirklich gut vorbereitet auf viele weitere Programmierprojekte, die auf dich warten. Wenn dir noch nicht alles klar ist, dann empfehle ich dir, die Dinge, mit denen du noch Schwierigkeiten hast, erneut durchzugehen, auch einmal im Buch zurückzublättern, die Programme nachzuschreiben oder an allen möglichen Stellen zu verändern und zu sehen, was passiert. Die meisten Fähigkeiten erwirbt man durch *Trial and Error* – probieren, testen, sich wundern – und dann verstehen! Am meisten wirst du immer durch eigene Programme lernen, die nicht abgeschrieben sind, sondern die du von Grund auf selbst gebaut hast. Darum ermutige ich dich, das Buch einmal wegzulegen und erst mal nur kleine Projekte vom Zahlenraten bis hin zu kleinen Animationen von Grund auf selbst einzugeben und auszuprobieren – das können auch Ideen aus dem Buch sein, aber ohne die Vorlage zu benutzen. Ab und zu musst du sicherlich etwas nachschlagen, aber mit der Zeit wirst du immer mehr Sicherheit bekommen. Irgendwann hast du das Gefühl, dass du es ohne weitere Hilfe im Griff hast. Dann stehen dir unendlich viele neue Möglichkeiten offen.

Aber wie mache ich nach diesem Buch am besten weiter?

Das hängt natürlich ganz davon ab, welche Vorlieben du hast und was du gerne machen möchtest. Du kannst mit *TigerJython* noch viel mehr machen, als in diesem Buch überhaupt Platz finden kann. *TigerJython* ist nicht nur eine kleine Lernumgebung, sondern das System ist mit so vielen Bibliotheken und eingebauten Möglichkeiten ausgestattet, dass es noch eine Menge Bereiche gibt, die du damit entdecken kannst.

Du kannst auch auf eine Standardversion von Python umsteigen. Entweder Python 2.7 (wie bei *TigerJython*) oder Python 3.7 – die Unterschiede sind nur gering und schnell zu erlernen. Mit verschiedenen Python-Systemen kannst du ganz unterschiedliche Sachen machen – bis hin zu echten Windows-, Mac- oder Linux-Programmen mit passender Oberfläche, die du auch unabhängig weitergeben kannst.

Wenn du über Python hinausgehen willst, kannst du dich auch irgendwann anderen Programmiersprachen zuwenden und sehen, wie die Konzepte des Programmierens, die du jetzt schon beherrschst, dort umgesetzt werden. Das Prinzip des Programmierens ist überall das gleiche, nur die Befehle und die Schreibweisen oder die Konventionen unterscheiden sich je nach Anwendungsbereich. In praktisch jeder Programmiersprache gibt es Befehle, Operatoren, Funktionen, Variablen, Integer und String, `if`-Abfragen, Schleifen mit `while`, `for`, `repeat`, Klassen und Objekte, genau wie in Python. Wenn du gelernt hast, zu denken wie ein Programmierer, dann hast du die größte Hürde genommen. Der Rest ist Einarbeitung und Übung.

Mit TigerJython weitermachen

Wir haben *TigerJython* verwendet, um im großen ersten Teil des Buches die Grundlagen von Python zu erlernen und auszuprobieren. Die Programme, die hier erstellt wurden, könnte man relativ leicht auch auf andere Programmiersprachen und -systeme übertragen. Da in *TigerJython* aber alles sehr einfach geht, angefangen von der Installation bis hin zur Eingabe und Ausführung der Programme, ist es eine ideale Lernumgebung. Vom schnellen Test bis hin zum komplexen Programm, das zahlreiche Module und Bibliotheken nutzt, ist alles mit der gleichen Einfachheit erstellbar.

Im zweiten Teil des Buches hast du die in *TigerJython* enthaltene Bibliothek *gamegrid* kennengelernt. Diese umfassende Sammlung von Objekten und Funktionen zur Erstellung von grafischen Spielen ist bestens dazu geeignet, mit Python gesteuerte Spiele zu entwickeln und dabei das objektorientierte Programmieren nach und nach zu verinnerlichen. Die Möglichkeiten vom *gamegrid* wurden in diesem Buch noch lange nicht ausgereizt. Es sind damit alle möglichen Arten von Brettspielen und 2D-Action-Spielen umsetzbar – wir haben hier nur die wichtigsten Grundlagen behandelt. Aber auch damit kann man schon hübsche Ergebnisse erzielen. Wenn du dich für Spieleprogrammierung interessierst, lohnt es sich, mit *gamegrid* weiter zu experimentieren. Weiterführende Links und Beispielprojekte findest du auch in den Materialien zu diesem Buch auf der Webseite des Verlags.

Du hast auch die Bibliothek *gturtle* kennengelernt, mit der es sehr einfach ist, berechnete Figuren auf einer grafischen Oberfläche darzustellen.

TigerJython enthält noch mehr grafische Bibliotheken, wie zum Beispiel *gpanel*, mit der es besonders einfach und effizient ist, grafische Simulationen, Auswertungen und Statistiken wiederzugeben.

Auch was Sound angeht, haben wir nur die absoluten Grundlagen behandelt. Mit dem Modul *soundsystem* kannst du sogar elektronische Klänge erzeugen und analysieren, du kannst prinzipiell ein ganzes Klangbearbeitungsprogramm erstellen oder eigene Klangbilder produzieren.

Den Bereich Internet- und Netzwerkprogrammierung haben wir in diesem Buch gar nicht behandelt – da könnte man gut ein komplettes eigenes Buch drüber schreiben. Aber auch solche Programme kannst du mit *TigerJython* und den vorhandenen Modulen dafür problemlos erstellen.

Dateien verarbeiten, Daten lesen und schreiben, auswerten und erstellen – all das geht selbstverständlich gut mit den Bibliotheken und *TigerJython*.

Datenbanken sind ein weiteres großes Thema. Du kannst mit *TigerJython* auf klassische SQL-Datenbank-Formate zugreifen und Daten lesen, schreiben, verwalten. Für die professionelle Programmierung ist das Beherrschen von Datenbanken und SQL sehr von Vorteil – mit *TigerJython* kannst du dich da komplett einarbeiten.

Hast du vielleicht sogar einen *Lego-Mindstorms-Roboter*? Wenn du das Glück hast, einen zu besitzen oder leihen zu können, dann kannst du diesen auch mit *TigerJython* programmieren. *TigerJython* bietet einen Real- und Simulationsmodus speziell für die Lego-Roboter an. Aber auch wer keinen Roboter besitzt, kann sich für weit weniger Geld einen Minicomputer zulegen wie den *Raspberry Pi* oder *calliope mini* (jeweils rund 30 Euro). Auf dem Raspberry Pi ist *TigerJython* sogar installierbar, und der *calliope* lässt sich über *TigerJython* programmieren.

Schau dir die Materialien und Tutorials an, die du zum Teil auch über die *TigerJython*-Hilfe direkt aufrufen kannst und die du ansonsten auf den *TigerJython*-Webseiten findest (einfach »TigerJython« googeln). Das Potenzial von *TigerJython* hast du mit den Beispielen in diesem Buch bei weitem noch nicht ausgeschöpft. Jedes wichtige Programmiergebiet kannst du mit *TigerJython* kennenlernen und testen – um dann später bei Bedarf vielleicht auf ein anderes System umzusteigen.

Andere Python-Systeme

Wenn du irgendwann mit der Sprache Python auf einem anderen System weiterarbeiten willst, hast du viele verschiedene Möglichkeiten. Es gibt zahlreiche kostenlose Entwicklungsumgebungen und Erweiterungen für Python, die du dir herunterladen und installieren kannst. Ganz so einfach wie bei *TigerJython* ist die Installation zwar nicht, dafür hast du dann aber auch wieder neue und andere Bereiche, in denen du Python einsetzen kannst. Du kannst als Basis Python 2.7 verwenden, das entspricht fast exakt *TigerJython* mit minimalen Änderungen (so gibt es zum Beispiel keinen `repeat`-Befehl, stattdessen wird immer die `for`-Schleife verwendet, `input()` erzeugt kein Eingabefenster, sondern findet auf der Konsole statt, `msgDlg()` existiert nicht, die Fließkomma-Division wird etwas anders durchgeführt und ein paar andere kleine Abweichungen, aber nicht viele) – oder du verwendest Python 3.7 – da gibt es noch ein paar mehr Unterschiede, Optimierungen und neue Möglichkeiten, die sich aber auch sehr schnell erlernen lassen. Unterschiede zwischen Python 2 und 3 lassen sich leicht googeln – der Rest ist Probieren und Lernen.

Für Python existieren zahlreiche Entwicklungsumgebungen und Toolkits. Berühmt ist zum Beispiel *PyQt*, das einen Editor enthält, mit dem grafische Benutzeroberflächen gebaut werden können (Fenster mit Buttons, Textfeldern usw.), die man in sein Python-Programm einbinden und verwenden kann. Andere Python-Toolkits wie *Kivy* oder *PyFLTK* bieten ebenfalls die Möglichkeit, relativ einfach anpassbare Oberflächen zu bauen, die mit dem Benutzer interagieren. *PyCharm* ist eine leistungsfähige Entwicklungsumgebung für Python, mit der größere Projekte im Griff behalten werden können. Und mit *Cython* oder *CPython* können Python-Programme in C++ gewandelt werden und als eigenständige Programme kompiliert werden.

Wer Webserver programmieren möchte, kann dies zum Beispiel mit *Django* tun – einer Webserver-Programmierbibliothek, die komplett auf der Sprache Python basiert. Auch lassen sich mit Python viele Programme steuern und erweitern – vom 3D-Editor *Blender* bis hin zu Spielen wie *Minecraft*. Auch Google und Youtube verwenden für die interne Steuerung zahlreiche komplexe Python-Skripte.

Mit Python steht dir ein ganzes Universum offen. Mit *TigerJython* hast du einen guten Startpunkt, der dir alle für Python notwendige Grundlagen und Kenntnisse vermittelt und es dir später erleichtert, das System zu finden, das genau deinen Vorstellungen und Anforderungen entspricht.

Andere Programmiersprachen?

Wenn du irgendwann nach Python auf eine andere Sprache und einen anderen Bereich des Programmierens umsteigen willst, werden dir deine jetzigen Kenntnisse schon sehr viel weiterhelfen.

Willst du Webseiten interaktiv programmieren oder eigenständige Web-Apps bauen? Dann brauchst du dafür unbedingt *JavaScript*-Kenntnisse. *JavaScript* zu erlernen, ist relativ einfach – die Strukturen und grundlegenden Vorgehensweisen ähneln Python in vielerlei Hinsicht. Du musst dich natürlich einarbeiten, verstehen, wie *JavaScript* mit einer HTML-Seite kommuniziert, die teilweise etwas andere Syntax der Sprache lernen – aber die eigentliche Programmierung, die häufigsten Methoden und Verfahren kannst du von Python und dem, was du in diesem Buch gelernt hast, genau übernehmen.

Willst du hingegen einen Webserver programmieren? Dann ist vielleicht *PHP* das Richtige für dich (außer du verwendest hier *Django*, dann kannst du bei der Python-Sprache bleiben). *PHP* basiert wie *Javascript* auf der grundlegenden Syntax von C und unterscheidet sich in der prinzipiellen Logik gar nicht so sehr von Python. Nur die schönen Einrückungen, an die man sich bei Python gewöhnt hat, sind in anderen Sprachen nicht genauso übersichtlich.

Wenn du dich mit objektorientierter Programmierung angefreundet hast, kannst du bei Bedarf auch irgendwann den Schritt hin zu *Java, C#, Objective-C oder C++* wagen. Du kannst damit dann auch native Apps für Mobilgeräte bauen oder Programme mit hoher Performance erstellen. Wenn du beruflich als Programmierer arbeiten willst, ist es sicherlich von Vorteil, eine dieser Sprachen zu beherrschen. Sie sind maschinennäher und komplizierter als Python – aber auch sie basieren von der Programmierlogik her wieder auf den gleichen Verfahren, die du in Python gelernt hast. Gerade wenn du den objektorientierten Ansatz in Python verstanden hast, besitzt du alle wichtigen Grundlagen, um dich in eine komplexere objektorientierte Sprache einzuarbeiten.

Mit Python hast du den Anfang gemacht. Ob du das Programmieren nur als amüsantes Hobby betreiben möchtest oder es auch beruflich nutzen willst, ob du kleine Spielchen schreiben willst oder Apps für das Handy, ob du eine Firmenverwaltung, ein Musikprogramm, Bildbearbeitung, 3D-Simulationen oder eine Gerätesteuerung entwickeln willst – als Programmierer hast du einen spannenden Weg vor dir, auf dem du deine ganz speziellen Interessen und Fähigkeiten in ganz individuelle eigene Programme umsetzen kannst.

Herzlichen Glückwunsch – du bist jetzt Programmierer.

Index

__init__() 216
__str__() 220

A
addMouseListener() 314
and 79, 84
append() 133

B
Bedingungen 73
   prüfen 81
Binärsystem 25
Boolesche Variable 83
break 118
Byte 24

C
camelCase 52
CapWords 52
choice 346
class 215
Compiler 28
count() 138

D
datetime() 132
Datumsberechnungen 132
Dezimalbrüche 43
Division mit Rest 43, 65

E
Eigenschaften 205, 208
Einmaleins 112
Einrückungen ändern 105
elif 80

F
else 77
Endlosschleifen 117
Ereignisse 247

F
Fakultät 192
False 82
feld.removeActor() 255
Fließkommazahlen 89
float() 89
for-Schleife 134
Funktionen 177
   aufrufen 178
   eigene schreiben 178
   rekursive 190
Funktionsgraphen 168

G
gamegrid 227–228
   act() 239
   Actor 232
   addActor() 232
   addCollisionActor() 254
   addKeyRepeatListener() 248
   collide() 254
   Color 229
   delay() 235
   doRun() 239–240
   Event-Listener 247
   getX() 235
   getY() 252
   Hintergrundbild 231
   keyPressed 332
   Kollision 253
   Location 233
   makeColor() 230
   mouseClicked 332
   mouseReleased 332
   move() 234
   Objektnamen auslesen 261

361

Index

gamegrid (Forts.)
   refresh() 234
   setBgColor() 229
   setDirection() 269
   setSimulationPeriod() 239
   setTitle() 229
   setX() 235
   setY() 252
   show() 228
   Spielfeld erzeugen 228
   Spieltakt 239
   Steuerungsleiste 244
   turn() 234
GameGrid() 228
Ganzzahldivision 43
Ganzzahlen 89
Ganzzahlergebnis 43
Geschoss 292
Grafik mit Koordinaten 166
Grafik programmieren 153
gturtle 153
   back() 156
   dot() 162, 164
   fillPath() 162
   forward () 155
   getRandomX11Color() 175
   hideTurtle() 159
   home() 162
   Koordinaten verwenden 166
   left() 156
   makeTurtle() 154
   moveTo() 162
   penDown() 162
   penUp() 162
   penWidth() 162
   right() 156
   setFillColor() 162
   setLineWidth() 164
   setPenColor() 162
   setPos() 162
   setRandomHeading() 162
   setRandomPos() 162, 175
   showTurtle() 159
   startPath() 162
   Zufallsbilder 170
   Zufallsmuster 172

I

if-Abfragen 74
import 88
input() 53
Installation 33
   auf dem Mac 35
   unter Linux 37
   unter Windows 33
int() 89
Integer 89
Interpreter 28

J

Jython 30

K

Klammernsetzung 44
Klassen 208
Kollisionsereignis 254
Kommentare 69
Konsole 40
Konstruktor 216
Künstliche Intelligenz 344

L

len() 137
Listen 127, 130, 151
   aneinanderhängen 130
   durchlaufen 134
   Element entfernen 139
   Element enthalten 131
   größten Wert ermitteln 137
   kleinsten Wert ermitteln 137
   Länge ermitteln 137
   leer erstellen 133
   mehrdimensionale 148
   mischen 138
   multiplizieren 130
   sortieren 137
   Wert anhängen 133

Listen (Forts.)
Werte zählen 138
Zufallsauswahl 143
Zufallselement 346
Logische Aussage 82
Lottozahlen 140

M

Magisches Quadrat 66
Maschinensprache 27
math 88
max() 137
Methoden 206
eigene definieren 218
MIDI 199
min() 137
Minimax-Algorithmus 353
Modul 87
eigenes erstellen 186
Funktionen importieren 89
importieren 88
Modulo 43
Monty Python 30
mp3-Dateien 197
msgDlg() 55, 58

N

not 84

O

Objekte 203–206, 212
Ableitung 223
eigene definieren 215
Eigenschaften 205, 207, 211
erstellen 209
Initialisierung 216
Klasse definieren 215
Methoden 206–207, 211
Schreibweisen 208
Vererbung 223
Objektfunktionen → Methoden

Objektinstanz 207
Objektklasse 207, 211
Objektprogrammierung 225
Objektvariablen → Eigenschaften
oder-Verknüpfung 79
Operatoren 42
or 79

P

Potenz 43–44
Primzahlen 119
print 41
Programme speichern 62
Programmieren, objektorientiert 212
Properties → Eigenschaften
Prozessor 21
Prozessortakt 26
Python, Vorteile 29
Python-Systeme 357

R

RAM-Speicher 21, 23
randint 92
random 92
range() 135
remove 139
repeat 98
RGB-Wert 230

S

sample() 143
Schachrätsel 124
Schleifen 97
verschachteln 103
self 217
setPos() 166
shuffle() 138
snake_case 52
sort() 137
Sound 195
speed() 159

Spielfiguren 232
Sprachausgabe 200
Sprachsynthese 200
sqrt() 88
str 116
Strings → Zeichenketten
Syntax 45
SyntaxError 45

T

Tastencode 249
TigerJython 31
Töne abspielen 198
True 82

U

und-Verknüpfung 79

V

Variablen 49
Variablennamen 51

W

WAV-Dateien 196
while-Schleife 105
Würfel 92, 100

X

X11-Farbset 163

Z

Zählschleife 98
Zeichenketten 46, 127
   multiplizieren 47
   zusammenfügen 47
Zinseszins 126
Zufallszahlen 92–93